战略
领军企业的领先之道
Strategy
The Way to Success for Leading Firms

北京大学管理案例研究中心 ◎ 编著

图书在版编目(CIP)数据

战略：领军企业的领先之道/北京大学管理案例研究中心编著.--北京：北京大学出版社，2025.5.--(光华思想力书系).--ISBN 978-7-301-36071-2

I. F272

中国国家版本馆 CIP 数据核字第 2025NA0929 号

书　　名	战略：领军企业的领先之道
	ZHANLÜE: LINGJUN QIYE DE LINGXIAN ZHIDAO
著作责任者	北京大学管理案例研究中心　编著
责 任 编 辑	刘冬寒
标 准 书 号	ISBN 978-7-301-36071-2
出 版 发 行	北京大学出版社
地　　址	北京市海淀区成府路 205 号　100871
网　　址	http://www.pup.cn
微信公众号	北京大学经管书苑(pupembook)
电 子 邮 箱	编辑部 em@pup.cn　总编室 zpup@pup.cn
电　　话	邮购部 010-62752015　发行部 010-62750672
	编辑部 010-62752926
印 刷 者	北京宏伟双华印刷有限公司
经 销 者	新华书店
	720 毫米×1020 毫米　16 开本　17.5 印张　257 千字
	2025 年 5 月第 1 版　2025 年 5 月第 1 次印刷
定　　价	66.00 元

未经许可，不得以任何方式复制或抄袭本书之部分或全部内容。
版权所有，侵权必究
举报电话：010-62752024　电子邮箱：fd@pup.cn
图书如有印装质量问题，请与出版部联系，电话：010-62756370

编委会

顾　问：刘　俏　马化祥

编　委：刘宏举　刘晓蕾　麻志明　孟涓涓
　　　　任　菲　虞吉海　张建君

主　编：王铁民　张　影

编写组：北京大学管理案例研究中心

序：以中国案例破解时代命题

在这个被技术革命与全球变局双重定义的年代，中国经济正经历着从"高速增长"向"高质量发展"的深刻转型。这一进程中，企业家的创新实践、政策的制度突破、产业的生态重构共同构成了中国商业文明的独特叙事。然而，如何将散落于960万平方公里土地上的鲜活实践提炼为可复制的管理智慧？如何让世界读懂中国经济社会发展的底层逻辑？我们从那些扎根中国实践的案例之中或许可以找到破题的脉络。

四秩春秋，北京大学光华管理学院始终秉持"创造管理知识，培养商界领袖，推动社会进步"的使命。以二十五年案例积淀为基，四十年光华学术追求为脉，北京大学管理案例研究中心构建起观察中国管理变革的立体坐标。这套案例集的编写，既是对光华管理学院四十年教研积淀的系统梳理，更是向这个伟大时代的躬身应答。

光华管理学院的案例集，从来并非对商业现象的简单记录，而是一面棱镜，折射出中国企业在全球化、数字化、低碳化浪潮中的突围与进化。这些案例的背后，是企业家在不确定性中寻找确定性的勇气，是政策制定者在制度设计中平衡效率与公平的智慧，更是学者们以学术之眼洞察时代命题的担当。

本套案例集的编写恪守三大原则：一是时代性，聚焦技术革命、产业升级、可持续发展等全球性命题下的中国方案；二是典型性，选择具有范式意义的实践样本，涵盖头部企业引领性创新与中小企业适应性突破；三是思辨性，通过保留决策情境的复杂原貌，引导读者在多重约束条件下寻求最优解。

案例的价值在于将个体的经验升华为群体的知识资产。我们拒绝将商业成功简化为公式化的教条，而是直面那些决策的困惑、转型的阵痛与创新的试错。这种"从实践中来，到实践中去"的方法论，使得这些案例成为商学院课堂的思辨载体，也是企业家案头的实战指南，为读者提供窥见中国商业生态的独特窗口。

当前全球管理学界亟须理解中国经济韧性的底层逻辑，全球商学院都在寻找理解中国经济的解码器，这些案例构成了最具说服力的注脚。我们期待通过这些真实叙事，让世界看到中国企业创新绝非简单的模式移植，而是制度优势与文化基因共同作用的范式创新。

四十不惑，更期千里。北京大学管理案例研究中心二十余载深耕，已构建起"理论嵌入、动态追踪、多维互鉴"的研究体系，彰显出"因思想，而光华"的精神追求。展望未来，我们将继续扎根中国大地，用更立体的案例矩阵记录商业文明的演进，用更创新的教研方法培育时代需要的管理人才，用更具穿透力的理论建构参与全球管理知识体系的对话。让我们共同见证，中国管理智慧如何在这变革的时代，光华永驻。

是为序。

刘 俏

北京大学光华管理学院院长

2025 年 5 月

PREFACE ▶ 前　言

　　北京大学管理案例研究中心成立于 2000 年 4 月，是隶属于北京大学的案例开发研究机构和案例推广服务平台。二十余年来，北京大学管理案例研究中心依托北京大学光华管理学院在工商管理众多相关学科领域雄厚的师资力量，组织开发教学案例并建设案例库，近年来收录了三百余个具有代表性的企业案例，内容涉及企业战略、营销管理、国际商务、创新与创业、金融、供应链管理、信息化与生产管理、运营管理、领导力、企业文化、非市场战略、宏观经济等工商管理教学的各学科领域，并覆盖多个行业，反映了北京大学光华管理学院在工商管理教学和研究领域的丰硕成果。未来，北京大学管理案例研究中心将继续秉持为教学服务的理念，紧贴时代需求，不断探索前沿新知、创新开发方法，用案例讲好"中国故事"，为全球商学教育领域了解中国商业环境提供最佳参考、为中国经济高质量发展提供不竭的商业新动能。

　　在北京大学和光华管理学院的全力支持下，北京大学管理案例研究中心自 2013 年以来建立全职案例研究员队伍，健全从立项、撰写、入库到使用的教学案例建设全周期、全流程规章制度，提升案例品质。北京大学管理案例研究中心还积极推动与国内外同行的广泛交流以及与发行渠道的密切合作。此次我们精选入库案例并结集出版，就是为了更好地将案例库中的内容推广至课堂教学中，并为商学院的学子、校友和广大关心中国企业管理实践的读者提供深度观察和思考的素材。

　　在案例集的编撰过程中，我们按照案例的教学目的与用途进行聚类，通过寻找不同学科背景下案例开发和教学使用较多的领域来确定主题，在此过程中还兼顾主题领域备选案例的时效性、案例企业所处行业的多样性、教学效果反馈、案例企业发展态势与舆情等因素进一步进行筛选。因此，最终入选的案例反映了北京大学光华管理学院贴合社会经济发展需求、在工商管理领域人才培养中注重的重点和热点议题，也反映了中国企业经营管理的实践前沿。

北大管理案例集的第一辑包含三册，分别为《创新：企业快速成长引擎》《战略：领军企业的领先之道》《可持续发展：生态文明的构建》。在编写过程中，由北京大学管理案例研究中心的张影、王铁民和李琪牵头，组织案例研究员队伍协助各入选案例的作者团队重新审阅和修订了案例，并通过撰写"创作者说"的方式向读者阐释了案例开发的初衷以及教学背后的思考。在此过程中，我们得到了北京大学出版社学科副总编辑林君秀女士以及贾米娜、刘冬寒等编辑的大力支持，她们耐心、细致、专业、高效的编辑工作保障了书籍的顺利出版。在此，我代表北京大学管理案例研究中心，对创作人员和编辑团队表示由衷的感谢。

《战略：领军企业的领先之道》的选题是基于企业战略的重要性开发的。企业战略是打造领军企业的关键，它不仅定义了企业的发展方向和目标，还决定了资源配置和市场定位。价值观和领导力在这一过程中至关重要。价值观为企业提供了组织文化的内核和员工行为的指南，确保战略的实施与企业的长远目标和社会责任相一致；而领导力则确保战略的有效执行和团队的高效协作。在数字化时代，领军企业需要将价值观和领导力与数字化战略相结合，以适应快速变化的市场环境，引领行业创新，构建企业的核心竞争力。通过明确的战略规划和强有力的价值观引领，企业有望在竞争中脱颖而出，成为行业的领导者。

《战略：领军企业的领先之道》包含了北京大学管理案例库中与领导力、数字变革、战略引领这三个主题领域相关的十二个教学案例。在"领导力"主题领域，分别选取陕汽、京东方、贝壳、鲁南制药四家企业，深入细致地阐述了陕汽在"德文化"以及"德赢天下、服务领先、品质成就未来"的经营理念指引下，成长为中国重型卡车制造领域的领军企业；京东方的企业带头人锐意进取、居安思危，实现了企业在液晶面板领域从追赶者到领导者的超越；贝壳坚持"做难而正确的事"，实现了企业自身的迅速发展和对房地产经纪行业的显著改变；鲁南制药董事长通过顶层设计和充分授权做大做强中药业务、推动公司整体发展再上新台阶。这些案例生动阐释了企业如何在价值观、企业文化和领导力驱动下发展壮大。在"数字变革"主题领域，选取三一重工、中兴通讯、一汽-大众、首钢股份四家企业，描述了三一重工通过数字化转型应对行业周期性变化；中兴通讯打造智能供应协同平台；一汽-大众以涵盖战略、组织、产品、营销、供应链的数字化转型适应汽车产业变革趋势；首钢股份运用新技术解决了数字化转型中存在的瓶颈问题。这些案例围绕企业的数字化变革，对战略变革及管理进行了多角度、全方位的分析。在"战略引领"主题领域，则选取隆基、安踏、四维图新、腾讯智慧出行四家企业，分别剖析了隆基在单晶硅技术路线和垂直一体化战略选择后面的考量与实施效果；安踏从创立以来走过的发展阶段及其自2016年以来大力推行的多品牌战略；四维图新突破自身的图商定位，打造"智能汽车大脑"；腾讯智慧出行依托腾讯集团的资源和能力，积极探索产业互联网时代的业务新机会。这些案例就战略在这些企业成长中的引领作用给出了翔实的描述与分析。

虽然所选取的案例企业来自不同行业、不同区域，且案例中的分析讨论也各有侧重点，但是其共性在于：剖析了战略制定和执行过程中企业面临的困难和挑战，展示了价值观和领导力驱动下战略对企业和社会产生的积极作用，有利于增进读者对战略在企业成长和变革中所发挥作用的认识，引发读者对提升战略领导力、打造竞争优势、推进数字化变革、引领战略转型等领域企业领先之道的深入思考。

北京大学管理案例研究中心自成立至今，始终立足中国、放眼世界，并在案例建设中坚持"四个面向"，即面向教师、面向学生、面向社会、面向国际。案例集的编写和出版，可以作为北京大学管理案例研究中心向北京大学光华管理学院建院40周年的献礼，并推动我们践行光华管理学院所秉承和认同的使命担当——创造管理知识、培养商界领袖、推动社会进步。

王铁民

北京大学管理案例研究中心联席主任

2025年5月

CONTENTS ▶ 目 录

01 领导力

陕汽"四新"引领,迈向高质量发展　　　　　　　　　　　　3
任润、瞿耀

为打赢而做、为成功而做:京东方的战略抉择　　　　　　23
张闫龙、马力、王路

做价值观的生意:成就有尊严的服务者——探寻贝壳的"终极算法"　　46
王辉、王念念、潘垚天

鲁南制药:不仅要"活着",更要追求"营收千亿元"　　72
张建君、李劭仪

02 数字变革

"不翻身则翻船"——三一重工如何通过数字化转型穿越周期,
　　征服未来　　　　　　　　　　　　　　　　　　　　91
张建君、王小龙

智能供应协同平台——中兴通讯在供应链领域的数字化转型探索　　108
杨东宁、王聪、王念念

从以客户需求出发到管理变革：一汽-大众的数字化转型实践　　122
张影

首钢股份数字化转型道路上的新问题与解决方案　　157
邱凌云、王小龙

03 战略引领

隆基：走出光伏产业的红海　　175
张志学、王路

安踏：永不止步　　195
王铁民、仲雯雯

四维图新：从图商到打造"智能汽车大脑"　　221
王铁民、刘兴鹏、孟想

腾讯智慧出行：助推汽车产业智能化发展　　256
王铁民、赵阳、尚志华、李默宜、张凡

01

领导力

陕汽"四新"引领，迈向高质量发展
任润、翟耀

为打赢而做、为成功而做：京东方的战略抉择
张闫龙、马力、王路

做价值观的生意：成就有尊严的服务者——探寻贝壳的"终极算法"
王辉、王念念、潘垚天

鲁南制药：不仅要"活着"，更要追求"营收千亿元"
张建君、李劭仪

陕汽"四新"引领,迈向高质量发展[①]

任润、翟耀

创作者说

陕西汽车控股集团有限公司(以下简称"陕汽")自 1968 年成立以来,经历了四个关键的发展阶段,形成了一条具有陕汽特色的发展之路。从最初的军需背景的初创期,到改革开放的转型期,再到思想解放的高端制造期,直至当前的高质量发展期,陕汽已成为中国重型卡车制造领域的领军企业。进入 21 世纪,面对国内外的新形势,陕汽在各项政策的引导下审时度势、与时俱进地对自身进行全方位的升级改造,以顺应新时代的要求。

通过对陕汽的访谈和调研,本案例揭示了其在逆境与危机中攻坚克难、不断进取并取得成功的一系列原因。陕汽以党建工作为引领,积极调整企业战略,贯彻独具特色的"德文化",不断优化管理流程。在人力资源与组织建设、技术与产品研发、数字化转型、新能源开发等方面取得了显著成就,成功实现了从传统制造业企业向迎合新时代需求的现代企业的转型升级。

本案例为读者提供了一个理解企业内外部环境如何影响战略选择的窗口,展示了企业文化如何成为企业核心竞争力的关键因素,以及在数字化的时代背景下,企业进行战略创新的路径。此外,本案例还深入分析了汽车制造业的发展趋势,探讨了国有企业在改革过程中所面临的挑战以及相应的应对策略。

---

① 本案例纳入北京大学管理案例库的时间为 2021 年 7 月 23 日。

时至今日，陕汽作为我国具有代表性的大型汽车制造企业，已有员工3万余人，资产总额720亿元，位居中国企业500强第276位，中国制造企业500强第122位，下辖陕西汽车集团股份有限公司、陕西汽车实业有限公司、陕汽集团商用车有限公司等100余家参控股子公司。①

在2020年新冠疫情防控期间，陕汽于2月14日率先复工，产能随即全面恢复，截至3月19日，全集团复工率已达到疫情前的正常水平。2020年全年，陕汽共计销售汽车23.5万辆，同比增长26.5%，营业收入930亿元，同比增长25.6%，实现工业总产值1 039亿元，同比增长20%，企业经济效益再创历史新高，跑出满产、超产加速度。

走过艰苦奋斗的岁月，陕汽秉承着"为社会创造更大价值，为用户提供更好服务，为股东创造更多回报，为员工提供更多发展平台"的使命，正以全新的面貌挺立于21世纪的潮头。然而它一路走来筚路蓝缕，甚至也曾面对被时代淘汰出局的危机，但在多方的不懈努力下，陕汽终究浴火重生并迈向了新时期高质量发展的征途。回首陕汽的发展之路，一切都要从20世纪60年代的大西北说起。

一、陕汽发展的四个阶段

（一）第一阶段：因军而生，"政治建厂"奠定底色

1968年，在中共中央"备战备荒""建设大三线"战略方针的指引下，为了满足国防建设和国民经济建设的需要，陕汽在宝鸡市的麦李西沟开工建设。在特殊的时代背景下，陕汽筹备处首先设立了政工管理机构——政工组，该机构负责对干部职工的思想政治教育工作。一直到今天，陕汽的企业文化建设等都是发源于早期的"政工组"。

彼时，陕汽的筹建进入大规模施工阶段后，由于职工人数剧增而缺乏

---

① 资料来源：陕汽官网。

统一的组织与管理，陕汽领导层深入基层了解实际情况，注重发挥模范带头作用，在职工中开展了"四好连队"运动和以"自力更生，艰苦奋斗""安心陕汽，扎根三线"为主要内容的思想教育运动。在当时"工业学大庆"的号召下，陕汽建设初期的创业者们在"延安精神"的引领下，克服种种困难，不断刷新基建进程与施工的纪录。

新建成的陕汽厂职工队伍中有北汽支援的技术骨干、国家分配的大中专毕业生、从北京和当地招收的青年工人，也有复转军人。由于位置偏僻，交通不便，生产生活条件又非常艰苦，部分干部职工工作不安心，希望能够找机会回到城市，企业面临人员外流的压力。面对职工思想上的波动，陕汽坚持艰苦奋斗的传统，把稳定人心放在各项工作的首位。为了鼓励职工安下心、扎下根，陕汽政工组决定成立毛泽东著作学习小组，广泛开展学习先进、交流思想的"谈心"活动，并树立典型，召开现场表彰会以推广经验、鼓舞士气。

在重视思想政治教育的同时，陕汽也一直着力解决职工生产生活上的实际困难。1978年，陕汽专门成立了"改善职工生活条件会战指挥部"，组织各方力量连续两年开展改善职工生活条件大会战，切实改善了群众日常生活。此外，为了丰富职工的精神生活，陕汽广泛开展了各类文体活动，有效配合企业的思想政治教育工作，也为陕汽后来独具特色的"德文化"建设打下了良好的基础。

世上无难事，只怕有心人。就是在当年艰苦卓绝的环境下，1970年，陕汽成功制造出我军历史上第一辆重型军用越野车——延安牌SX250，从而结束了人民军队长期以来"有炮无车"的局面；1974年12月27日，延安牌250型越野汽车正式定型；1975年6月17日下午，陕汽生产的两辆延安牌250型越野汽车开进中南海，接受了李先念、谷牧等领导人的检阅；1978年，陕汽提前完成汽车装配、调试入库任务，全面完成国家下达的8项经济技术指标，实现了扭亏为盈。陕汽发展的第一阶段为其日后的成长、壮大提供了有力保障，既为企业的思想建设、组织建设和文化建设积累了宝贵经验，也是陕汽红色基因的重要底色。

（二）第二阶段：迎接改革浪潮，"思政研究"砥砺忠诚之心

1984年，原隶属于陕西省管辖的陕汽，在国家新政策的统一规划下，改由当时中汽公司下属的重汽公司直接领导，同年，陕汽在西安东郊圈地建设新厂区，正式开始投入社会主义市场经济的改革浪潮中。然而，出于内部的种种客观原因，加上外部通货膨胀、市场疲软，陕汽的资金极度匮乏，一度出现连年亏损甚至超过破产警戒线的局面。时任国务院副总理朱镕基、邹家华也曾在内参上明确批示："陕汽亏损严峻，请重汽总和中汽总及地方切实研究。"

在困难面前，陕汽依靠广大职工群众，以及思想建设的长期传统优势，充分发挥思想政治和文化的引领和凝聚作用。1984年，陕汽成立"职工思想政治工作研究会"，标志着企业思想政治和企业文化工作进入更加自觉、有序的阶段。在发展的过程中，陕汽注重将企业文化作为职工思想教育的一项重要内容，多年的思想政治工作伴随着陕汽的物质文明进程，培育出职工良好的思想道德素养。1985年，陕汽开展了"陕汽精神"大讨论，让职工各抒己见，最终形成"团结、奋斗、创造"的陕汽精神，这次讨论是企业文化建设的一次重要创新。

20世纪90年代初期，围绕"苦干三年，扭亏为盈"的经营目标，在生产处于低潮时，陕汽不失时机地提出要抓产品质量问题，领导层因势利导，在广大职工中开展"干活无废品、工作无差错"的"双无"活动，号召职工发挥模范带头作用，争当"双无"标兵。同时，还依托工会、共青团等组织，开展干部带头"讲理想、比贡献"活动，在当时特殊的条件下起到了巨大的凝心聚力的作用，积极推动企业扭亏止损目标的实现。

在推进制度建设的过程中，陕汽坚持有破有立、边破边立。1991年，陕汽下发旨在"从严治厂"的一系列规章制度，并成立"干部作风巡回检查监督小组"，鼓励职工对某些干部在工作中的推诿扯皮现象进行投诉，这样很快便纠正了干部队伍中存在的工作作风问题。由于能够把思想政治教育的成果及时以制度的形式固定下来，制度的刚性约束保证了思想政治

教育和理想信念教育的持续性，思想教育与制度建设相互促进、相得益彰。陕汽的各项工作逐步开始出现新气象，各项生产经营指标均在1992年年底创历史新高。在整个90年代，陕汽在不断增强市场主体意识的同时，通过自己的努力一次次经受住了经营机制转换、应对市场风险等方面的考验。

只要思想不滑坡，方法总比困难多。即使处在种种不利的条件下，陕汽的第二代军用车研发进程也几乎未受到影响。在引进、消化、吸收奥地利斯太尔技术的基础上，陕汽成功研制出我军第二代7吨级军用车——陕汽牌SX2190，并在第二代基型车的基础上，逐步开发出二十多种型号的军用车，满足了我军的装备需求。

（三）第三阶段："解放思想"铸就发展特色，迈向高端制造

进入21世纪以来，随着我国国有企业改革的深入，从中央到地方都越发认识到传统国有企业的管理体制务必要以建立现代企业制度为改革方向，这对一些老牌国有企业的改革工作提出了新的要求。2000年，随着中汽重组下放（拆分为重汽、陕汽、红岩），陕汽开始真正走上独立经营、自负盈亏、自我发展的道路。

从过去长期的计划体制中解放出来后，企业直接面对市场，这既是发展机遇，也是新的挑战。当时，中国企业正面临着加入世界贸易组织（WTO）后的严峻考验。陕西几家曾走在全国前列的彩电、冰箱、空调、摩托车制造企业和知名品牌（比如"海燕""黄河""如意"等）相继败落，人们十分担心从新中国成立50周年国庆阅兵中载誉而归的陕汽也走向衰落。

面对严峻形势，陕汽认真分析外部环境与内部条件，发动全体员工开展企业发展战略大讨论，制定了"培育品牌、壮大实力、加速发展、形成规模"的第三个阶段的发展方针。在日益激烈的市场竞争中，陕汽果断决策，抓住国家西部大开发的战略机遇，制定了与国内外优势企业进行资产重组规划、建立现代企业制度、全面加快技术改造、建设一流重卡

新基地、打造黄金供应链、自主开发换代重卡、建立行业内最大的营销服务网络等一系列重大经营方针与策略。通过全体员工的努力，陕汽的总产值从1999年的5亿元提高到2012年的398亿元，市场占有率从不到3%提高到12.96%以上，企业由弱转强，跻身于中国企业500强行列。陕汽用铁的事实解答了人们在世纪之交的疑问，至此企业发展的第三个阶段取得了成功。

（四）第四阶段：争当世界一流，吹响"双轮驱动"新发展号角

2016年，陕汽进入高质量发展新时代，"2035战略"引领企业挑战更高目标，"双轮驱动"战略举措开启企业发展新格局，企业发展进入第四个阶段。聚焦需求，正向研发，实现从满足需求到引领需求。军民融合高效协同，科技创新体制机制落地见效，新能源商用车与智能网联技术行业领先。

2017年年初，在我军第三代重型军用越野车竞标中，经过激烈竞争，陕汽的产品以排名第一的成绩使其成为唯一中标的厂家。陕汽此次竞标的车型全面提高了车辆的高机动性能和复杂环境下的野外作战及续航能力，配备新时代信息化作战需要的武器装备系统，前后历经十年研发，经多轮试制，不断攻克技术难关，是继一代、二代军用车之后，陕汽为满足我军应对现代化战争作战需求的一次重要突破，也是企业发展到第四个阶段的重要成果。

2018年，可以说是陕汽的"丰收之年"。全年汽车销量达到16.5万辆，同比增长6.7%，占到全国市场份额的14.7%，尤为可喜的是民用汽车产品销量突破14万辆，市场份额达到15.5%，跃居行业第三。[1] 陕汽高层领导总结2018年的关键字是"新"：企业有了新方向，市场有了新收获，产品有了新突破，发展有了新质量，企业文化也有了新内涵。

2019年，陕汽将进一步丰富产品线，尤其要在新能源技术方面力争取得新的突破，同时也将在数字化改革升级方面投入更多，着力提升系统化服务能力和企业管理水平。

二、陕汽迈向高质量发展的根本动力

2020年，对于汽车行业来说是一个不平凡的年份。从宏观层面而言，受世界经济整体下行影响，全球汽车产业"抱团取暖"已成为趋势，这种趋势倒逼国有车企进行混合所有制改革，市场竞争也随之进一步升级。而汽车市场将逐步由增量发展转为存量与增量并存，随着国家经济的发展，能源、环保、交通等方面的约束性政策日益收紧，符合市场法规并满足客户需求成为陕汽生产的核心指标。

聚焦到陕汽所在的重型卡车（简称"重卡"）制造业，2019年国内重卡市场再次刷新历史纪录，在一系列因素的拉动下，中国重卡市场一枝独秀，全年实现销售117.4万辆，同比增长2.3%。尽管有新冠疫情等重大不利因素的影响，2020年重卡销量仍达到约162.3万辆，同比增长38%。

我国重卡市场产业集中度很高，且头部企业均为国有单位。2020年，一汽集团、东风汽车、中国重汽、陕汽集团和北汽福田占据全国重卡销量榜的前五名，其中陕汽集团共计生产汽车24.4万辆，实现销售23.5万辆，所占市场份额约为14.4%。[2]

2020年，是陕汽"十三五"规划的收官之年，也是实现"2035战略"第一个阶段目标并向第二个阶段跨越的关键年份，站在这个关键的历史节点上，历经四个阶段的发展，陕汽已经在既往成绩的基础之上，开始迈向高质量发展的道路。

在这样机遇与挑战并存的复杂背景下，陕汽有什么样的底气，又落实了哪些工作，来保证这样一家传统的制造企业能够走上高质量发展的征途呢？

（一）新时期党建指引发展新路径

由于陕汽特殊的红色背景以及国有企业的身份，可以说党建工作始终是陕汽企业文化的核心内容，也是整个企业发展的动力源泉和重中之重。

如果把整个陕汽比喻成一辆汽车,那么党建工作便是汽车的动力源泉——发动机。

2020年4月22日,习近平总书记考察陕汽,在详细了解了新冠疫情后复工复产的实际情况后,他说:"制造业是我们经济的命脉所系,我们国有企业是生力军、主力军,在复工复产方面要起到这个作用。刚才我看了一些产品,也看了你们的生产线,非但没有受到疫情的影响,而且创造了汽车生产的历史最高水平,这是必须鼓励的。希望你们再接再厉,把握机遇,化危为机,特别是去创立发展新的模式、新的业态、新的技术、新的产品。"[3] 聆听总书记的嘱托后,陕汽党委书记、董事长袁宏明表示:"要将总书记的关心关怀变成我们做好市场、做强做大陕汽的动力,不辜负总书记对我们的期望。争做国企党建的排头兵、争做经济发展的排头兵、争做国企改革的排头兵、争做自主创新的排头兵、争做军民融合排头兵、争做疫情防控的排头兵。"[4]

新时期的企业管理,需要有与时俱进的新思想,陕汽以习近平新时代中国特色社会主义思想为引领,并在工作的各个岗位狠抓落实。与一般的民企、外企不同的是,陕汽依靠集团党委及党支部来领导企业全面升级,始终坚持以党建引领促发展的工作路径,注重把员工骨干培养成党员,再把党员培养成标杆。

在日常的生产运营过程中,陕汽通过政治引领、制度完善、项目攻坚、人才培养、风险管控"五个融合"分析"党建与生产经营深度融合"难题。车架厂技术党支部开展了"发挥技术堡垒作用,让党旗闪耀在一线"的主题活动,落实党员的示范带头作用。技术党员围绕现场生产问题,进行指导协助,在半个月的时间里发现问题432项,现场回复解决381项,提交问题报告37份,涉及后续工艺修订的10项,进行验证的9项。这些问题的改进极大地提高了生产效率和速度。装配车间党支部在先进党员的帮扶引领下,2020年申报自主改善提案360项,共获得集团A类提案19项、B类提案25项,申报数量同比增长112%,员工参与度提升47%,作业效率得到不断提升。越野车装配厂调试车间党支部将党建工作与生产经营高度融合，号召"军魂守初心，匠心筑精品"，增强党员干部责任感和担当精神，在工作中发挥模范带头作用。该支部不断探索创新管理，在日常基础工作中通过集中、互动、自学等多种方式，依托"学习强国"App等新平台，将支部"三会一课"规范化、党课常态化、主题党日特色化，从而及时传达集团党委精神，落实分厂党总支工作部署，确保支部标准化工作有序推进。同时，该支部为了增强党员干部的责任意识，将党员的工作承诺做成台账留底，定期跟进示范岗党员"承诺、践诺、兑诺"的完成情况，2020年年底全支部承诺兑现率达到98%以上。实践中，党员先锋队的作用显著，尤其在重点项目攻关、调试入库等关键环节，通过党员包干帮扶，不断优化调试环节，缩短车辆调试周期，基本达成"当天的任务当天完，当天的问题当天关"的目标。

新冠疫情发生以来，陕汽发挥党建引领作用，号召各基层党组织充分发挥战斗堡垒和党员先锋模范作用，坚持疫情防控与复工复产两手抓，持续推动全面从严治党向基层延伸，推动党建与生产经营深度融合。各级党组织和全体党员干部在疫情防控中冲锋在前，实现了疫情防控常态化、复工复产再提速。新冠疫情防控期间，陕汽率先全面复工，集团内各个单位的共产党员确保首批到岗，起到了显著的模范带头作用。陕汽党委也被中组部授予"全国创先争优先进基层党组织"称号，党组织的坚强领导以及全体党员充分发挥模范带头作用，为陕汽打赢疫情防控与复工复产攻坚战，夺取抗疫与生产经营的双胜利奠定了坚实的基础。

为贯彻落实习近平总书记重要指示精神，陕汽以终为始，让目标指导过程，用结果倒推计划，不断加强资源协同，确保在布局之初就赢得主动。在模式创新方面，陕汽加快数字技术在运营、产业链、厂商合作、后市场支持等方面的应用，建立新的服务模式；在业态创新方面，陕汽力求提升制造与服务同"互联网+物流"的融合水平，探索创造新的产业价值，大力发展智能物流；在技术创新方面，陕汽坚持走正向研发路线，在加强基础研发能力的同时，重视不同技术路线的多元化科研投入，力争形成在市场中相对的技术领先优势；在产品创新方面，陕汽始终以市场需求为基准，审时度势地调整产品结构，按照"生产一代、储备一代、研发一代"的研发理念，为市场提供创新产品以满足客户不断升级的需求。

（二）"德文化"内涵升级，提供发展新动力

陕汽所在地依秦岭、傍渭水、根植于八百里秦川沃土，陕汽经过五十余载岁月洗礼，孕育并不断丰富和发展了独具个性的企业文化——德文化。陕汽的"德文化"继承并发扬了中国传统文化对"德"的诠释，以立德、尊德、行德为行动指南，形成了"以人为本、创优报国、追求卓越、迈向高端"的核心价值观，"德赢天下、服务领先、品质成就未来"的经营理念，"敬业、笃学、诚信、创新"的企业精神，"以客户为中心"的企业宗旨以及"因为工作，所以快乐"的工作理念。

步入21世纪的新时期之后，全新升级的陕汽特色"德文化"又拥有了新的内涵，其主要由"德赢天下"和"123456双理念"组成。

（1）"德赢天下"的内涵："天人合一，知行不二，惟赢是执"

天人合一：诚信守诺，言行一致，顺应规律，善用资源，顺势而为，实现人与社会、企业、环境的自然和谐。

知行不二：强调思想与行动的高度统一，知道是正确的就要自觉自愿地去做；认识到了就要立即行动；要做就做到最好，始终保持认识和行动的高度统一。

惟赢是执：在市场竞争环境下，赢是"德文化"最高的追求。只有赢，才能完成企业使命，才能体现德的价值。以"德文化"为引领，全面追求卓越、赢在执行。[①]

（2）"123456双理念"内涵

秉承创业初期的优良作风，陕汽尤其注重价值观的顶层设计，2016年8月，以党委书记、董事长袁宏明为核心的领导班子，在悉心研究梳理、总结分析陕汽五十余年发展历程的基础上，根据集团新的发展战略、新的

---

① 资料来源：陕汽官网。

目标任务要求，结合新的内外部发展环境，提出了"123456 发展理念"，全面丰富、发展了德文化的内涵。2017 年 6 月，陕汽在集团庆祝建党 96 周年表彰大会上，正式发布"123456 党建工作理念"，切实把管党治党责任落到实处。陕汽将以"123456 发展理念"和"123456 党建工作理念"为合力的"123456 双理念"作为其各项工作落地的根本指导。

123456 党建工作理念

"1"是党建工作和生产经营一体化，培养懂经营、会管理的"一支队伍"，建立干部在一线工作、问题在一线解决、作风在一线转变、业绩在一线创造、形象在一线树立的"一线工作法"。

"2"是把骨干培养成党员、把党员培养成标杆的党员"双培养"发展理念。

"3"是坚持以生产经营工作为中心，坚持以改革发展稳定为己任，坚持以实现企业提质增效为根本目标的"三个坚持"党建工作原则。

"4"是突出政治理论，结合企业战略开展中心组学习，结合生产经营工作开展创先争优活动，结合企业文化落地开展思想政治工作，结合人才队伍建设加强组织自身建设的"四个结合"。

"5"是党建工作制度化、支部建设标准化、结合实际特色化、督导服务常态化、年度考核可量化的党建"五化"工作机制。

"6"是教育党员恪守党的政治纪律、组织纪律、廉洁纪律、群众纪律、工作纪律、生活纪律的"六项纪律"。

123456 发展理念

"1"是一个共同理念（因为工作，所以快乐）。

"2"是两个规划（"十三五"规划和发展愿景）。

"3"是三个不动摇（千亿陕汽；行业第一梯队；百年陕汽）。

"4"是四个关注（整车均衡发展；专用车聚焦突破；零部件协同发展；后市场的战略支撑）。

"5"是五项要求（创新驱动：全力推动新能源、互联网在制造和服务中的应用；加强干部队伍建设和高端人才的培养、引进；要关注规模，更要关注效益；对外合作：提升企业核心竞争力）。

"6"是六条底线（无边际贡献又无战略意义的产品不干；不重视产品质量问题的事情坚决不干；跨行的项目不干；违法乱纪的事情不干；损害企业利益的事情不干；伤害员工利益的事情不干）。

为了在企业内部进行有效的企业文化建设工作，陕汽坚持进行"德文化"落地的现场指导培训，以建立起员工思想认同的根基。2011—2020年，陕汽开展了300多场现场指导培训，培训班组长以上管理干部、骨干和员工代表约2万人次。陕汽的"德文化"不仅体现在生产运营中，也体现在企业对员工的关爱中。陕汽开展了为员工办好"十件实事"系列活动，在这项活动中，陕汽投入2亿多元，建立员工互助帮扶机制，专项设立困难帮扶基金；投资自建绿色蔬菜基地，提升员工"菜篮子"质量；建立员工健康档案；开展志愿者服务；建成30多栋家属楼，解决了2 000多户员工的住房需求等。

三、走进新时代，迈向高质量发展

（一）正向研发

对于一家生产型企业而言，核心竞争力永远是产品和服务，因此，想要迈向高质量发展的高速路，陕汽需要在产品性能方面确保在业内的领先地位，而迈向高端首先就要有先进的技术研发体系做保障，要向国际一流的产品看齐，明确技术研发的方向；其次，要实现更高层次的自主创新，必须考虑选择适合陕汽特点的路径。

早在2015年，陕汽就已经在全集团内部推行以满足用户需求为导向的正向研发理念，并且在实践中建立起了以客户需求为驱动力的正向研发流程。在产品开发的初期甚至立项阶段，陕汽就要求切实进行客户调研和分析，既包括外部客户如大车司机，也包括企业内部相关人员的反馈。然后，陕汽通过收集来的一手资料进行深入分析，得出不同层级的客户需求，最终将这些大数据分析出来的结果作为产品开发的依据。

（1）主动出击，发现客户需求

任何一家企业，要生存要发展，就要去发现需求。企业的长足发展，可以说就是顺应市场需求不断前行的过程。对此，陕汽提出了正向研发的理念。正向研发的首要一步是思想观念的转变，陕汽诞生于计划经济时代，且有鲜明的国企背景，今时今日的市场经济时代，要求全公司转变思想，做产品必须从为用户赚钱的目的出发，要主动发现问题并满足用户每一个细节性的需求。

过去，我国道路的运输条件相对落后，绝大部分重卡的年行驶里程为12万～15万千米，基本上一辆车的运营寿命为3～5年，因此，高端重卡对物流运输行业来说性价比不高。[5] 而随着我国基础建设水平的不断提高，物流行业的竞争持续加剧，各大运输单位逐步达成共识，最符合时代潮流的解决办法，只能是在提升运力效率的同时尽量增加行驶里程。而高端重卡正是满足这一市场需求的关键，通过各种技术改进，高端重卡的年行驶里程至少要达到30万千米，且行驶里程越长，高端重卡的优势就越发明显。对此，陕汽"从善如流"，全面加快了重卡产品线统一向高端化升级的速度。

然而众所周知，发现浮于表面的浅层需求相对容易，挖掘出深层次的隐性需求才是真正的考验。隐性需求的发现不仅需要深入一线，同时还要求研究人员具备足够的技术素养和行业经验，仅以陕汽最早推出的第一批13升①重卡为例。对长途运输市场进行全方位的调研后，陕汽发现当时重卡行业内主流的11升、12升产品，并没有真正满足运输行业对动力性和经济性相匹配的需求，换言之就是没能满足客户对性价比的预期，只不过当时普通的从业者群体也不知道还有什么更好的选择而已——而这就是市场

---

① 升（L）在这里指汽车发动机的排气量。从理论上讲，排气量越大，汽车动力越强，一般油耗也会越大。

"告诉"陕汽，填补这一空白需要研发13升的新重卡，显然这便是一个典型的通过正向研发制定出正确产品战略的过程。

在正向研发的方法论实践下，2018年，陕汽推出了以客户需求为导向的全新一代X6000重卡产品，新产品刚一上市，就迅速引领了国内高端重卡市场的潮流。陕汽X6000重卡产品基于前期进行的大量调研的数据，选择将环境感知技术和故障自动诊断系统等作为重点进行开发，同时还将智能化节油、自动代理驾驶等"黑科技"融入产品配置中，这些都为X6000重卡产品能够站在商用车技术制高点做了充分的准备。随着"80后""90后"等年轻司机群体的增加，他们对车辆的舒适性甚至时尚感提出了更高的要求。对此，陕汽X6000重卡产品采取了大量静音技术、智能化技术、减震技术、宽体驾驶室纯平地板技术等，各类指标都已经接近国际一流重卡产品，并且满足了年轻驾驶员的要求。

（2）传承中求突破，对标国际一流

陕汽是我国重要的重型军用车和商用车研发和生产基地。自建厂以来，从第一辆延安SX250的成功研制，到第一代国产民用重卡的下线，再到斯太尔技术的消化吸收再创新，以及引进德国MAN公司F2000技术后自主研发出我国第三代重型卡车德龙F2000、F3000产品，陕汽推动了中国商用车行业产品的升级换代。陕汽五十多年的发展历程，传承并积累了一套自主创新的企业知识体系，支撑一代又一代产品成功上市。陕汽X6000重卡产品的研发人员之所以以内部培养为主，主要是因为认识高端、理解高端需要很深的技术沉淀，而多年来，经历技术引进、吸收到自主研发出满足中国市场需求的重卡产品，陕汽研发团队始终具有显著的技术传承优势。2019年，陕汽全集团申请专利342项，同比增长9.6%，其中，发明专利117项，同比增长30%，并荣获陕西省科学技术奖三项。

陕汽拥有国际领先的全系列商用车自主研发平台及支撑体系、先进的研发软件以及完备的检测和试验能力，具备汽车造型设计、工程化设计、仿真分析、试验开发评价、样车试制等系统性开发能力，为全系列产品的开发提供强力支撑。陕汽X6000产品的开发流程还借鉴了国际一流企业的管理经验，采用先进的开发流程、机制，并对每一个阶段要达成的目标进行分段监督。

迈向高质量发展，对车辆制造过程中的原材料、设备精度、工艺等都提出了更高的要求。比如为了降低风阻就会对材料表面光滑度要求更高；加工的零件尺寸过程能力指数高低的不同，对装备精度的要求有天壤之别。为此，陕汽以提升产品制造的细节为导向，开展行业对标，通过加快生产线工艺装备的改造升级，不断优化工艺制造过程，为打造高端产品夯实基础，重点推进传统制造模式向智能制造模式的转变。目前，陕汽已打造出国内领先的全自动柔性驾驶室焊装线，自动化率达到90%以上；规划了高柔性、高精度、高效率的车架纵梁全自动智能生产线，满足多品种个性化车架产品的高柔性、高精度、快速生产要求；装配方面以环保和人性化为目标，大量引进电动拧紧工具和助力工艺装备，降低噪声污染和员工劳动强度，实现员工、产品、企业之间共同的可持续发展。

（二）小微创新

3分40秒完成传动轴装配，2秒检出装配工具问题，22项生产创新被推广应用，全年实现成本降低64万元……交出这份优秀成绩单的是陕汽总装配厂一位名叫冯卜的技师。冯卜从一名普通装配工成长为创新骨干，还带出了22名精兵强将——其中2名成长为车间班组长，20名成长为核心岗位骨干。冯卜自己也坦言，这一切都与企业坚持创新驱动战略，鼓励员工立足岗位开展自主创新，积极营造全员创新的工作氛围分不开。

在陕汽，像冯卜这样在基层岗位上成长起来的创新人才还有很多。为了营造"人人想创新、人人能创新、人人出成果"的浓厚氛围，陕汽在激发全员创新能动性上想了很多办法，进行了大量的尝试。其中最主要的就是千方百计升级创新管理体系。先是自上而下发布创新课题，再自下而上立足岗位开展小微创新，建立"两阶、三层、九类"创新工作管理模式：确定了公司级创新、小微创新两个阶级的定义及评审标准；明确了单位层、归口层、公司层三层创新成果评选机制；细化了技术创新、产品创新、技术管理创新、生产创新、生产管理创新、营销模式创新、营销管理创新、服务支持创新及组织管理创新九个分类。陕汽从制度设计上全面激发公司的创新活力，使创新成为引领企业高质量发展的核心动力。

陕汽大力倡导"小创新，大奖励"的理念，设立了小微创新启动专项资金，拿出工资总额的10%奖励创新成果，通过配置资源、简化流程，引导全员立足各自的岗位开展自主创新，并且坚决做到小微创新及时奖励。同时，整合公司党政工团各类资源，构建沟通、开放的创新型企业文化，引导全员进一步解放思想，鼓励有想法、愿意承担创新工作的人才放开手脚和思想，大胆去创新实践，在公司内形成了科技创新"顶天立地"，小微创新"铺天盖地"的创新格局。

小微创新的效果可谓立竿见影。陕汽重卡某新车型的鞍座孔在设计更改后，一般需要提前在三台数控钻床上分别对同一种车型鞍座孔加工程序进行添加或更改，程序编制和传输效率很低。对此，车架厂创新团队立足"智能制造"开发了一款鞍座制孔程序编制软件，不仅改变了原有编程方式，提升了编程效率及准确性，而且提升了数控钻床电脑主机的硬件性能，通过远程控制，实现了三台机床程序数据的交互与共享。鞍座制孔程序编制软件的开发，使程序编制时间由原来的20多分钟缩短至10分钟以内，工作效率明显提升。

在自主创新的道路上，陕汽还要走得更远，下一步的打算是，在现有小微创新的成功经验上，建立更为灵活有效的创新体制，打造高水平的科技创新人才储备团队，争当自主创新的排头兵，为我国的汽车制造业贡献更大的力量。

（三）主动拥抱变化，迎接数字化浪潮

21世纪是数字化的时代，车联网作为物联网（Internet of Things，IoT）领域重要的分支，是陕汽早已着手准备的新方向。作为国内首个将车联网服务系统应用到卡车领域的企业，陕汽选择主动出击、拥抱变化，着力打造"智慧陕汽"已是其内部形成的战略共识。陕汽以科技创新为第一动力，

推动大数据、互联网、人工智能（Artificial Intelligence，AI）与汽车制造的融合，加大资源整合力度，构建行业领先的汽车后市场智能服务平台，在互联网汽车、共享经济等领域，塑造引领未来发展的新优势，以期迎接数字化浪潮的红利。

如何利用数字技术，有效实现物流全程中"人—车—路—货"实时信息的归集与共享，为重卡用户提供既快捷又智能化的服务，一直是重卡行业内的热点问题。车联网技术革命的爆发给重卡产业带来前所未有的契机，将行车电脑、传感器、卫星传输、云服务等前沿技术有机地结合在一起，将可能改变未来人类出行的模式，也将为重卡行业重新定义众多标准，有可能使重卡用户摆脱空驶率高、车辆和驾驶员管理困难等困扰，从而带动整个重卡行业的服务升级。

陕汽在实践中发现，重卡行业的产品同质化趋势日益严重，在数字化时代，通过服务能力的创新，让服务再次增值，才是继续争夺市场制高点的法宝。因此，陕汽于2012年率先推出"天行健车联网服务系统"（以下简称"天行健"）。天行健采用世界先进的远程数据实时反馈、高清图像采集与智能分析等技术，能提供八百多项车辆常见的故障检测，避免行车安全隐患；卡车专用的导航技术，能精确显示实时交通路况，在线提供如维修站和加油站自动导航、配货信息推送等功能。除此之外，天行健还可以根据客户需要，在云端提供智能燃油测算管理、司机身份与生命体征识别、驾驶区间偏离预警等多种先进技术加持下的服务模块。[1]

为充分发挥天行健车联网数据的应用价值，为客户提供更多贴心的增值服务，鉴于微信小程序的普及，2020年11月底，由天行健团队自主开发的车辆管理软件"天行健后市场服务"微信小程序正式上线，仅截至2020年年底，软件自主注册用户数量即已破万。小程序的产品设计力求简单易用，终端用户通过扫码或微信搜索即可免费注册账号，自主添加车辆信息后即可使用。用户可以通过手机查看车辆定位、轨迹、里程、油耗等，实

---

[1] 资料来源：陕汽天行健官网。

现车辆实时位置分享，掌握车辆实时运行情况，便于灵活调配运力，提升承揽货物的竞争力。此外，陕汽在数字化升级的过程中还特别注意添加人文关怀的元素，借助微信的社交平台属性，终端用户的家人可以通过小程序及时了解车辆运营情况，司乘和家人之间由此得以建立起一条亲情与安全的信息纽带。2021年，小程序陆续上线故障诊断、服务站查询、在线咨询等新功能，进一步为用户提供便捷的服务，而随着用户数量的持续增加和使用效果的反馈，天行健也将加强与终端用户的互动，以满足市场实际需求为出发点，不断创新和优化产品功能。

（四）借力"秦创原"，深耕新能源

秦创原创新驱动平台（以下简称"秦创原"）是陕西省人民政府牵头建设的陕西省创新驱动发展总平台和创新驱动发展总源头，也是陕西省最大的产业孵化器和科技成果转化特区。[6]2021年3月30日，陕西省委省政府在西咸新区举行秦创原建设大会，宣告秦创原正式授牌成立，同时当场宣布了三十多个新签约项目。[①]

作为陕西本地"土生土长"的国有企业，秦创原自然少不了陕汽的参与。2021年9月14日，秦创原新能源智能商用汽车创新中心在西咸新区签约揭牌。陕汽总投资16.5亿元，用于建设西部新能源智能商用汽车创新中心，并力争将项目建设成为国家级制造业创新中心。[6]2021年11月25日，在陕西省科技创新大会上，陕汽董事长袁宏明对于借力秦创原的发展战略，做出了两点关键性总结：一是立足于西咸新区的产业沃土，陕汽能够在发展新能源车的道路上获得更大的助力，尤其是在政策和金融方面的支持；二是借助政府搭建的平台，陕汽将得以更加便利地与清华大学、西安交通大学等专业院校及科研院所进行产研深度合作，甚至可以将实验室前置到工厂车间中来，从而使陕汽在科技创新战略中保持市场领先地位。

---

① 资料来源：陕西省人民政府官网。

四、放眼未来

经历了跌宕起伏的峥嵘岁月，回头看陕汽发展的四个阶段，可以将其成功的原因总结为：首先，陕汽继承了老一辈艰苦奋斗的文化传统，在党建引领下，对内修炼企业"德文化"，实施"让沟通变得更容易"的管理理念，时刻保持组织与员工共同成长，全体陕汽人团结一心形成巨大的凝聚力；其次，陕汽在"以用户满意为宗旨，生产同行业最优产品，提供同行业最优服务"的质量理念带领下，鼓励从管理流程到产品研发的不断升级，使得产品始终保持市场领先地位；最后，陕汽对外贯彻贴心服务的理念——"贴近市场，心系用户，换位思考，真诚服务"，紧跟时代变化，与时俱进地积极开拓新市场，开发增值服务，这既让陕汽获得了正面向上的社会形象，也令陕汽进一步在行业内提升了竞争力。

2018年9月，在陕汽控股发展大会上，党委书记、董事长袁宏明宣布集团党委的决定，"不忘初心，整装再出发，再造一个新陕汽；陕汽商用车和陕重汽'双轮驱动'，坚定不移实现陕汽控股高质量发展"。2020年10月，党中央正式提出"十四五"规划，根据新的指示精神，结合行业和企业的实际情况，陕汽提出了崭新的战略目标。到"十四五"末期，陕汽要实现"汽车销量突破40万辆、销售收入突破1 500亿元、全系列商用车进入国内行业前列"三个目标，全面达成"2035战略"第二个阶段规划目标。具体要做到以下几点：陕汽汽车销量突破40万辆，其中陕重汽20万辆，陕汽商用车10万辆，微型车、专用车、大客车等其他产品共10万辆；销售收入突破1 500亿元，其中陕重汽900亿元，陕汽商用车250亿元，零部件300亿元，后市场50亿元；重卡市场份额达到行业前两名，全系列商用车市场份额进入行业第一梯队，新能源技术和商用车智能网联技术达到领先地位。为实现这一战略目标，陕汽练就了"狠抓改革、勇于创新、抢抓机遇、善用人才"四项本领，为高质量发展夯实基础、增创动能、加油提速。

天行健，君子以自强不息。新的时代已经到来，陕汽这样一家传统的军用重卡制造企业，经过几十年的摸爬滚打，正在新时期焕发出新的活力。陕汽持续深入落实习近平总书记提出的新模式、新业态、新技术、新产品——"四新"要求，打造"绿色、智慧、清廉、卓越、幸福"陕汽。此时，我国经济已由高速增长阶段转向高质量发展阶段，而高质量就对全要素生产率提出了更高的要求。在迈向高质量发展的道路上，纵然道路曲折，陕汽人也已具备面对新挑战的能力，也许第五次创业正在前方等待着他们的到来。

参考文献

1. 李秋. 2018 年陕汽干得咋样？2019 年要怎么干？一文尽知［EB/OL］.（2018-11-27）［2020-10-12］. https：//www. 360trucks. cn/news/2018/1127/86995. shtml.

2. 陕汽协秘书处. 陕西汽车工业 2020 年运行情况［EB/OL］.（2021-01-18）［2021-01-19］. www. shanqx. com/showtjzq. asp？id＝2007.

3. 陕西要有勇立潮头、时代弄潮儿的志向和气魄［EB/OL］.（2020-04-25）［2020-12-27］. http：//www. qstheory. cn/zdwz/2020-04/25/c_1125903635. htm.

4. 崔小粟. 2020 年重卡销量约 162.3 万辆 同比增长 38%［EB/OL］.（2021-01-06）［2021-01-19］. https：//www. cs. com. cn/cj2020/202101/t20210106_6127627. html.

5. 聚焦核心技术和产品升级，中国重卡争夺高端市场［EB/OL］.（2020-11-09）［2021-01-22］. https：//finance. sina. cn/stock/relnews/hk/2020－11－09/detail-iiznezxs0845662. d. html.

6. 勇刚. 陕西为什么要建"秦创原"？［EB/OL］.（2021-05-06）［2021-05-08］. http：//www. sx-dj. gov. cn/dzqk/zk/2021n/d8q/1619979786724048898. html.

为打赢而做、为成功而做：京东方的战略抉择[①]

张闫龙、马力、王路

创作者说

本案例主要叙述了京东方科技集团股份有限公司（以下简称"京东方"）从 1992 年成立以来所做出的关键战略抉择，以及这些战略抉择所涉及的政策、行业、技术、战略思考等方面的问题。在经历了计划经济时代的辉煌之后，北京电子管厂拖着积重难返的身躯于 1993 年进行了股份制改革，成立京东方，由王东升出任董事长兼 CEO。2003 年，京东方自主决策进入 TFT-LCD（薄膜晶体管液晶显示，或称液晶面板）工业，开始进行自主建线，从此走上了艰难而迅速的扩张之路；2015 年，面对新技术与新产业革命，从单一显示器件业务发展到 DSH（D 指显示器件，S 指智慧系统产品，H 指智慧健康服务）的全方位战略；2017 年，京东方定位转为"一家为信息交互和人类健康提供智慧端口产品和专业服务的物联网公司"，进一步以高水平的专利开发速度和灵活性应对互联网时代的到来。

京东方的企业发展历程可划分为生存与蛰伏、入局与扎根、困境与突围、转型与重生四个阶段，每个阶段都是京东方战略抉择的体现，也是对外部环境变化的适应与回应。本案例展示了京东方领导者如何在战略抉择过程中平衡企业与国家、短期与长期、风险与机遇之间的种种矛盾，为读

---

① 本案例纳入北京大学管理案例库的时间为 2021 年 1 月 11 日。

者提供了一幅企业战略发展的全景图。通过京东方的实际案例，读者能够深入理解战略分析工具的应用，掌握学习型组织的构建方法，了解组织印记与战略决策之间的逻辑关系，以及多元化战略的实施挑战。

京东方是一家充满传奇色彩的公司。产业研究人士称赞其是中国液晶面板工业参与国际竞争的旗手；政府对其又忧又爱；而投资人和公众则对其颇有微词。但不论局外的声音多么嘈杂，局内的京东方依然坚定地探索着半导体显示工业的发展之路。2017年的京东方已经是全球显示领域液晶面板出货量排名第一的高科技企业，总资产达2 561亿元人民币，是中国显示产业参与国际竞争的龙头企业。其液晶之路，是在反复的辩论中走过的，也是在锐意的开拓中走过的，犹如钢丝上的舞者，这就是真实的京东方。

一、生存与蛰伏

京东方的前身为建立于"一五"计划期间的北京电子管厂（代号774厂），主要生产各类电子管、晶体管、显像管等电子器件。20世纪60年代，北京电子管厂成为亚洲最大的电子管厂，以及中国电子工业的摇篮。用陈炎顺的话说，"当时的北京电子管厂，历史上都是老大，在北京东郊地区，那都是一呼百应的"。然而，改革开放以后，半导体技术对电子管技术的替代使得这家万人大厂的根基迅速坍塌。当时，中国从国外引进的消费电子产品，如电视机、收录机等，几乎全部采用新兴的半导体技术。由此国内电子管市场迅速萎缩，北京电子管厂也因此陷入严重的技术替代危机。

技术和产品失去市场竞争力，低效的治理结构，以及巨额的人力开支，使北京电子管厂在1986—1992年跌入了入不敷出、资不抵债的"凄惶岁月"。[1]到1989年下半年时，由于长期拖欠工资，北京电子管厂有的退休老员工已经开始到菜场捡白菜叶贴补家用。1992年9月，时任北京电子管厂副厂长的王东升正准备离职，并已经找好了高薪管理岗位，可突然上级发出一纸任命状——让年仅35岁的他出任厂长。时隔多年，王东升解释自己当时留下的原因时说:"情感因素有之,774厂培养了我,我不能在其生死关头撒手不管,人不能忘本忘恩。但更重要的是理性抉择,我天生是做产业的命,产业强国是我毕生的使命和人生的终极目标。"[2]

北京电子管厂新任决策管理层面临巨大的挑战,王东升说:"京东方是由一家传统国企改造过来的,共有一万多人,我不能把他们推向社会,我要养活大家,离退休员工的工资都要我们自己付,那个时候还没有统筹。因此在开始的时候,我们只有一个原则,只要你有边际效益,能够挣出工资来,我都不给你砍掉,你都去做,因为你现在是解决吃饭问题,属于燃眉之急。这样还是养不起的,那怎么办?去扫地刷碗,组织起来去五星级饭店扫地刷碗,或者帮你办一些执照,由组织去办,你去练摊,那叫自谋出路,但是我还给你生活费。实在不行就包饺子,然后去卖,有人包,有人卖。我们没有把人推到社会上去,我们的责任是什么?因为国家整个转型,从计划经济向市场经济转型,我们不能在转型当中给政府添麻烦、给社会添麻烦,这是一种社会责任。所以说当初的产业比较散,它其实就是解决生存问题、吃饭问题。"

连年的亏损使当时的北京电子管厂没有资金可以用于业务转型和结构调整,更勿论进行外部投资。此时,财务出身的王东升向银行创新地提出"债转股"的方案,争取到了银行方面的融资支持。老员工们出于对企业的责任感和忠诚度也积极参与了"买股救厂"的行动,凑出了京东方的第一笔种子资金。1993年4月,通过整合北京电子管厂原有资产(国有股)、干部与员工的现金(员工股)和银行的债转股(法人股),北京电子管厂转型为混合所有制的北京东方电子集团,由王东升担任董事长兼总裁。

1993—1998年,为解决生存问题,京东方决定迅速转向当时大热的CRT(Cathode Ray Tube,阴极射线显像管,或称彩色显像管)① 产业配套。京东方掌握的传统电真空技术与CRT保持着一定的技术连续性,依靠原有技术能力转向CRT配套器件制造能让新成立的京东方迅速站稳脚跟。于

---

① 它是由锥形玻璃真空管内锥尾的电子枪发射电子束轰击锥底涂有荧光粉的屏幕实现的显示,是该时期国内主流的电子图像显示技术。

是，京东方与包括日本旭硝子株式会社、日本端子株式会社在内的外国企业成立了若干合资企业。办合资企业一方面给京东方带来了新产品和利润，另一方面也培育了技术人才和国际化管理团队。在合资过程中培养起来的人才在如今的京东方高层管理团队中也扮演着重要角色。1994年，京东方扭亏为盈，实现盈利800万元；1997年，京东方盈利超4000万元，并实现B股上市；2000年，京东方增发A股，手上有了10亿元。

然而，无论是为盘活资产而尝试的外围项目，还是与外商合资建立的显像管配套企业，都不是王东升认同的持续发展之道。办合资企业，虽说抱着虚心学习的态度，但外商死守技术，完全夺走了京东方这个大股东的话语权。总结"办洋务"的经历，王东升说道："那时候全世界做什么我们不清楚，工程师一辈子也没出过几回国，资料翻译成中文的也很少，又没有互联网，所以信息不充分。我们跟海外企业合资'搞洋务'，一个最大的好处，就是我们比较早地看世界，我们把产品卖到外面去的时候，同时也在看别人的产品、看别人在做什么。此外，'搞洋务'也告诉我们，落后就要挨打，不自强就要被人看不起。"

王东升真正想做的是为企业找到并发展起新的产业，这不仅需要产品和技术，而且需要资金来源和"想干敢干"的人。上市后，有了融资渠道，京东方就有了脱离合资困局、"自立门户"的基本条件：企业可以开始自主选择发展方向了。那时，再次进入高新科技工业并不是京东方的唯一选择。一方面，政府当时把发展高新科技工业的希望寄托于外资和合资企业，对其施以政策倾斜，而对内资企业的科技转型并不感兴趣；另一方面，飞速的市场化进程带来了许多其他高收益、快回报的赚钱机会，而揣着资金的京东方也有入局的资格。上市后，京东方内部有一部分人认为应该选择做利润高的房地产业，或者是做投资管理公司。2003年，还有人建议京东方买望京的土地做房地产，这个高回报的建议的确让不少京东方高层动了心。

王东升回忆说："上市了，有钱了，但钱不多。我们是想要抓住机会，要解决发展问题。我们当时基本的考虑原则是什么？一定是跟我们自己的背景有关系。我们是做元器件出身的。我们觉得中国缺的最核心的东西，就是核高基（核心电子器件、高端通用芯片及基础软件产品）。我们认为中国在这个领域里，像我们这样比较全面的、懂一点的不多，如果我们不去承担，谁去承担？当然大学老师懂得多，但他们没有产业经验。我们毕竟是产业企业，我们知道这东西是怎么做出来的，为什么失败，有什么成果。有人说你搞房地产，这个时代赚钱就行。赚钱就搞房地产，正好那个时候北京望京的土地也便宜，你看现在多贵，我们那个时候如果拿几千亩换这些东西，卖一套就弄完了，就赚大钱了。但是当时我就觉得，他们说这个好，就是对管理层的利益挺好。"

陈炎顺回忆道："董事长第一次见松下的创始人松下幸之助的时候，他们就谈到了做产业人的本分。董事长说如果我们都不能抑制这种行业的浮躁和冲动去搞房地产，谁来搞工业？国家的工业化谁来做？国家今后的工业发展、工业强国怎么办？那个时候我们还想说：'老板你管这事，这个跟你有什么关系？'那时我们也很朴素，心里这么想着，老板你别太高尚，先把这个企业弄好，什么赚钱干什么。"

在这场争论中，王东升坚决反对进入房地产业，"我们年纪大一点的，都记得中国当时讲四个现代化，叫作工业现代化、农业现代化、科学技术现代化、国防现代化。国防现代化和工业现代化直接跟我们有关，实现现代化这个梦想的愿望，一直是很强烈的。"王东升对员工说过："我们是搞工业起家的，搞房地产我们也不懂。如果连我们这些人都去做房地产，那谁来搞工业？"这使其他高层明白：延续高新科技工业的业务传统，京东方可能在工业化进程中扮演一个开拓者的角色，而这样的角色是无法在房地产业中成就的。由此，在1998年企业情况彻底好转之时，京东方高层就确定了两个转变方向：一是从以生存为目标的多元经营向发展主营产业转变，二是坚定了走高新科技工业的道路。

2000年前后，国内显示领域是CRT技术的天下。20世纪70年代至90年代中期，中国试图以"计划加引进"的方式建立起"彩电整机—彩色显像管（CRT）—玻壳"的完整产业链，各环节企业间相互独立。[①] 国内彩电工业基于 CRT 技术，利用劳动力成本低和国内市场巨大的优势，发展出规模经济，在国内与国际市场都有非常出色的表现，一度在产量和出口量上都名列世界第一。然而，王东升在彩电业的高歌猛进中嗅到了危机：中国彩管企业依靠引进技术，发挥着规模经济的比较优势，却不具备自主研发更新的能力。一旦作为核心技术的 CRT 更迭，这种规模经济带来的优势将会转为毁灭性的灾难。"尽管有这么多品牌，但其实我们工业体系里的人是很明白的，毕竟这些基础元器件我们没有。而且我们也明白，一旦基础换了，那些前面的东西就没有了，就得重新来。"

1997 年，亚洲金融危机爆发，液晶周期迎来第三次低谷。此时的日本企业为应对韩国企业的潜在威胁，向中国台湾地区的企业转让相关技术，同时，中国台湾地区的企业逆势扩大投资，成功入局。而作为行业先锋的韩国企业受到金融危机的影响，投资放缓，有的企业甚至开始寻求出售业务的机会。对寻找新主营业务的京东方而言，获得国外先进企业转让的显示技术的机会可能出现。在国际显示领域中，TFT-LCD[②] 与 PDP[③] 技术在新兴显示技术中已经崭露头角；而在 21 世纪初的中国市场，新型显示技术尚处于机会与风险并存的"蓝海"之中。2001 年，联想首次推出液晶显示电脑；2001—2002 年，液晶电脑从高端市场进入主流市场；2003 年伊始，平板显示彩电在国内市场初露端倪，笔记本市场开始启动。索尼、夏普、日立等国外品牌进入中国，PDP 技术与 TFT 技术的角逐即将开始。2000—2010 年外资品牌 CRT 与 LCD 彩电市场份额如图 1 所示。

---

① 不同于中国台湾地区、日本、韩国电视机企业的纵向一体化结构，中国大陆彩电工业的整机制造企业与彩管制造企业间相互独立。这种结构使中国大陆的彩电企业在彩管工业崩溃时可能比较容易地转向液晶电视制造，但也造成了对进口液晶面板的高度依赖。

② TFT（Thin Film Transistor）-LCD（Liquid Crystal Display），即"薄膜晶体管液晶显示"，是使用薄膜晶体管驱动液晶以实现显示的技术。

③ PDP（Plasma Display Panel），即"等离子体显示屏"，是利用等离子放电原理设计制作的显示屏。

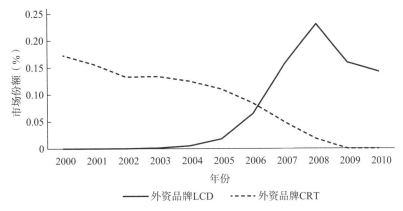

图 1 外资品牌 CRT 与 LCD 彩电市场份额

资料来源：奥维咨询。

从京东方的情况来看，进入 TFT-LCD 工业的难度似乎大于进入 PDP 工业的难度。第一，TFT-LCD 较之 PDP 工艺标准化程度更高，凭借显示技术的差别来形成价格优势的空间很小。第二，TFT-LCD 生产设施昂贵，投资强度数倍于 PDP。王东升曾说："搞 PDP 只要十几亿元，但是搞 TFT 要一百亿元。员工们问我，要是赔了一条线，是不是要去跳楼？"第三，当时国内没有 TFT-LCD 相关的专业人才，而 PDP 技术作为 CRT 技术的演进，在国内有一些可以借鉴的实践经验。对当时的京东方来说，作为显示行业的一家边缘企业，它所具备的进入 TFT-LCD 工业的技术能力、生产规模和财务基础都不算充分。市场的任何波动都可能瞬间吞噬新玩家，入局就将是一场赌博。

事实上，京东方一直想在高新科技行业有所作为，并为此进行了长期的准备。改制完成时，新班子成立了液晶事业部；1994 年，平板显示 TFT-LCD 项目预研小组成立，跟踪研究 TFT、PDP、FED[①] 等显示技术；1998—1999 年，刚实现 B 股融资的京东方开始在显示器工业布局，通过收购两家

[①] FED（Field Emission Display），即"电子发射显示"，该技术与 CRT 非常相似，都是利用电场吸引阴极电子源发射电子束，撞击荧光物质发光。该技术继承了 CRT 的高亮度、高对比度，又兼有 LCD、PDP 的超薄外观和高分辨率特征。

国内企业①进入 VFD②（小尺寸）和 LED③ 智能显示领域。[1]由于初期技术能力和规模不足，液晶事业部很快发生亏损，人才开始外流。王东升明白人才积累的关键是优秀的平台，因此有意放走一批年轻人去大学深造，学习新型显示、真空微电子、FED 等专业。"反正没钱养他们，干脆同意他们去，用国家的钱养我的人才。但有一条：我需要的时候，全都得给我回来！"后来这批被放出去的年轻人在京东方发展液晶显示时大多数都回来了，并成为高级技术骨干。

在 TFT-LCD 与 PDP 技术间徘徊时，王东升"以史为鉴"，让员工研究这两项技术的发展史，并告诉他们，技术上要看上下一百年才能把握技术的发展趋势。较之于 PDP 等其他的显示技术，TFT-LCD 是半导体控制的显示，在液晶显示性能改进上的潜力巨大。王东升判断，未来显示技术将会"半导体化"。随着半导体技术的进步，液晶的显示性能将会提升。可能发生的技术替代将被转化为较为缓和的技术升级。2000 年，在外部还在争论 TFT-LCD 与 PDP 技术的优劣时，京东方就决定选择进入 TFT-LCD 产业。京东方在 CRT 的热潮之外韬光养晦、积累自身，做好进入 TFT 行业的准备，找寻着合适的机遇。

二、入局与扎根

中国企业对 TFT-LCD 领域的探索始于吉林彩晶于 1998 年 9 月从日本引进的 1 代线，但项目建成后试产良率不足，一直没有实现量产；南京新华日耗资 5 400 万美元，从日本 NEC 公司的鹿儿岛厂引进一条 1 代线（建于 1991 年的旧线），运回国后一直无法量产；上广电于 2002 年投资近 100 亿

---

① 1998 年 11 月，收购浙江真空电子有限公司 60%的股份；1999 年，收购并控股深圳信桥通智能技术有限公司。

② VFD（Vacuum Fluorescent Display），即"真空荧光显示屏"，工作方式类似于电子管。

③ LED（Light Emitting Diode），即"发光二极管"，是半导体二极管的一种，能把电能转换为光能。特点是节能、环保、寿命长、亮度高、无延时。

元,以合资形式从日本 NEC 公司引进了国内第一条 5 代线。[3]但是,这条 5 代线的技术控制权一直掌握在日方手中,且上游关键零件也被日本企业控制,使上广电无法培育自主建线的能力。同期,国际液晶产业刚结束 1997 年的衰退期,中国台湾地区的企业通过获取日本企业的技术转移而迅速崛起,产出规模一度达到世界第二。韩国企业以 LG、三星为代表赶超了日本企业,率先建立 5 代线。日本企业以夏普、NEC 为代表,受衰退期影响而落后于韩国企业。

面对群强环伺的国际产业环境,京东方迎来了一个重要的机会——韩国现代集团由于过度扩张、负债太重,要出售旗下的液晶业务板块 HYDIS (Hyundai Display Technology Inc.)。HYDIS 不仅拥有完备的市场能力,更重要的是还有生产和研发能力:它拥有 2 代、3 代、3.5 代生产线各一条,年生产能力达到 300 万片以上;它设有独立的研发机构,研发项目覆盖材料、配套零部件、液晶器件以及设备。机会诱人,但如何抓住这个机会?在资金紧张、经验不足的情况下,选择进行合资还是收购?

与握有技术的外商建立合资企业是当时大多数企业选择的迅速获取新技术、进入新行业的捷径。但是合资并不能给企业带来相应的能力提升。合资经历曾为京东方打开了新世界的大门,京东方受到大工业和产业文明的洗礼,在人员和生产管理上进行了优化。然而,京东方在合资企业中处于非常弱势的地位。为了促成合资,京东方不得不在很多方面迁就外商。陈炎顺回忆起另一家合资企业(北京松下彩色显像管厂)的情况时说:"北京松下彩色显像管厂,到 2009 年我当董事长把它清算的时候,我们在技术上还不能设计一支完整的显像管,核心技术还掌握在日本人的手上。日本人拿给我们的产品,至少技术上延迟了四年的时间。2009 年,北京松下彩色显像管厂每个月亏损将近 2 000 万元。在这 2 000 万元中间,每个月有 400 万元是付给日方的技术转让费。什么意思呢?就是说如果是做合资企业,其实是很难自主掌握核心技术的。我们从这里领会到以市场换技术这条路是行不通的,所以我们不建议去做。"

因此,面对 HYDIS 的机会,京东方决策层、管理层的思想趋于一致:

海外收购核心技术，国内建厂落地扎根，消化吸收、自主创新，拉动配套。唯有收购这条路径，能使京东方以高起点迅速进入 TFT-LCD 领域；能使国家比行业普遍的发展历程提前五到七年进入尖端行业，并最终取得成功。此外，国家主管部门、北京市政府在收购过程中也给了京东方很大支持。国家发改委的一位副主任曾对王东升说："这个项目你们做成了，国家记你们一功；如果失败了，我们还要支持你。"其实在之后京东方发展扩张的过程中，政府一直秉持这种支持的态度。政府决心建立中国自己的面板产业，因此对作为产业探路人的京东方青睐有加。2003 年 1 月，京东方以 3.5 亿美元收购 HYDIS，成立 BOE-HYDIS，正式进入液晶显示领域。

完成对 HYDIS 的海外收购后，"国内扎根"的行动也于 2003 年 6 月开始了，这就是北京 5 代线计划。在王东升看来，收购只是获取技术资源的第一步，更重要的是通过自主建线来培育自身扩张的能力。作为京东方的学习平台，5 代线计划帮助员工将新纳入的 TFT-LCD 技术通过实践内化为自身的能力。工程师刘家安刚进入科室工作时，发现韩籍工程师较少与中国籍员工进行技术交流；随着与韩籍工程师关系的拉近，刘家安逐渐有机会向他们请教工作的"门道"，并用行动证明了自己的能力，成为最早被提拔为副科长的中国籍员工；刘家安自己成为部长助理后，就向更大范围内的中国籍工程师开放了设计图纸，要求大家学习。刘家安的故事是 5 代线建设者自我成长的缩影：员工个人技术能力的提升汇聚成企业技术能力的飞跃，使京东方培育出属于自己的开发能力与人才队伍。此外，5 代线计划还使京东方拥有了全套生产设施，在生产线和产品上有了完全的决策权；积累了基础经验，形成了系统化的技术能力；获得了外部支持，外部供应商接踵而至。由此，京东方真正迈入 TFT-LCD 行业，有了不断从全球产业链吸收技术知识的途径和能力。

在市场竞争激烈、变化迅速的 TFT-LCD 行业中，单一的生产线和单一的产品意味着较低的市场风险承受力；企业想要生存下来，就必须不断扩张以形成足以应对市场变化的规模经济。从 2004 年开始，液晶面板彩电在国内市场的销量迅速走高。但由于以京东方 5 代线为代表的国内生产线主要产品为计算机屏幕，无法满足平板电视显示屏的生产需求，国内彩电工业不得不依靠国外厂商来获得液晶平板显示器。中国彩电工业价值链的80%再度转移到国外。[4]事实上，京东方自进入液晶面板产业以来就积极寻求产能的扩张。然而这一目标实现过程颇为坎坷，受到来自地方政府和竞争对手的双重压力。政府主管部门依然保持着CRT时代的思路：国内企业不具备从5代线的基础上自主发展出高世代线的能力，而自由市场的规律不允许国家参与市场行为。因此，京东方进入TFT-LCD行业之后的政策环境可谓非常不利。在这种情况下，京东方孤独而坚定地寻求扩张机会。

深圳的"聚龙计划"是京东方2004年之后遇到的第一个扩张机会。2005年下半年，在深圳市政府的支持下，在CRT的崩盘中吃尽苦头、饱受进口面板制约之痛的TCL、创维、康佳、长虹四家彩电整机企业组成联盟，加上深圳市国资委下属的深超科技投资有限公司，联合成立聚龙光电公司，希望建设6代以上的生产线。在向境外企业寻求技术支持时，他们得到的答复或者干脆是不转让技术，或者是技术转让费太高。在寻求外企技术支持碰壁后，他们主动找到具有建线能力和知识产权的京东方。各方商定京东方以40%的控股比例成为聚龙光电的技术提供方。但是，就在京东方组建了技术团队后，2006年6月，日本夏普横插一脚，主动向深圳方面提出建一条7.5代线的计划。[5]陈炎顺回忆说："在签订这个协议的过程中，时任深圳市领导就在会上讲了，就是深圳市政府要用改革开放二十多年的成果来支持聚龙光电，把半导体显示做起来。他讲完以后，我们就组织了最强的团队过去做筹建。但是我们忽然发现，深圳市政府搞完以后就好像没什么事了，不跟我们玩了。后来我们打听才知道，夏普过去了，我们签完以后，夏普就立马跑过去跟深圳方面说，'京东方不行，京东方没做过6代线，我们已经搞过7代线，我们给你们搞7.5代线，这样把握会很大，京东方肯定不行'。"一边是从未建过6代线的京东方，一边是技术强、有经验的夏普，深圳市政府动摇了。聚龙光电在这项提议面前迅速瓦解了，几家企业不欢而散。后来经过一年的谈判，夏普违背其最初提出的承诺，要求在控股的情况下转让技术，导致谈判于2007年9月中止。"夏普一看京东方撤出，马上就跟深圳市政府说，'你们不行，你们中国现在还没有到这个时候，还得三五年的时间才能搞这个面板。你们要干可以，先给我10亿美元技术转让费'，一下子就把深圳市政府给撂了。"陈炎顺回忆说。

"聚龙计划"的搁浅也给地方政府上了一课，深圳市断了"国际合作"建设生产线的念头，决心要把主动权掌握在自己手中。此时，为三星代工的TCL集团已经发展起自己的研发团队。2009年9月，深圳市确定了TCL集团提交的8.5代线建设计划，并随后与其联合成立项目公司华星光电。这家公司在2011年10月建成8.5代线并投产，成为华南地区的领头企业。2002—2012年国内彩电分品类零售量比例如图2所示。

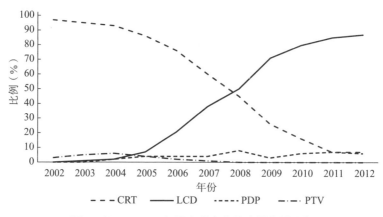

图2 2002—2012年国内彩电分品类零售量比例

资料来源：奥维咨询。

京东方的另一个扩张机会出现在上海。2006年，被市场低谷折磨的京东方、上广电、龙腾光电在信息产业部（现工业和信息化部）的提议下剥离5代线，成立公司统一运营。上广电原本计划与京东方合作共建6代线。听到风声后，夏普故技重施，向上广电提出合作意向，想要甩掉京东方，在项目正式获批后再找借口撤出。夏普的搅局行为使京东方两次失去了向高世代线扩张的机会，也把中国进入高世代线的时间推迟了两三年。陈炎顺回忆说："我们走到哪，它就走到哪。'京东方不行，我们夏普行，我们夏普给你们7代线，你们不要搞。'所以搞得我们灰头土脸的，步步撤退。

我们不能讲对夏普深恶痛绝，但是还是对它很有意见，就赶得我们到处跑。"京东方两度遭遇扩张无门的尴尬，使其明白了获得政府支持和回避国际竞争者锋芒的重要性，在转变策略的同时继续寻找时机。

三、困境与突围

在液晶面板产业，有一条著名的"魔鬼曲线"：随着液晶面板投资规模的增大，每隔12～18个月，液晶面板价格就会大幅波动，原因是市场很难在短期内消化新增的产能。产业低谷期，中小厂商都亏不起。只有连续亏损多年仍不倒的产业巨头咬牙坚持才能度过寒冬。2005—2006年，京东方连续亏损，亏损额达33亿元，海外收购壮举深受质疑。京东方苦撑到2007年第二季度，迎来产业回暖，然而好景不长，不期而至的金融危机让整个面板产业再次跌落低谷。

从2005—2006年产业寒冬中挺过来的京东方此时临危不乱。面对双重周期的打压，京东方的第一战选择了规模。规模决定了成本，进而决定了回报水平和行业影响力。液晶行业是资金和技术密集型行业。除了具有极高的资金技术门槛，它同时也十分依靠产业上下游配套。作为"追赶者"，京东方仅凭借一条5代线的产能，面对上下游，基本没有多少议价的能力和空间。唯一的人力成本优势反倒被高原料价格抵消，成本往往高于日韩企业和中国台湾地区的企业。在产业低谷期，它会比别人亏得多。即使产业回暖，以占全球2%的产能，京东方既无法从全行业的复苏中获得超额利润，也无法得到下游企业充分的重视。

2008年下半年，国际金融危机使原本高涨的液晶周期突然转入衰退，京东方随之再次陷入亏损。然而，京东方的竞争对手在此次危机中也未能独善其身。三星、LG、夏普这些巨头也因出现亏损而放慢发展脚步，无暇顾及中国市场。全球液晶显示产业在金融危机下整体陷入投资停顿。这给了国内企业发展追击的空间。京东方被压抑许久的进取势头一下子迸发了出来。

京东方选了一条"步步为营、稳扎稳打"的道路，先在中小尺寸液晶面板领域做到最强，然后寻找机会向上走。2008年3月，在国际金融危机爆发的前夜，京东方投资34亿元，在成都建设第二条TFT-LCD生产线（4.5代线），生产小尺寸液晶显示器，主要用于便携多媒体类产品。2009年10月量产后，京东方领跑中小尺寸液晶显示市场。在一次访谈中，王东升说："失败企业的寿命都是和其产品寿命紧密联系在一起的……这种替代危机，曾使我整夜无法入眠。早在进入TFT产业之前，京东方已经花了8年时间去计划，去思考，所以我们能够在产业低潮时投资新生产线，埋头于技术创新，在产业回暖时我们才能收获丰盈。"[6]

成都4.5代线的融资模式为后来京东方和地方政府的合作开辟了新的模式。2008年7月，成都4.5代线再度融资，向成都高新投资集团有限公司与成都工业投资集团定向增发股票18亿元。除此以外，由国家开发银行牵头的银团向京东方贷款16亿元，并承诺展期10年。由此也形成了京东方新的融资模式：向特定的战略投资者或政府定向增发，以获得足够的资金。关于政府支持，有的观点认为京东方是在"绑架"政府。对此王东升回应说："我们跟当地政府谈的时候，都是开门见山先说风险，最坏的结果是什么。"事实上，京东方生产线的落地，可以吸引诸多配套企业，如康宁、冠捷等。北京数字产业园及配套投资总额达700亿元，带动上下游企业103家，年产值近千亿元。成都京东方4.5代线，带动当地超300亿元的产业规模。[7]因此有人说："京东方不是生产面板的，是生产GDP的。"

这种合作模式被顺利地用到了合肥6代线上。合肥位于长三角经济带，水、电资源丰富，科技人才也很密集；当地领导诚意十足，不仅帮助京东方选择合适的厂址，还承诺与深圳同等的优惠条件。出于对夏普再度搅局的担心，王东升和合肥地方政府领导谈了多次，反复提醒风险。合肥地方政府领导坚定回应："有问题我们一起扛。"合肥市坚定的合作意向是基于其过去20年间自身已经形成了极具规模的家电产业基础，而液晶显示工业的加入则可以稳固合肥市家电产业链的根基。合肥市的决心很大，愿出资60亿元，甚至暂停了地铁项目。

而面对签约后夏普的"如期而至",合肥市政府也坚持与京东方走了下去。陈炎顺回忆说:"当时我和董事长一起见合肥市委书记的时候,第一件事谈的是,'如果夏普再来,你们是支持夏普,还是支持京东方'。市领导说,'我们支持京东方,我们坚决支持京东方,民族企业,我们支持'。我们先把这个搞定了,就可以谈。第二件事谈的是这个行业波动太大了,如果这个行业做起来赔钱,甚至连乌纱帽都有可能丢掉。他说,'一定要把这个产业做起来,风险共担',我们很感动。"

2009年4月,总投资175亿元的合肥6代线正式破土动工。由于已经做了3年多的准备,这条6代线仅用了10个多月就建成了。投产后,它可以覆盖18~37英寸①的各种产品,使中国彩电工业终于实现显示屏的本土供应。如法炮制,2009年6月,经证监会批准,合肥6代线向市属国企进行了120亿元的定向增发。有了政府的加入,投资者与市场对京东方的信心大增、踊跃认购。最后,投资机构、私人投资者和政府各认购了6代线三分之一的股份。

合肥6代线建成后,顿时成为令全球设备、材料供应商瞩目的一条线。这条高世代线直接带动了上游材料的国产化,为TFT-LCD配套的企业顿时挤满了合肥的开发区;它展示了京东方卓越的开发能力,破除了国内企业无法自建高世代线的魔咒;它使京东方不再孤独,引起政府、社会、全球同业的关注,提振了中国发展平板显示工业的信心。合肥6代线和北京8代线的投建,刺激了海外企业的神经,促使它们一反多年的技术封锁态度,要求来华建厂。

金融危机中,国家刺激经济复苏的一系列政策,也使得京东方所处的液晶面板产业得到国家的重视和支持。国务院制定的《电子信息产业调整和振兴规划》终于把目光投向了液晶工业,政策环境有所回暖。2010年,国务院将平板显示列为七大战略性新兴产业之一进行规划;进一步地,2012年,国家调高了液晶面板进口关税,直接提升了国产面板的市场需求。[7]

---

① 1英寸≈0.0254米。

2008年年底,中央政府的4万亿元刺激经济计划出台在即,北京市政府正寻求拉动内需的大体量投资项目。亦庄开发区管委会立刻推荐了京东方正在策划中的8代线计划。于是,在全球TFT-LCD工业因金融危机而减产停资时,京东方在政府的帮助下逆势扩张。2009年8月31日,总投资额达280亿元的京东方8代线(后调整为8.5代线)在亦庄奠基。

2009年4月,京东方建立了中国第一个TFT-LCD工艺技术国家工程实验室。该实验室的建设得到国家发改委的资金支持和政策支持。至此,京东方在摧枯拉朽的金融风暴中逆势起飞,成为国内TFT-LCD工业名副其实的领跑者。

陈炎顺后来也承认,京东方给投资者提供的回报长期以来并不尽如人意,因此在京东方资本市场上是备受质疑的。但是京东方又是产业链上的重要一环,液晶面板产业对国家信息化、工业化和国防建设具有重要的战略作用。

作为行业中的新玩家,六年时间里,液晶周期的波动让京东方几度面临存亡危机:收购HYDIS的惊心动魄,5代线的开局不利,使京东方差点戴上ST的帽子被证券市场扫地出门。然而,这六年给京东方带来的也不仅仅是惊吓和挑战,作为一个学习型的组织,京东方也在这段时间内,探索和总结着行业发展的基本规律。

2010年,王东升在集团中心组战略务虚会上首次提出液晶显示行业的发展规律——王氏定律:液晶面板的价格每36个月就会下降50%。因此,企业若想生存下去,产品性能和有效技术保有量必须提升一倍以上。这就要求生产线以最佳盈利性为原则,不断推出有成本优势和附加价值的新产品,确保企业稳定盈利,实现可持续发展。在这个定律中,王东升指出了提升产品竞争力的三个维度:创新速度、品质和盈利性。因此,京东方市场竞争战略的中心目标是提高和保持产品竞争力,而保持竞争力的关键就是保证创新的速度超过市场需求变化的速度。

如果说王氏定律揭示了液晶面板行业的成本—价格规律,那么王东升所提出的"5P1H"愿景则体现出液晶面板行业总体技术路线和未来发展方向。5P1H，即更真更美的画质（Picture）、功能融合的解决方案（Panel as System/Service）、引领时尚的气质（Pilot of Fashion）、越来越低的功耗（Power）、最佳的产品性价比（Price），以及有利于健康的产品（Health）。5P1H因此也成为京东方在显示面板产业中的技术发展方向和指引。

例如，当智能显示成为一个新的行业趋势时，京东方以 5P1H 为思考框架。D 事业群首席技术官董学在"京东方全球创新伙伴大会·2017"上说道：针对智能显示这一愿景怎么落地，D 事业群遵循京东方 5P1H 技术路线，第一个 P 是画质，第二个 P 是把面板当成一个系统，第三个 P 是极致时尚，第四个 P 是功耗，第五个 P 是售价和性价比，让老百姓能接受，最后一个 H 是健康。我们从 5P1H 六个维度来思考未来显示的差距……例如，2017 年我们要将画质从 4K 提升到 8K，但这不是终点，未来我们将突破 1 角分的人眼物理极限，带来更好的显示体验。

除了行业产品价格的规律和技术发展路线，王东升还从实践中提炼出对行业发展趋势的判断。2011 年，三星、LG、夏普等开始狂吹"OLED[①]风"，鼓吹 OLED 很快就会替代 LCD，进而以此唱衰京东方。外部媒体和投资人因京东方"融资不止、亏损不断"的表现对其产生了质疑，认为京东方依靠政府补贴才得以生存，而 OLED 的兴起即将摧毁其主营业务。面对这些质疑的论调，2012 年 9 月，王东升提出应该把以半导体为基础技术的平板显示产业重新定义为"半导体显示产业"，阐释产业性质，明确自身定位。王东升穿越半导体摧毁电子管的废墟，跨过 CRT 覆没的残骸，对技术和产业发展大势及其决定因素有独到的思考和判断。他提出，在半导体工业中，技术进步速度与规模效应对企业的竞争优势至关重要，大规模的投资是维持竞争优势的关键。在未来，半导体技术必然会取代真空电子技术；显示技术发展的关键不仅在于显示方式，还在于 TFT 技术的发展。面对OLED 的到来将毁灭以 LCD 为主的京东方的论调，王东升并不紧张。因为

---

① OLED（Organic Light-Emitting Diode），即"有机发光半导体"。特性是自发光、广视角、高对比度和较低耗电。

他坚信，AM-OLED①之于 TFT-LCD 并不是革命性替代，而是连续性替代。二者之间的技术相关性和资源共享性很高，企业在 TFT-LCD 领域发展起来的制造能力和营销网络将成为"互补性资产"。京东方作为后进者，在 TFT-LCD 行业中追赶数年，已经开始展现出竞争优势。拉近与国外先进企业的差距，绝不能止步。王东升定义的"半导体显示"和京东方"后起直追"的战略解答了行业中许多人的疑惑，反映出他个人对行业的深刻理解和京东方将积极拥抱变化、进行多元布局的决心。

2013—2017 年，京东方开始实施以"一四三三"为核心的"铁剑战略"。②"一四三三"总体战略，即"围绕一个目标，加快四大创新，活用三大资本，推动三个转变"。一个目标指提供令人激动的产品和服务，实现长期稳定盈利，成就受人尊重的品牌；四大创新指产品创新、技术创新、模式创新、管理机制创新；三大资本指人力、财力、智力资本；三个转变指从生产导向向客户导向转变、从投资驱动向价值创造驱动转变、从区域性制造公司向全球性创新公司转变。

为实现这一战略，京东方在北京、成都、合肥、鄂尔多斯、重庆布局了共 7 条不同世代的生产线，可实现月产 66 万片液晶面板的能力，位列全球显示领域前五强。至此，京东方已经在 TFT-LCD 产业中稳固扎根，拥有了抵御风险、自主研发的能力。2013—2014 年，京东方的毛利率、新申请专利数量、智能手机显示屏市场份额、平板电脑显示屏市场份额均做到了全球第一，成功地从弱小的追赶者转变为业内的领先者。面对新显示技术的涌现和互联网时代的到来，新的多元化战略也进入京东方的蓝图中。

---

① AMOLED（Active-Matrix Organic Light-Emitting Diode），即"有源矩阵有机发光二极体"。与传统液晶显示器相比，AMOLED 具有更广的视角、更高的刷新率和更薄的尺寸，因此正被用于智能手机制造。

② 2018 年，京东方开始实施"木剑战略"，相应地，"一四三三"战略的内容也进行了调整。京东方的愿景为：成为地球上最受人尊敬的伟大企业。京东方需达成一组目标：树立全球创新公司品牌形象，进入 IFI TOP 10；实现营收净利三年翻一番，每股收益 0.5 元；形成 20 个细分领域市场绝对优势。强化四大创新：技术创新、产品创新、应用创新、管理创新。提升三大能力：全球市场拓展能力、全球资源获取能力、全球人才吸引能力。实现三大转变：从区域性制造公司向全球性创新公司转变；从硬件营销向软硬融合与服务营销转变；从主要依靠投资驱动向价值创造驱动转变。

四、转型与重生

京东方进入面板业之初,已经制定了"进入者"——"追赶者"——"挑战者"——"领先者"——"领导者"的 25 年战略规划图。到了 2014 年,京东方的各项关键性经营指标均位列全球第一。

然而,王东升却预感到持续增长的危机。他说:"我之所以是一个惶者,是因为任何一个企业始终面临着三种替代之危:第一种是产业替代之危,第二种是人才替代之危,第三种是增长模式替代危机。我不能再让企业在替代危机来临之时茫然无措乃至等死。"[8]

他说:"到现在为止,我每天战战兢兢,每日如履薄冰。有些事让我睡不着觉,比如被别人替代。这种东西你眼睛不盯紧了,不知道世界上哪个角落,哪一些年轻人,用一种更简单的方法,把你的屏幕显示技术颠覆了,我想那有可能就是灭顶之灾了。所以我们真的花很长的时间,研究一些小的创新公司。一般大的公司不会突然出现颠覆式创新,因为肯定有端倪,不会一下子到来。但是你一定要盯小公司,很有可能不是你这个行业里面的,而是在别人的行业里面。"

京东方是处于终端产品上游的核心元器件企业,它有更大的周旋空间来适应终端产品市场的变化。在此思路的指导下,京东方进行了一系列的布局。2014 年,京东方启动了 DSH 战略,依照事业部制将业务部门划分为 D(显示器件)、S(智慧系统产品)、H(智慧健康服务)。"我们要向软硬融合、应用整合、服务化转型的方向迈进。如此,未来 20 年,京东方仍然可以保持每年较大幅度的稳定增长。"作为显示器件供应商,京东方有充分的理由进入物联网与 AI 领域:在已有的整机生产的尝试上发展工业物联网系统,可以更好地服务客户;搭建物联网平台,能够收集用户应用体验数据;多领域多技术结合应用,有利于实现跨界创新,为企业带来新的增长点。

而进入智慧健康领域,则是京东方的战略性创新。京东方确定 2015—2020 年是健康医疗事业的启动期,并计划以收购的方式实施智慧健康医疗事业的第一步——决定收购一家合适的医院,它应发挥"建平台、聚资源、试模式"的战略作用,实现战略落地。经过调研,明德医院进入京东方的视野。2015年6月,京东方筹备2.5亿元收购明德投资有限公司,并增加注册资本至30亿元,用于北京明德医院的运营发展和后续数字医院的筹备。项目负责人姚项军称:"明德医院被收购后,将与京东方的智慧终端产品紧密结合,并进行数字化改造,为患者提供与众不同的健康服务体验。京东方做健康管理,是光电技术优势具体应用于医疗的新产业,我们现有的生产线除了生产液晶面板,也可以生产用于诊断的精密传感器件,为病患提供数字化的健康管理服务。"[9]这也标志着京东方谋划已久的多元化转型正式启动。

京东方向医疗领域的转型并非孤军奋战。新医改以来,国家鼓励各类资本进入医疗领域,并先后出台多项相关政策,如放宽准入条件、给予税收优惠等,支持力度很大。2017年,中国医疗器械市场已经具有近万亿元的规模,并呈现高增长特征,但本土医疗器械的销售收入仅占国内医药行业整体的13%左右,与欧美50%左右的整体水平存在较大落差。因此,除了京东方,国内的产业巨头如海尔、美的、富士康等也都盯着这一领域。[10]

在这一背景下,有分析人士指出,京东方已经在全球面板产业中占据重要地位,但目前的硅基显示无法改变其重资产的特征,限制了后期增长空间,京东方需要找到新的利润增长点,其进入医疗健康服务行业可能是一个好的选择,并且智慧医疗如果成为第二主业,值得期待。然而,关于上市公司多元化经营的争议一直以来都很大。一些人认为面板企业做医疗健康和智慧系统,业务关联度小、风险大。即使智慧医疗、医疗健康是一片蓝海,随着众多的巨头纷纷涌入,竞争趋势也不容乐观。互联网巨头、软件企业、房地产企业以及大量风投纷至沓来,鹿死谁手很难预测。有分析人士指出,考虑到医疗行业特性及其回报周期,京东方转型的前途仍需观察。[11]

面对外界的质疑,王东升解释道:"下一个二十年,是我们从第三次工业革命向第四次工业革命迈进的重要阶段,技术融合将产生新的产业形态,京东方要抓住这一新机遇,利用多年积累的知识技术优势,布局智慧系统和健康医疗服务事业,创新模式,提升价值力,实现长期稳定可持续发展。

这一思维，其实是'要为改变世界做点什么'这一信念的体现。"

王东升常常强调要把企业的经营战略放到更大的时间和空间尺度来审视。"我喜欢历史，喜欢哲学，我说首先要看历史，上下看100年，其次要站在月球上看地球，视野要宽。"因此，王东升认为京东方当前面临的是第四次工业革命的挑战。"第四次工业革命，我们可称之为关于硅基和碳基生命的科技革命。""这一革命正呈现两大趋势：一是物联网、AI和大数据推动人类从信息社会迈向智能社会；二是生命科技和健康产业将推动人类自身实现前所未有的进化——智慧、寿命和健康状态的颠覆性提升。""物联网、AI和大数据将为我们提供万亿美元级的市场机会；加上生命科技和健康产业，市场规模将更为庞大。这就是我们的新的全球性机会。"

除了高屋建瓴的大格局，京东方在制定和实施具体的战略过程中，逐步开发了具有自身特色的战略规划方法论——BSM模型（见图3）和完整的战略管理机制。在战略管理机制方面，搭建了包括发展规划、落实机制、战略评估在内的整体闭环体系。建立以"龙腾计划"[10]为代表的连续滚动的中长期战略规划机制，以次年关键项目和目标方针为主的"整合行动计划"，以及以"事业计划"为代表的短期战略制定机制。战略的最终效果取决于战略的执行。在战略执行方面，京东方建立了完善的控制—考核体系，例如分解到人的各级KPI（Key Performance Indicator，关键绩效指标）管理考核体系。

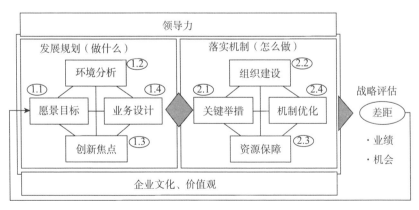

图3　京东方战略管理模型——BSM模型

资料来源：京东方提供。

BSM模型强调基于愿景目标和创新焦点的总体战略目标设定方法，并配套了完整的包括关键举措、组织建设、资源保障和机制优化在内的落实方法和战略评估体系。其会议工具也呈现出完整性，包括每月一期的由董事长参与的执委会会议、每季度召开的各业务集团战略会议、每双月召开一次的重大项目专题会，等等。按照重要程度，匹配合适的会议频率，用以配套制定和评估公司战略。

展望未来，陈炎顺说："所谓不忘初心，方得始终。今天的我们远没有到可以自豪而松懈的一刻。我们还没有真正实现目标和愿景，却不得不面临技术和社会进步带来的挑战。半导体、传感器、AI、大数据的爆发式发展及与生物技术的融合，将深刻地影响和改变我们这个社会。可以说我们今天比任何时候都有条件、有能力和有基础去实现我们所提出来的DSH战略目标。但是我们也比任何时候都面临更加严峻的技术与商务模式的挑战，以及生物进步带来的社会变革的挑战。机遇有，但挑战更大。因为我们已经走在社会的前列，可以讲我们在某种程度上要承担起引导行业技术、商务模式及社会变革发展的重任，更勇敢地前行。"

参考文献

1. 难度十二年：新兴产业新领军者［J］.竞争力，2010（11）：30-40.

2. 京东方董事长王东升：惶者还是王者［EB/OL］.（2014-10-15）［2020-01-06］. https：//alumni. hdu. edu. cn/2014/1015/c1430a40689/page. htm.

3. 京东方：钢丝上的舞者［J］.董事会，2013（12）：44-52.

4. 路风. 光变：一个企业及其工业史［M］.当代中国出版社，2016.

5. 崔婧. 液晶面板十年：尊严与误解［J］.中国经济和信息化，2013（16）：28-39.

6. 王东升：惶者还是王者［J］.竞争力，2009（7）：66-71.

7. 京东方：引领中国平板显示产业新发展［J］.中国海关，2012（11）：41-41.

8. 科技领军人物编辑委员会.科技领军人物［M］.北京：中国经济出版社.

9. 严学锋. 未来京东方［J］.董事会，2015（10）：38-45.

10. 智慧医疗市场前景广阔 京东方加速布局［EB/OL］.（2017-10-24）［2024-12-03］

http：//display.ofweek.com/2017-10/ART-8321303-8440-301724042.html.

11. 朱萍. 京东方32亿建数字医院，智慧医疗平台雏形初现［EB/OL］.（2015-12-04）［2020-9-16］. https：//finance.sina.com.cn/chanjing/gsnews/20151204/032423928101.shtml.

12. 张闫龙、马力、王路. 全球化大型公司的管理探索：用SOPIC的创新促进高效管理. 北京大学管理案例研究中心，2020-10-09.

做价值观的生意：成就有尊严的服务者
——探寻贝壳的"终极算法"①

王辉、王念念、潘垚天

创作者说

企业文化之所以能够成为企业的核心竞争力，助推企业更好地生存与发展，非常重要的一个原因是企业的核心价值观已经深深嵌入企业的DNA以及员工的行为之中，成为别人难以模仿的独特竞争优势。贝壳找房（以下简称"贝壳"）在创始人左晖和现有高管的持续推动下，通过强有力的制度建设，将核心价值观"客户至上，诚实可信，合作共赢，拼搏进取"深深地融入经纪人的血液中，体现在每时每刻的行为上，不但使客户有了"更美好的居住"体验，也使房地产中介成为"有尊严的服务者"。贝壳如何让无形的价值观得以落地？如何让价值观成为自身的"秘密武器"？如何通过自身的努力改变整个行业？这些都是值得深入思考和研究的问题。

本案例通过梳理贝壳及房地产中介行业的发展历程，着重从创始人、CEO及高层管理者的理念、制度建设、企业文化落地等方面系统地介绍贝壳如何在"做难而正确的事"的过程中，使企业在获得迅速发展的同时改变整个行业，将行业关键词从"交易"转向"服务"，让百姓的居住体验更美好。

本案例适用于本科及MBA等教学项目的企业文化、企业价值观、领导行为、战略管理等相关课程教学，为企业文化战略制定与实施提供参考。

---

① 本案例纳入北京大学管理案例库的时间为2021年10月14日。

2018年4月，由链家网升级而来的贝壳上线，作为科技驱动的新居住服务商，贝壳致力于推进居住服务产业数字化、智能化进程，通过聚合、助力优质服务者，为三亿个中国家庭提供包括二手房、新房、租赁、装修等全方位的高品质、高效率居住服务，实现"对消费者好、帮助服务者对消费者好"的目标。贝壳联合创始人彭永东在《贝壳找房CEO给伙伴们的一封信》中这样写道："我们有一个愿望，希望我们的价值观是面向全行业而共享的，面向全社会而创造价值的。我们的价值实践，在于让行业变得更好，在于培养和服务大批优秀的从业者、服务者，在于让全行业的用户都获得更好的服务体验。"

三年过去了，房地产经纪行业是否因为贝壳的价值实践而变得更好？全行业的用户是否获得了更好的服务体验？贝壳三年的努力成效如何？创始人们是否实现了最初的愿望？

一、房地产经纪行业与贝壳

（一）我国房地产经纪行业发展历程

（1）起步阶段——2001年以前

我国1983年确立了房屋产权登记制度，1988年，我国第一家房地产经纪公司——深圳国际房地产咨询股份有限公司注册成立。1998年，房地产行业拉开了市场化改革的序幕，同年，中天置地在北京成立。2000年，斯坦福房地产机构、伟业顾问、太合地产和中原地产一起成立了"北京我爱我家房地产经纪有限公司"（以下简称"我爱我家"），并在6个月内开设了43家门店。2001年，链家·宝业房地产经纪有限公司（即"北京链家房地产经纪有限公司"的前身，以下简称"链家"）成立，彼时行业参与者以中原地产、21世纪不动产、信义房屋等为第一梯队，中大恒基、顺驰、我爱我家、满堂红、链家、搜房、合富置业、汉宇等为第二梯队，此外还有基数庞大、遍地开花的小中介。据统计，2001年，全国房地产经纪从业人员有二十多万人，其中6 067人取得房地产经纪人执业资格。[1]

在房地产经纪行业发展初期,行业竞争混乱,服务水平低下,经纪人职业道德素质有待提高,存在中介隐瞒真实信息、欺骗客户、强行推销、签订"阴阳合同"、操纵房价、偷漏税款、盘剥买卖双方、违规吃差价①等现象。

(2)快速发展阶段——2001—2007年

2001年之后,商品房价格快速上涨,二手房市场兴起,房地产买卖、租赁市场全面繁荣,房地产经纪行业进入快速发展时期。在这一时期,信息技术在房地产经纪行业得到广泛应用,网站成为房地产经纪企业发布房源信息、交易当事人获取信息最重要的一个途径。房地产经纪企业采用连锁经营模式进行扩展,规模不断增大,一批门店数量过百的大型房地产经纪企业,比如世联地产顾问(中国)有限公司、21世纪中国不动产、链家等成长起来。但房屋中介市场管理模式差异较大,比如,中原地产提倡"无为而治",对经纪人管控不多;我爱我家依靠门店社区化策略,跟着房源开店,发展相对较稳;链家倡导提升服务质量、不吃差价、服务承诺,对经纪人管控较多。

为了实现行业的健康发展,人力资源和社会保障部、建设部(现住房和城乡建设部)、国务院先后颁发了《房地产经纪人员职业资格制度暂行规定》《房地产经纪管理办法》等相关法规和制度,为房地产经纪企业以及从业人员的行为、运作程序制定了标准和依据,但从整体来看,行业依旧存在着广告欺诈、非法赚取差价等违法违规行为,以及房地产物业费的交割纠纷、经纪人挪用消费者购房款的投诉纠纷等问题,甚至发生过房地产经纪机构携款潜逃等恶性事件。[1]2005年,"中国百强经纪公司"之一的佰家中介因为大量经纪人接私单、假按揭和挪用款项等问题,数十名房主以涉嫌诈骗为由向警方报案,之后该公司大量人员离职,门店关闭,佰家中介就此停摆。2005年3月,房地产市场调控措施"国八条"出台,楼市遇冷,中介公司纷纷减员关店,而链家却趁此时逆市扩张,至当年年底门店

---

① "吃差价"指房地产中介机构利用房地产交易信息的不对称,通过"现金收购"的操作模式进行"暗箱操作",阻碍买卖双方见面,低价购进,高价售出,并以此获取高额的"差价"收益。

数已达 300 家。

截至 2007 年年底，全国共有 31 360 人取得了房地产经纪人执业资格，房地产从业机构超过 3 万家，从业人员逾百万名。

（3）行业步入调整期——2007 年之后

受政府对房地产宏观调控的影响，房地产经纪行业也随之调整，优胜劣汰格局逐渐显现。

2007—2008 年，楼市在一系列调控政策下步入寒冬，再加上 2008 年国际金融危机的冲击，房地产经纪行业也随之步入业务量下滑、机构关门、人员流失的低谷。彼时北京市场排名第一的中大恒基因为董事长涉黑被捕，在短时间内关闭了四十多家门店，紧接着顺驰和中天置业爆发财务危机。2008 年，创辉地产接连关闭三百多家门店。此时，北京市场排名第三的链家开始弯道超车，2010 年，链家门店扩张到五百多家，在北京市场的占有率提升到 33%，位居第一。2011 年，随着"国十一条"、新"国八条"等限购、限贷政策的推出，二手房成交量锐减，总体降幅达 50% 以上，房地产中介机构出现"关店潮"。2011—2017 年，仅北京地区的房地产中介就关闭约 1 400 家，而深圳房地产中介的门店则从八千多家锐减到五千多家。2017 年 3 月之后，全国多个城市纷纷出台楼市调控政策，部分一、二线城市在此前的调控政策基础上再次"加码"，用打补丁的方式堵住炒房漏洞。这轮堪称史上最严的调控措施很快就让房地产交易市场迅速降温，成交价回落，成交量低位运行。[2] 与此同时，从 2016 年年底至 2017 年年初，安个家、爱屋吉屋、快有家等"互联网+中介"创业公司遭遇寒潮期，众多品牌或停止运营，或大幅收缩业务，房地产经纪行业的首次大规模"互联网+"突围搁浅。2018 年 6 月，中原集团推出全国加盟业务平台"原萃"；同月，58 集团投资我爱我家集团，占有 8.28% 的股份；8 月，苏宁上线"苏宁有房"，并在苏宁易购上线房地产频道，进军二手房交易服务平台；10 月，我爱我家与京东房产合作，在二手房、租房、长租公寓等方面数据共享，京东房产同时上线二手房业务。

根据灼识咨询的数据，2020 年，我国住宅交易规模约为 26.7 万亿元，其中新房交易、二手房交易、房屋租赁三者分别占比 65%、28% 和 7%，经纪渗透率从高到低依次为二手房经纪渗透率（88.4%）、租赁经纪渗透率（54.4%）、新房经纪渗透率（28.2%）。

（二）链家与贝壳

链家于2001年11月在北京成立，前身为链家·宝业房地产经纪有限公司，最初有27名员工。2004年，链家在业内首次提出"透明交易、签三方约、不吃差价"的阳光作业模式，并将其作为公司业务准则全面推进，由此打破了房地产经纪行业长期以来存在的"信息不对称"现象。在业内经纪人饱受诟病、专业度备受大众质疑的背景下，2006年，链家开始搭建经纪人职业化培养体系。2008年，链家投入大量精力，开始创建业内首部"楼盘字典"：基于全国各个城市门店积累的数据，运用住宅户型图、地理位置、周边配套基础设施等多维信息来定义一套房。2009年，链家成立链家学院，建立经纪人全职业周期培训体系，以适应存量房市场对经纪人要求趋严的市场环境。2011年5月，链家发起"真房源"行动，承诺"假一赔百"[①]，成为第一家在中国消费者协会建立先行赔付金的房地产经纪公司。2013年，链家推出"签前查封损失垫付""物业欠费先行垫付"等四大安心承诺，成为业内第一家为客户风险买单的企业。2014年，链家布局互联网，上线链家网，通过线上线下的结合提升作业效率和服务体验。2015年，链家开始打造基于移动互联网的房地产综合服务品牌，并向全国扩张，在一、二线城市接连并购了成都伊诚、上海德佑、深圳中联等各地老牌中介公司，这一年年底，链家全国门店突破5 000家，经纪人突破8万名。2017年，链家引入外部监督机制，成立行业首个安心监督团，同年10月，链家以加盟模式进入郑州市场。2018年1月，链家启用德佑品牌在十个城市开展特许经营业务，同年4月，被视为链家网升级版的、科技驱动的新居住服务商"贝壳"正式上线，将链家过去十余年积累的数据和经营管理能力为行业所复用，链家成为贝壳首批入驻的品牌之一。2020年8月

---

① "假一赔百"的服务承诺是指：链家发布的房源，均是真实存在、真实在售、真实价格、真实图片，不符合上述标准的房源，链家承诺给予举报者100元的现金奖励。

13 日，成立不过两年时间的贝壳正式在纽交所挂牌上市，贝壳创始人左晖在上市时表示，"贝壳是 18 年的链家和 2 年的贝壳的组织结合体"。截至 2021 年 6 月 30 日，贝壳连接门店超过 5.2 万家，连接经纪人超过 54.8 万人。

二、贝壳的价值观

> 我们这个组织的独特性在于坚定地选择长期利益，选择做"正确"的事情而不是快速成功的事情，我们对走捷径有天然的反感，做难而正确的事，是我们理解并相信的成功之道。我们经历过一次次艰难的"无产出期"，之后迎来长期增长和消费者的正反馈，从而更坚定了这种信念。[3]
>
> ——链家/贝壳创始人左晖

> 坚持做难而正确的事，需要我们以五到十年为时间跨度去兑现喜悦，先竖再横未必是产业互联网的唯一路径，却是我们相信的路径，这本质上是价值观的生意。
>
> ——贝壳联合创始人、董事长兼 CEO 彭永东

彭永东所说的"先竖再横"，是指从链家到贝壳的变化。无论是链家还是贝壳，坚持长期主义、做难而正确的事，都是这个组织共同的价值观底色，也是贝壳与其他企业的不同之处。2011 年，当链家首次推出"真房源"行动时，曾遭遇三个月的无产出期，之后流量开始回升。这样的微笑曲线在链家历史上出现过多次，每次艰难的无产出期之后，都会迎来长期增长和消费者的正反馈，而链家的特色，正是适应无产出期的能力，以及"坚持做难而正确的事"的价值观。2011 年"真房源"行动引发离职潮后，链家再招经纪人时，开始倾向于没有从业经验的新人，如转业军人、应届大学毕业生等，让这些没有沾染过行业陋习的新人，在链家开始全新的职

业生涯。2019 年,贝壳统招本科学历的经纪人占比提高到 31.3%,公司保持一致价值观的难度明显降低。[3]

2019 年 4 月 23 日,在贝壳成立一周年的日子,彭永东首次对外公布了贝壳的"终极算法",即企业的使命与核心价值观。

使命:有尊严的服务者、更美好的居住

核心价值观:客户至上、诚实可信、合作共赢、拼搏进取

贝壳将价值观视为终极手段,认为"文化可以生吃了战略,战略做得再好,没有文化价值观作为支撑也是实现不了的"。贝壳以价值观来指导工作中的是非选择,在价值观的指引下,不断思考什么是贝壳人想要的,什么是贝壳人不想要的。贝壳相信企业文化可以带领所有人直面所有问题,每个人都基于使命、愿景、价值观来做事,就能一起走向更远的未来,更加脚踏实地立足于商业世界。贝壳核心价值观含义阐释如表 1 所示。

表 1 贝壳核心价值观含义阐释

核心价值观	客户至上	诚实可信	合作共赢	拼搏进取
含义	对客户好,帮助经纪人对客户好	真实面对自己和他人,通过表里如一的行为赢得信任	凝聚一群人,力出一孔,实现共同目标	心怀善念,付出超凡努力,创造有价值的真实结果

贝壳价值观中的每一条都在企业文化体系中起到了不同的作用:客户至上是贝壳价值观的基石,彭永东认为:"客户是一切商业活动的原点。如果把我们这个组织比喻为一个生命体,那么唯一能给这个生命体提供'生'的力量的就是客户,即消费者。客户会决定我们变得更好,或是更差。客户有多喜欢我们,或是有多讨厌我们,直接决定了我们还能走多远。当客户再也没有特别理由选择我们的时候,我们也就达到了天花板。"

诚实守信是行业长期发展的原动力。经纪行业本质上是个信用联盟,诚信是促成合作、建立个人良好职业口碑的前提和基础。链家总经理王拥群认为:"践行'我承诺,我做到',让客户有问题及时找到我们,我们能够及时拿出解决方案并按照承诺的时效，给客户一个满意的解决方案，这是我们追求的品质服务。"

合作共赢是贝壳用以打破行业恶性竞争的基础。左晖认为："我们相信全面的协作相较于独立作业或者极小范围的有限合作，是更高维度的文明，所以经纪行业就是平凡人的协作。这里有超级明星，但更多的是有一批相信寻找到拥有共同价值观的伙伴，一起合作才能赢的平凡人。"

而拼搏进取是做好任何工作都离不开的品质，贝壳执行董事、运营高级副总裁徐万刚认为，要想做好房地产经纪服务，"努力比能力更重要。在长周期下，所有能力都是在努力过程中提升的"。

三、价值观是如何形成的？

2019年，一家媒体为了探究优秀房地产经纪人成功的密码，走访了链家来自12个城市的13位销售冠军。在访谈中，13位链家销售冠军都展示出了清晰的职业愿景，即成为受尊重的职业经纪人。在他们的眼中，自己从事的职业不再是过去的"中介"，而是一名身负美好居住使命、努力赢得职业尊重的新一代经纪人。基于这一认知，他们在服务客户时不再是"短线思维"，而是习惯于用一种"长线思维"思考问题，这是他们的一个共同点。北京链家员工张春雷表示："我的想法就是成为一位职业经纪人，哪怕是在五六十岁，甚至退休了以后，我还能开着车带着客户去看房。客户的儿子甚至孙子也会找我买房。对我来说，挣多少钱不是最重要的，最重要的是获得可以长远经营的口碑，获得职业尊重。"武汉链家员工李福燚的做法在链家十分具有代表性，她说："哪怕单子有万分之一的风险，我都不会让客户签。"

重视团队合作、以利他心态做好小事也是这些销售冠军的另一个共同点。南京链家员工刘训言说："在我刚加入南京链家时，本地经验不足，好在身边的伙伴很给力，每次成功签单的背后都有店里同事的全力帮助。团队作战让我的服务更高效，也更专业。"此外，在经纪人日常作业中，跨区域购房非常普遍，充分发掘贝壳房地产交易合作模式的潜力能够帮助经纪人了解到更多的信息，提高成交效率。贝壳的合作模式还赋予了经纪人良好的学习条件，北京链家员工张春雷就经常与其他大区的经纪人沟通并向其学习。良好的合作氛围也会让客户产生正向感知。西安链家员工贺昊琛认为："团队协作会起到1+1>2的作用，比如我们团队的每个人带看时都会有小伙伴陪看，共同为客户提供签约前、中、后期的服务，客户会觉得这是一个专业的并且积极向上的团队，对我们的服务自然就会很放心。"上海链家员工田宇经常以一种利他心态为别人提供力所能及的帮助，这样的心态也让他经常收获幸运。他认为，这就是某种意义的守恒：只要懂得给予，自然会有所得。[4]

贝壳的成立和发展，为更多品牌的经纪人注入了价值观的力量。随着时间的推移，除了链家，还有更多不同品牌，涌现出一批兼业绩、服务品质、价值观三者于一身的标杆经纪人。

除了冲在一线的经纪人，当贝壳的管理者被问及如何看待今日的成就时，徐万刚说："客户至上、诚实可信、合作共赢、拼搏进取，既是贝壳的价值观，也是贝壳的竞争策略，坚持对客户好，坚持对经纪人好，我们所坚持付出的，最终都能变成商业价值，让我们受益，这也是对'做价值观的生意'的一种解读。"

为何选择"做价值观的生意"呢？左晖曾说："链家最开始做生意，吃差价，很多消费者就找过来。我们吃到差价的那种欣喜是很真实的，消费者找过来，那种愤怒也是很真实的。这种矛盾、这种对抗，来自什么呢？一定是基础的价值观的问题。人都需要被激励，人性的本质就是需要被激励，今天的服务业来自消费者的激励太少了，但是如果能得到的话，对服务者的激励价值就非常大。而在这个行业里，只要你正确做事情，就一定会得到消费者的激励。"[5]这种正向的激励循环机制，也是让链家成为业内公认的经纪人有尊严、不愿意离开的原因。"我们能比较有效地激励每一个人。我们今天在北京有将近7 000个在社区里服务了5年以上的经纪人，这些人违约的成本非常高，失信的成本非常高，因为他们在社区里运营了这么长时间,保持了良好的口碑,在未来可见的时间里获得的回报,要远远超过他当下失信而获得的那一点点回报,所以这个生意最本质的是,它是一个看长期的生意。它实际上是激励人用正向的、良好的服务去满足消费者,然后再得到回报,从消费者那里得到激励的生意。"左晖说:"我有时候觉得,一个组织在竞争的过程中成功的要素有很多,但真正的密码是非常少的,并且看起来非常简单,可你就是做不到。房地产经纪全领域今天都知道要发布真实的房源,不管线上的还是线下的,也都知道要建立数据能力,要建楼盘字典,但是有谁能做出来呢?你知道这件事情,但你就是做不出来。从组织来看,基础的价值观在今天是最重要的。我们看到那么多成成败败的企业,各种各样的模式,你不能说是好还是坏,也不能说梦想是大还是小,但最后都会归结于基础的价值观。价值观这件事本身是会有强大的驱动力的。"

四、用制度和规则让无形的价值观化为行动

每家企业都致力于打造企业独有的文化,但文化属于形而上的范畴,容易务虚,可能往往止步于墙上的口号,无法体现在企业和员工的具体行为当中。而无论是过去的链家还是今天的贝壳,都不仅仅将企业文化作为一种理念,而是通过一个个具体的制度规则、服务承诺、活动设计,将所倡导的文化理念具化成一个个具体的行为。2008年,IBM为链家进行战略咨询,开发了系统化的信息技术(Information Technology,IT)平台。2011年,销售系统SE平台上线,链家将所有的业务规则和文化制度都放到了SE平台上,建立了较为系统的制度体系。

(一)不吃差价+真房源——构筑护城河

一直以来,在二手房交易市场普遍存在着经纪人先使用虚假房源诱骗买房人入门,待其"上钩"后再以真实存在的其他房源促成交易的风气,

行业吃差价的现象也很普遍。一开始,链家也不能免俗。

但客户的负面反馈让左晖很难受。"后来我们为什么不愿意吃差价了?客户找上门来了,那种愤怒很真实,只能把钱退给人家。我们做不到继续吃差价。"多年后接受采访时,左晖对媒体表示,"我们不太喜欢那种状态——能赚到钱,但是周围都不太满意。"[6] 2004年10月,链家开始推行"签三方约、不吃差价"的透明交易模式。

透明交易尽管有利于客户,但却不利于经纪人快速获利。这一变动带来的直接冲击使很多员工离职。早期的链家,甚至一度面临经纪人几乎全部走光的窘境。作为替补手段,链家不得不选择招聘没有经验的新人入行,从零开始培养。市场也很快对链家这个价值选择给了正向反馈,第一批不吃差价,具有价值观"基因"的经纪人活下来了。[7]

2011年,链家开展"真房源"行动,这得益于链家于2008年开始搭建的楼盘字典。截至2021年3月,楼盘字典已覆盖全国328个城市的59.8万个楼盘,38万经纪人参与动态维护。真房源让客户的找房效率更高、更快,体验更好。然而,在普遍使用虚假房源诱骗买房人的行业环境下,链家的这一被舆论褒赞的行为却造成大量经纪人短期内无法获得客源,并陆续选择了出走。经历了长达三个月的经纪人行业动荡和业绩下滑之后,链家的形势终于发生了逆转。[5]

"我们一开始做真房源,就知道消费者可能不来找我们。到今天为止,仍然有声音说链家的房子贵。但网上很多房源都是假的,虽然便宜。他说房子卖150万元,你去了之后又说没有了,再给你找。我们就发真房源,背后的逻辑是,消费者终归是理性的、是有判别能力的,我们就等着消费者回来。从数据来看,我们做真房源之后,流量确实稀里哗啦地往下降,我们选择扛着,只要房源是假的,我们就赔偿给消费者。我们内部有系统的管理机制,其中最有效的管理是荣誉的管理。消费者离开后又回来了,服务者就会得到激励,他们一旦得到消费者的激励,就再也回不到原来的状态了,因为这种激励是良性的、积极的、正向的。我们相信应该做难而正确的事,这是我们的经营哲学。我信这件事,我们培养了一拨儿信这件事的人。他们为什么信？因为他们得到了激励。建立和消费者之间、和经纪人之间良好的反馈机制，这是我们的核心竞争力，当然，各种各样的管理、绩效、激励、信息化的能力，这些事都很重要。但真正核心的实际上是服务与支持。"左晖说。[5]

一位经纪人在贝壳内部"观享"群（"观享"是价值观案例分享的简称）这样分享道："这种对客户负责的真诚以待，赢得了更多。相比其他同行，这是一大亮点，让客户相信通过链家交易是值得的。诚实守信是无形的力量，也是无形的财富，如果失信，即使走得很远，但我们却找不回家。"[8]自那以后，留下的经纪人便具备了更坚定的信念，也让管理者认识到，秉承诚实可信、客户至上的信念，当员工心里踏实、以真诚之心对待客户时，更能赢得客户的信任。"链家推出真房源至今已有多年，触动和影响了整个行业。今天，真房源已成为行业内的共识，大家都应该往这儿走，只是不一定都能做到。"徐万刚说。[9]

（二）基于贡献分配报酬的房地产交易合作模式

贝壳房地产交易合作模式的规则及维护体系如表 2 所示。

表 2　贝壳房地产交易合作模式的规则及维护体系

新经纪守则				
店对盘	真房源	角色分佣	促进合作	人员准入和流转
●聚焦作业 ●深耕社区	●不藏房、不藏价 ●房源验真 ●维护人职责 ●双维护人机制	●房客角色划分和分佣比例 ●"单边比"①	●跨店带看保护 ●首看保护 ●约谈排序 ●门店口碑互评	●实人作业 ●人/店准入人员流转 ●关联关系管理
三大机制				
店东委员会		陪审团		监察

---

① 房产地交易的每个经纪人参与环节为 1 个边，成交的每单平均约有 4 个边。单边比＝（总交易数×4）/经纪人总数。

在房地产经纪行业，标的额巨大，经纪人收入高度依赖于成交额，房屋信息属于经纪人誓死守护的领地，不同经纪人、品牌之间存在着大量的竞争及零和博弈行为，"利己"往往是经纪人的第一出发点。在只有签单才能获利的前提下，经纪人、品牌公司各自为战，对客户来说，很难在短时间内找到最适合自己的房源，对经纪人来说，"捂盘""跳单"现象屡屡发生，行业内竞争极为激烈。

为了打破原有的信息孤岛，实现合作共赢，贝壳制定了基于贡献分配报酬的房地产交易合作模式的规则：一单交易如果由多个品牌经纪人合作完成，那么每个参与方都会得到相应的收益。这也是共生经济的产业化落地。这是在遵守房源信息充分共享等规则的前提下，同品牌或跨品牌的经纪人之间以不同的角色协同合作，参与一笔交易，成交后按照各个角色的分佣比例进行佣金分成的一种合作模式。抽象地看，贝壳的房地产交易合作模式包含了三个网络：以房源流通联卖为核心的"房"的网络、以跨店成交比管理为核心的"客"的网络、以信用分管理为核心的"人"的网络。

具体来说，基于贡献分配报酬的合作模式把一个完整的闭环交易划分为 10 个角色设置，部分情况下，一个经纪人可以有多个角色，某个角色也可能由多个经纪人共同扮演，每个角色的名称和职责如表 3 所示。

表 3 基于贡献分配报酬的 10 个角色设置

	角色	职责
房源方	房源录入人	将业主委托交易房源录入系统
	房源维护人	熟悉负责小区的业主、住宅结构及周边；在客源方带看时陪同讲解
	房源实勘人	在贝壳系统内申请对委托房源拍摄照片或录制视频
	委托备件人	获得业主委托书、身份信息、房产证书信息并上传至政府指定系统
	房源钥匙人	征求业主同意，保管业主出售房源的钥匙

(续表)

角色		职责
客源方	客源推荐人	将合适的客户推荐给其他经纪人
	客源成交人	向买房人推荐合适的房源并带看；与业主谈判和协商，促成双方签约
	客源合作人（辅助客源成交人）	帮助匹配房源，在带看和交易时准备文件、预约
	客源首看人	带客户首次看成交房源的经纪人
	交易/金融顾问	负责签约后相关交易及金融服务

基于贡献分配报酬的合作模式通过机制的建立，对房源、客源和经纪人进行统筹和管理，从而实现合作共赢、打破信息孤岛；合作模式使服务链条细化，经纪人可以从任一环节中获得收益，实现合理的利益分配，同时，房源物理信息和动态信息也实现了同步更新和共享；在贝壳合作模式的促发下，商机线索以几何倍数增长，使店效和人效得以提升。在此模式下，贝壳和新经纪品牌能够给客户提供更稳定、更高效、更有品质的服务，从而保障客户的房地产交易需求得到满足。

此外，共建共治、公平公正也是贝壳房地产交易合作模式所遵循的原则。合作模式包含了详细的规则，以保障每个角色人的权益与职责划分。自2018年贝壳上线，合作规则陆续吸纳超过200个品牌参与讨论，超过30万名店东和经纪人参与建言及反馈，并形成了"总规则—各类子规则—不同城市各自适用细则"的50万字规则框架体系。其中，总规则经历14次大版本迭代，31类子规则累计迭代超过千次，不同城市适用细则根据当地业务情况以月为频次不断更新。在规则执行方面，规则面前人人平等：无论品牌大小、组织形式、规模级别、分工角色等，在贝壳上作业，所适用的规则平等，同时权益受到平等地保护。店东委员会、贝壳陪审团、贝壳监察是负责维护合作模式有序运转、保障的三大机制，构成了确保规则合理制定及有效执行的维护体系。店东委员会是由入驻品牌的店东推荐和投票选出的自治组织，委员们可以对合作模式管理的各项规则提出合理化建议,同时协调处理不同品牌间的纠纷。贝壳陪审团代表了合作模式的公平裁定机制,它是由经纪人代表组成的自治组织,用以对贝壳合作模式经纪人之间因作业而引发的争议进行集体商讨和决策。贝壳监察体系由行业专家构成,主要通过预防教育、违规监控和违规调查三种方式来维护合作模式的健康运转,保障各方权益。2019 年,贝壳在全国共有监察员近 500 人,处理完结案件 10 000 余件。

其实早在 2014 年,链家就已经在内部 15 万名经纪人中全面推行了基于贡献分配报酬的合作模式,从结果来看,以北京链家为例,2015—2017 年,北京链家的"单边比"从 3.2 增长到约 6.0,即每一单交易背后有六七个角色的参与,人效数倍于行业平均水平,并且每月零业绩经纪人比例降到了个位数,二者呈现出强相关关系,链家经纪人的月度流失率也逐步下降了。所以当 2018 年链家网升级为贝壳时,该合作机制也就自然而然地被广泛推广给所有与贝壳合作的新经纪品牌。2020 年,贝壳整体的跨店成交占比超过七成。

"我们不是强管控,而是强规则。"徐万刚强调,要让合作进行得更好,遵守规则是一条铁律,"正向行为会受到鼓励;对合作不利的、对客户不好的行为都会受到抑制。"徐万刚这样评价道。在他看来,贝壳和入驻经纪品牌共生共荣,是贝壳价值观的终极体现。

从结果来看,加入贝壳一年之后,店东的业绩普遍比加入贝壳之前有明显的上升,因为在贝壳,各方的合作比过去更好了。这让加入贝壳的人更加相信合作提效大于技能提效,更加坚定地把合作共赢视为贝壳的核心价值观。贝壳合作模式的底层规则充分验证了之前左晖所说的"我们相信,合作是我们做好这个行业的基本法则"。

(三)价值观落地"七化法"

为了让看不见、摸不着的企业文化"落地",加强员工对价值观的认同,徐万刚在工作中逐步总结出了"七化法"。

故事化：在部分城市，门店每天的例行晨会中，会议主持人在带领大家朗读完核心价值观之后，会请员工分享发生在自己身边能够彰显价值观的小故事，每周投票评选出最佳价值观故事。借助讲述和评比，讲述者希望得到更多同事的认同。聆听者一方面希望自己能够出现在别人的故事中，获得存在感和认同感，另一方面也会被别人的故事所鼓舞。随着时间的积累，每一个人都在默默地被影响和改变。

日记化：过去在一些城市，员工每天或每周下班前都需要在工作系统中记录当日的"价值观行为表现"，后来逐步演变成了大家每天在微信群里轮流撰写价值观案例分享，或者自我反省当天有哪些事做得还不够好。通过内部分享和互相点评，大家都在潜移默化间对企业价值观形成了共识。

讨论化：贝壳城市公司每季度召开一次全员价值观研讨会，请每位参与者讲述自己对于价值观的理解，分享价值观案例，并自省不足之处，通过大家共同的讨论和交流，加深对价值观的理解，并促进价值观的践行。同时，贝壳还研发了"做价值观的生意"系列研讨式课程，分别用一整天时间来深度研讨、渗透每个核心价值观。

考评化：与价值观研讨会一样，每季度进行一次价值观考评，通过将不同的行为表现与价值观分值挂钩，将员工的价值观表现标准化、分数化，对员工进行考核和约束。价值观考评绝不是流于形式，如果销售业绩最好的员工价值观考评不合格，那么销售冠军的位置就会被设为空缺，以此警醒所有人，让大家意识到价值观的重要性。如果员工想申请晋升，价值观考评也需要达到合格的等级。贝壳认为，能力越强的人，如果价值观不正，对组织的伤害越大。所以在贝壳，销售冠军因为价值观考核不合格而被开除的例子并不罕见。

榜样化：贝壳建立了"新经纪榜样"荣誉体系，每个季度在全国范围内评选出四大价值观标杆，这些标杆分别从不同区域、城市、省等一级级竞争选出。对入围决赛的标杆候选人，贝壳将邀请全平台数十万名经纪人对他们的价值观案例进行投票，借由投票过程，对经纪人进行一次价值观的传播和塑造。最终当选的季度全国四大价值观标杆及其家属将被邀请到北京参加"新经纪榜样灯塔之旅"。他们将获得"特色旅游、总部参观、贝壳生活体验、神秘礼物、独家记录、荣誉晚宴、颁奖仪式、定制旅行"的体验，价值观标杆及其家人将由贝壳高管陪同用餐，共享荣誉，获得尊严感和成就感。"聚是一团火，散是满天星"，当这些满载荣誉的榜样们回到他们原来的工作岗位之后，将影响身边更多的人。

可视化：将价值观标语和含义阐释通过文化栏、微信公众号、内刊等渠道进行展示。此外，还会在"英雄大会"① 上，以舞台剧的形式进行价值观主题展示，让员工们能够随时随地地感受价值观的力量，受到熏陶和激励。

仪式化：每天晨会或重要会议上唱司歌，背诵公司使命、愿景、价值观，举行对价值观标杆人物的颁奖仪式，等等，通过这些仪式化的活动营造出一个庄严的"场"，借助无形的力量将价值观渗透每个人的心灵。

徐万刚相信"行动改变思想"，通过上述"七化法"实现团队在核心价值观方面的高度共识，并把价值观的隐性价值显性化，让大家切实感受到价值观的价值。徐万刚将其称为"做中觉"。

虽然很多企业也都有让价值观落地的类似的方法论，但相较于很多企业出现的"两张皮"式②的现象，贝壳的企业文化显然"更接地气"：自上而下的重视，无论是在财力还是精力方面都投入巨大；有关价值观渗透和价值观研讨的文化项目种类繁多；价值观落地项目的颗粒度细化到每个员工，真正实现了全员参与；企业文化以技术为支撑，实现线上落地、线上考核打分，提升了考核的频率；员工的晋升、调职与价值观绩效考核挂钩，实现了"软文化"的"硬落地"。

---

① "英雄大会"是贝壳城市公司与其合作的新经纪品牌联合举办的荣誉激励和文化运营大会，以表彰和激励新经纪服务者。

② 指企业文化与企业实际的经营行为脱节，企业虽然建立了瑰丽多彩的文化体系，"看起来很美"，但"用起来很难"，企业文化成为空中楼阁，无法与制度、体制形成管理合力，企业文化无法发挥价值。

在贝壳内部设有由 CHO 线直接管理的组织文化中心，负责企业文化、价值观的执行、监督和考核，并由客户赋能中心通过"七化法"推进文化价值观在贝壳城市公司及合作伙伴中落地。

（四）搏学大考

搏学大考中的"搏"字，来源于链家/贝壳价值观中的"拼搏进取"[14]。搏学大考由链家于 2011 年 10 月创立，一年举办两次，考试内容为房地产经纪服务、房地产基础知识、交易法规以及价值观和规则等。从业者品质决定了行业的整体服务品质，贝壳通过系统化的专业培训和搏学大考，提高行业准入门槛和经纪人留存率，提升从业者的品质。搏学大考不仅起到了知识传递和能力培养的作用，同时以考促学也是一个对经纪人价值观的塑造和引导过程。2018 年 11 月，搏学大考向与贝壳合作的所有新经纪品牌开放，累计参加考试人数已达百万。[11]

通过分析考试成绩和用户好评率数据发现，经纪人考试成绩与用户评分呈正相关态势。数据显示，搏学大考对新人业绩的提升作用十分显著，从业两年内的经纪人中，分数在 80 分以上的经纪人的平均业绩是 60 分以下经纪人的 1.9 倍。在实现相同业绩目标的情况下，分数在 60 分以下的经纪人所需的带看量和商机量，分别是 80 分以上经纪人的 1.81 倍和 1.5 倍。通过推动搏学大考在门店落地，经纪人的留存率大幅提高，因为经纪人能够找到自己的职业发展方向，对自身的职业充满信心。搏学大考在降低门店管理难度方面同样效果显著，搏学考分在 80 分以上的经纪人，发生违规行为的概率只有 40 分以下经纪人的 28.2%。正因如此，贝壳上的新经纪品牌纷纷开始建立学习型组织，定期组织经纪人学习专业知识，通过以考促学，品牌和门店有效降低了人才培养与管理成本。[10]

（五）文化圈

贝壳在管理运营过程中发现，部分店与店之间合作时气氛不是太友好，协同效率低下，徐万刚经过调查了解到，合作不好的很大一个原因在于，同一个商圈的经纪人之间互相都不熟悉,从而影响了分工协作。他认为,信任是合作的前提,熟悉是信任的基础,于是从 2017 年开始,链家推出了文化圈(Culture Group,CG)活动,以"人相识、心相连"作为出发点,希望通过组织以地域为基础的商圈文化活动,促进员工之间的相识相知,形成业务合作,提升组织合作共赢的氛围。在贝壳开放的文化氛围下,不同经纪人、经纪公司之间需要相互了解和信任的问题更加突出。于是在 2018 年 6 月贝壳的 CG 制度完成注册后,CG 便正式开始在贝壳推广开来。

具体来说,人数大于 20 人的商圈可以组成一个 CG,一个 CG 设有 1 名圈长、6 名圈委、1 名推进顾问,其是一个自主管理的文化活动组织,通过自下而上的方式组织活动,也可以根据品牌的发展战略,调整和举办不同的活动,比如 CG 爱心早餐、CG 集体晨会、CG 生日会、CG 博学争霸赛、CG 相识率调研、CG 拔河比赛、CG 趣味运动赛、CG 晨会小游戏、CG 晨会领带教学、CG 讲房大赛等。

经过一两年的实践,可以从数据结果上明显地看出 CG 的价值:高品质 CG[①]的房屋流通率[②]平均高于未加入 CG 的门店 17.65%,高于全国平均值 3.99%,高于低品质 CG 4.36%;高品质 CG 跨店陪看率平均高于未加入 CG 的门店 12.30%,高于全国平均值 9.34%,高于低品质 CG 7.67%;高品质 CG 的合作单量平均高于低品质 CG 2.13 单。贝壳内部文件《CG 半年诊断》显示,77.98% 的经纪人(圈员)认为 CG 能提升商圈合作氛围,76.62% 的经纪人认为 CG 能提升人员熟悉度,65.84% 的经纪人认为 CG 能让工作更开心,94.53% 的 CG 推进者认为 CG 能够给所管理的商圈带来合作增加、组织氛围提升、人员稳定度和人员能力提升等改变。[12]

"CG 的推行在贝壳平台模式下更加重要,这些年,与贝壳合作的各品

---

① "高品质 CG"指 5—8 月连续 4 个月活动量每月均大于等于 2 次且月度平均活动参与率、平均满意度均大于 80%;"低品质 CG"指 5—8 月连续 4 个月没有做 CG 活动。

② 房屋流通率指每年交易的二手房数量与存量房总量的比率。

牌门店，在跨店、跨品牌成交方面都有显著增长，而其中 CG 起到了很重要的作用。"徐万刚总结道。

（六）不断升级的安心服务承诺

二手房交易流程烦琐，房屋标准不统一，再加上产权信息不透明、房屋权属检核困难等因素，使交易存在许多不可预知的风险。为了保护客户利益，保障客户的交易资金安全，2015 年，链家在全国范围内启动了安心服务承诺——亿元先行赔付基金，陆续在不同城市推出了交易不成佣金全退、物业欠费先行垫付、过户杆跑安心补偿、房屋筛查原价回购、真实房源假一赔百、签前查封先行垫付、不吃差价吃一赔十、房屋漏水保固补偿、税费精算差额补偿、资金托管保障安全、签约不成补偿交通费等多项安心服务承诺，保障了客户从签约前到签约后的权益。为了推行这些举措，链家成为业内第一家与银行合作进行资金托管的经纪公司，也是国内第一家获央行颁布第三方支付牌照的房地产企业。

贝壳人力行政高级副总裁左东华讲述了这样一个小故事：在链家的安心服务承诺中，有一项是如果客户买到凶宅，链家是负责回购的。有一次，一位客户通过链家购买了一套二手房，在成交之后通过邻居才得知该房屋曾经发生过非正常死亡事故，于是客户找链家上门索赔。因为原屋主并未如实将该情况告知链家，所以链家此前并不知情，不存在恶意隐瞒的情况。按照规定，链家不需要进行赔偿。但看到客户十分痛苦，链家本着客户至上的原则，选择将房屋赎回，虽然蒙受了一定的经济损失，但让客户舒心，获得了客户的信任和尊重。

在安心服务承诺中，"交易不成佣金全退"一项也让很多业内人士无法接受。按照行规，只要经纪人向客户提供了真实房源，如果是因为卖方违约导致交易不成功，房地产中介公司由于提供了服务，不退佣金是合理合法的。但链家从客户的角度出发，承诺在此种情况下将佣金退给客户。虽然承担了一定的经济损失，但履行了客户至上的价值准则。截至 2021 年 8 月底，链家已累计为消费者赔垫付安心保障金 167 664 笔，金额超过 29.27 亿元。[13]

五、终极使命：有尊严的服务者、更美好的居住

> 我们所处的赛道不乏喧嚣，而我们最应该做且只能去做的就是用我们的行动去回答一个沉甸甸的问题：贝壳的存在可以让这个行业有何不同？
>
> ——贝壳联合创始人、董事长兼CEO 彭永东

和其他同行相比，贝壳无疑是最接近全面消灭"假房源"的那家；贝壳的楼盘字典，某种意义上已经成了一个可以与美国房地产房源共享系统（Multiple Listing Service，MLS）相媲美的数据库，而MLS是美国中介举全行业之力才做出来的；贝壳招聘大量本科毕业生，房地产经纪人终于开始职业化了。[14]

在贝壳看来，"有尊严的服务者、更美好的居住"是指只有通过提升经纪人整体职业操守及专业能力，推动经纪人的职业化、行业的规范化，让更好的作业环境、工具及赋能予以从业者更高的职业尊严，才能为消费者提供更美好的居住服务体验。当消费者能够从实际服务中感知到经纪人的职业操守及专业能力，并因此能获得更美好的居住服务体验时，他们也会更愿意给予行业及从业人员更高的职业尊严。

正是从链家到贝壳真金白银的付出，以及每一次"客户至上"的行动，一点点改变着客户对链家、对贝壳、对行业的印象。房地产中介的定义和边界，已经逐步迭代为"居住服务的提供者"。

无论是链家还是贝壳都相信，当正向的事情、获得尊严感的经纪人出现在自己身边时，这些事、这些人都会成为榜样，成为微光，照亮、激励其他人，从而为客户带去更好的服务体验，促进整个行业的正循环。[15]

这也正是贝壳所推行的"激励文化"。彭永东说："对于贝壳来说，我们自己也做了很多次讨论，我们到底被什么所激励？能支撑我们往前走得更远的动力是什么？服务者，无论他是一个普通的经纪人、工长或工人，如果我们能帮助他实现自己人生和职业的亮点，帮助他实现自己的理想，

贝壳就赢了。他们能成长，贝壳就能发展。我们被服务者激励，服务者被客户激励。"[15]

而如何让"激励文化"触达贝壳上的其他品牌、其他经纪人，左晖认为："链家已经找到了人被激励的因子，并且无数次验证了这件事情，贝壳只要顺势而为，把这件事情在一个个画面、一个个场景里做到就可以了"[5]，"触达它们（其他品牌和经纪人）是早晚的事情。经过这么多年，贝壳有大量的管理者相信这件事情。他们从一开始做得不太容易、被消费者质疑，然后慢慢起来，得到激励，获得成就感，一路走过来，他们内心对这个事情充满了坚定的信心，这是贝壳最宝贵的财富。"[5]

左晖的想法也得到了经纪人的共鸣，在贝壳天津2019跨品牌英雄大会上，贝壳天津五星经纪人代表杨威说："不止一位客户曾跟我说，我提供的服务是让他觉得最值得花这笔中介费的，我的专业度让他感觉值得信赖，很多人和我成了朋友。每当这个时刻，我越发感觉自己入对行了。"杨威认为，在这个专业的服务得到尊重的时代，最感谢的是贝壳给了他们这一代经纪人成长和受信任的机会。[16]

"被激励"也是在链家任职20年之久的北京链家总经理李峰岩最大的感受。李峰岩最初来到链家工作时，无论是身边的朋友还是家人都不理解他的选择，因为在很多人眼中，房地产中介行业缺乏诚信。经过了20年的时间，如今的李峰岩敢拍着胸脯保证，没有让来到链家的客户损失过一分钱。他说，链家有一句话叫作"有理让三分"：本该由链家承担的，以及不该由链家承担的责任，链家都敢于承担。一开始，客户也会对链家缺乏信任，不相信链家真会像承诺所说的那样进行赔偿。但慢慢地，客户就会发现，链家所给予的赔付甚至会超出客户自己的预期，这让客户以往对房地产中介行业的负面认知发生动摇和改变，对经纪人逐步有了认可和理解，这些经历激励着经纪人继续前行，选择虽然艰难但更长久的正循环之路。此外，李峰岩还感受到了来自团队内部小伙伴们的激励。他负责管理北京链家团队，经常能收到团队年轻的小伙伴们家长的来信，向他表达自己的孩子自从去了链家以后发生的正向改变，家长们认为是链家的"场"影响了这些孩子，自己的孩子在链家工作特别令人感到放心和踏实，链家是一个能让人变得更好的地方。这些来自家长的认可也成为激励李峰岩继续前行的动力。数据显示，在北京链家任职五年以上的员工有将近 11 000 名，占员工总数的比重达 42%。这个数字在房地产中介行业非常高，说明北京链家是一个让员工拥有归属感的团队。

2019 年，贝壳与其他新经纪品牌一起成立了"新经纪品牌联盟"，"新经纪"之于"旧经纪"的区别是行业底层价值理念的不同，"新经纪品牌联盟"具有共同的信仰：对客户好、对经纪人好、合作共赢、线上化。

"我们坚持对客户好，这些难而正确的事最终都能变成商业价值，最终受益的人是我们自己。链家做得再好，如果不能影响和改变整个行业，链家也不可能独善其身，也不会获得最终的价值感。我们希望从链家走到贝壳，就是希望能通过贝壳影响整个行业，让阳光照进百万名经纪人的心田，让整个行业因为贝壳而改变，这是贝壳前行最大的动力和价值感来源。贝壳之所以能有今天阶段性的成功，本质上就是我们在"对客户好"和"帮助经纪人对客户好"这两件事上做得比其他品牌更多，最终获得了商业上的回报。我相信天道，我们做向上向善的事情，就能得到天助，取得超过预期的成功，这就是我认为贝壳成功的根本原因。"徐万刚动情地说道。

商业顾问刘润曾这样点评贝壳：基于贡献分配报酬的房地产交易合作模式把过去行业的零和博弈变成了多赢共享，把一方通吃、一方全输的丛林法则变成了多方合作、做大蛋糕、公平分配的文明法则。[17]

相较于其他网络依靠契约关系绑定合作者，贝壳依靠规则和价值观聚拢房地产经纪品牌，一起构建出一个合作共赢的开放环境，为参与者创造出增量价值，帮助贝壳上的入驻品牌更好地运营。贝壳的能力源于之前链家的积累，链家在 20 年的发展过程中，形成了领先行业的房地产经纪服务标准与服务流程，并围绕经纪人的职业化建设做了大量工作，同时拥有全行业最领先的数字化能力，是行业内其他经纪品牌、店东与经纪人所需要的。目前，上百个品牌，来自天南海北的经纪人在贝壳上同时录入房源、共享信息、调用数据库。

贝壳践行了利他主义，上线以后便把线上流量、培训体系、门店体系、财务、人力等各方面能力都开放并赋能给整个行业，希望与贝壳合作的经纪品牌、商家与经纪人都能获得成功。例如，贝壳为各个城市合作门店提供服务的一线业务人员，即"客户成功经理"（Customer Associate，CA），其职责是帮助参与者获得成功。

在规则方面，彭永东表示，"贝壳被选择，实际上被认可的不只是一个平台端口价值，任何品牌加入贝壳后还要采纳相应的规则和边界的操作系统，而操作系统是有价值观的，它会决定什么事情应该做、什么事情不应该做。一个行业里，认同这件事情的人越来越多，往那个正确的方向就会前进得越快，或者动力越大，从而越快做到我们设想的 B 点"[18]。贝壳倡导落地大量规则，就是希望构建能形成共同信仰的价值观、操作系统和商业规则，所有服务者都能处在一个公平透明的环境中，保证统一的服务标准与服务品质。

诸多合作伙伴的成功也让贝壳从一开始的受到行业质疑，到后来逐渐赢得信任，并吸引更多的品牌加入。比如 21 世纪不动产在贝壳刚推出时曾加入 58 同城组织的"反贝壳联盟"，但在不久之后便感受到了贝壳的价值，选择退出"反贝壳联盟"，加入贝壳。

贝壳上线三年以来，二手房交易服务已覆盖全国上百个城市，连接新经纪品牌超过 280 个，截至 2021 年 6 月 30 日，贝壳连接门店超过 5.2 万家，连接经纪人超过 54.8 万人。

彭永东在贝壳上市时曾写过这样一段话："对客户好、对经纪人好、合作共赢、线上化——我们无比相信为消费者创造价值是我们存在的唯一原因；我们无比相信让服务者，包括经纪人、店长、店东以及品牌管理者等从业人员拥有职业尊严是产业正循环的起点；我们无比相信技术以及数据能让行业深度格式化升级；我们相信这些，更相信'相信'的力量！"

他表示："对于未来，这个组织最大的挑战和不确定还是于在我们自己，任何一个组织都会有自己的低点和高点，有至暗时点也有高光时刻，在低点有多么坚定，在高点就有多么冷静！"

在价值观的指引下，贝壳未来还能走多远，我们拭目以待。

参考文献

1. 房地产经纪行业 30 年发展历程 [EB/OL]. (2016-11-28) [2021-06-30]. https://www.docin.com/p-1796550198.html.

2. 研究报告丨从房产中介行业现状分析及发展前景说起 [EB/OL]. (2018-08-24) [2021-06-28]. https://house.focus.cn/zixun/78c8319050686b9f.html.

3. 贝壳上市：长期主义者的速胜 [EB/OL]. (2020-09-14) [2021-06-25]. https://finance.sina.com.cn/tech/2020-09-14/doc-iivhuipp4252304.shtml.

4. 和十三位链家销冠聊了一遍，我们有了这些发现 [EB/OL]. (2019-06-03) [2021-06-23]. https://www.sohu.com/a/318506392_760498.

5. 李翔. 左晖：做难而正确的事 [M]. 北京：新星出版社，2020.

6. 贝壳大佬倒在 50 岁！重建地产中介江湖，身后评价冰火两重天 [EB/OL]. (2021-05-21) [2021-09-07]. https://xw.qq.com/amphtml/20210521A06VZS00.

7. 贝壳找房怎么做价值观的生意？ [EB/OL]. (2021-04-25) [2021-09-07]. https://36kr.com/p/1196776020134406.

8. "诚实可信"最优家书评选 [EB/OL]. [2021-06-24]. https://www.wjx.cn/xz/25237324.aspx.

9. 价值观是我们达成目标的路径：徐万刚谈贝壳发展 [EB/OL]. (2019-08-08) [2021-06-21]. http://www.chinajsb.cn/html/201908/08/4542.html.

10. 博学开考 贝壳找房成都站专业考核助力经纪人职业化 [EB/OL]. (2021-06-17) [2021-08-12]. https://baijiahao.baidu.com/s?id=1702803575521047037&wfr=spider&for=pc.

11. "博学大考"开考 10 年累计参考人数达百万 [EB/OL]. (2021-06-18) [2021-08-12]. https://nb.focus.cn/zixun/74c0073d6f90b9ca.html.

12. 贝壳 CG，星火不息 [EB/OL]. (2020-09-09) [2021-07-03]. https://mp.weixin.qq.com/s/K8BvsH308rLMG6V4hpjjwQ.

13. 敢承诺 真赔付丨链家为消费者支付安心保障金超 28 亿 [EB/OL]. (2021-07-19) [2021-09-07]. https://mp.weixin.qq.com/s/UENkupy16SwljeBj7CX5kw.

14. 兽爷丨他去当满天星了 [EB/OL]. (2020-05-20) [2021-06-13]. https://mp.weixin.qq.com/s/zByKpAE7rQs67B0qWaQZKQ.

15. 彭永东的朋友圈，一直有你们 [EB/OL]. (2019-04-26) [2021-05-08]. https://

baijiahao. baidu. com/s?id = 1631840671699017904&wfr = spider&for = pc.

16. 居住领域首批"五星经纪人"诞生,贝壳重塑经纪人形象与价值[EB/OL]. (2019-08-06) [2021-05-17]. http://client. sina. com. cn/news/2019-08-06/doc-ihytcitm7332854. shtml.

17. 悲痛!陕西首富,贝壳创始人左晖去世,年仅50岁,身家千亿![EB/OL]. (2021-05-22) [2021-08-13]. https://xueqiu. com/5993304027/180564836.

18. 上市成功!贝壳用行动诠释了何为"长期主义"[EB/OL]. (2020-08-08) [2021-08-13]. http://www. cctime. com/html/2020-8-8/1530288. htm.

鲁南制药：不仅要"活着"，更要追求"营收千亿元"[①]

张建君、李劭仪

创作者说

制药集团需要秉持怎样的经营理念、采取何种经营战略、如何布局未来发展，才能从容面对内部遗留的经营管理问题和行业剧烈波动的外在环境？鲁南制药，从一家濒临破产的小厂到如今品牌价值超百亿元的现代化制药集团，光鲜的背后饱含泪水与汗水，充分展现了领导者对行业趋势、企业发展趋势的前瞻眼光和战略洞察。

本案例详细阐述了鲁南制药在张贵民董事长领导下的经营理念和发展战略：强调顶层设计的重要性，主张通过前瞻性的战略规划避免员工无效劳动；面对历史遗留的经营管理问题，采取市场化的手段解决生存问题，改变账期，迅速回款，扩大销售，狠抓市场；为了重塑品牌价值，调整产品结构，大力发展中药业务，加速企业转型升级；为了建设品牌、讲好企业故事，主动调整管理模式，实现创新管理，充分授权，培养企业文化，激发员工内在动力。在一系列举措的推动下，鲁南制药成功实现了快速发展，营收突破百亿元，朝着千亿元目标迈进。在行业环境剧烈变化的今天，每家企业的领导者都需要认真思考：特殊时期怎样面对与适应、日常经营活动怎样维持与创新、未来趋势怎样把握并布局……这是本案例

[①] 本案例纳入北京大学管理案例库的时间为2021年12月23日。

鲁南制药：不仅要"活着"，更要追求"营收千亿元"

以鲁南制药为切入点展开详细复盘时所提出的问题，也是留给读者的思考和启迪。

1987年，时任郯南制药厂技术科长的赵志全承包改制了这家国有药厂，并将其更名为鲁南制药。到2014年，赵志全承包制药厂27年，把原先净资产19万元、濒临破产的小厂，变成了一个职工数万人、净资产60亿元、纳税超8亿元的现代化制药集团——鲁南制药。不幸的是，早在2002年，赵志全就被查出胸腺癌晚期。与病魔斗争了12年后，他于2014年去世，并订立遗嘱把集团交给了和自己毫无血缘关系的张贵民。

2014—2019年，张贵民成为掌舵人后，鲁南制药连续五年保持20%的高速增长率，新增就业5 000余人，年纳税从8亿元一度增长至14亿元，2018年，营收突破百亿元大关，实现了四年翻一番。2020年，鲁南制药品牌价值121.91亿元，鲁南制药荣登中国医药工业百强榜第30名（如图1所示）、品牌建设百强医药行业第2名。

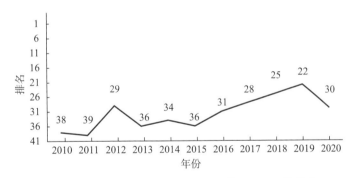

图1　2010—2020年鲁南制药中国医药工业百强榜排名

发展的背后绝非一帆风顺。现在，如果有人问鲁南制药最大的挑战是什么，张贵民的回答依旧是"活着"；与之相对的却是"千亿鲁南，百年品牌"的梦想。在继任的这七年，面对企业内部遗留的经营管理问题以及行业剧烈波动的外在环境，张贵民秉持着怎样的经营理念？采取了哪些战略？又如何布局鲁南制药营收千亿元的未来呢？

一、经营理念:不让将士"跑断腿"

"一将无能,累死三军"有时是组织中普遍存在的情况:领导者顶层设计不到位、思路不明确,员工忙死累死却不出业绩。鉴于此,张贵民整体的经营理念是:领导者一定要具备前瞻视野,做好战略谋划,同时设计好顶层制度,让将士们不用"跑断腿"就能办成事,进而促进企业的可持续良性发展。

"鲁南制药走到今天,顶层设计功不可没,好的顶层设计可以有效避免下面跑断腿,做到事半功倍。赵总时期厂区规划、新时代药厂的建设非常具有战略眼光[①];这几年鲁南的发展也来源于顶层设计,来源于我们对整个形势和政策的预判、对整体行业发展趋势的把控——很少有企业能够一直高速发展,鲁南是一个特例。"张贵民说。

张贵民所说的"顶层设计"大致包含两个方面:其一,是领导者对行业趋势、企业发展趋势的前瞻眼光和战略洞察;其二,是高层管理者制定的一系列有利于激发员工主观能动性,从而提高劳动效率的企业政策。

"调整不了政策,就得调整人;政策对路,你对人的依赖性就弱了。对于鲁南制药,强执行力是我们的企业基因。如果战略方向理顺了,后面就只是操作方面的事情,员工就不用那么出苦力。"张贵民说。正因为如此,即使在 2017 年出现"高管风波"[②]时,鲁南制药的营收也在平稳增长。此外,张贵民接班后进行的一系列战略调整、制定的"降本增效"政策使得鲁南制药员工年收入翻了一番,同时一年的假期增加到了一百天左右,员

---

① 2002 年,赵志全领导鲁南制药开启了总投资 60 亿元、规划占地 8 600 多亩的新时代药业的建设。对于刚刚走出破产阴霾的鲁南制药,这一规划虽然具有超前建设和负债经营的风险,却为十几年后企业的飞速发展和产值突破百亿元大关奠定了基础。

② 2017 年 3 月,董事会曾有三名元老(张则平、李冠忠、王步强)发布联合声明要求召开董事会罢免张贵民公司董事长、法定代表人及总经理职务;同时,赵志全的女儿赵龙也提议召开临时股东大会,提出包括注销鲁南制药回购的 1 600 万股、选举新一届鲁南制药董事会成员和领导班子以及放弃新时代药业上市计划等议题。

工有了稳定的双休日。

在这样的经营理念指导下,张贵民不仅顺利解决了之前企业遗留下来的一些经营管理问题,还着重发展了两样面向未来的"法宝":一方面,他制定了"大力发展中药"的方针及其配套战略,加速企业转型升级,通过打造"大单品"以谋千亿元产值;另一方面,他着力于从品牌和管理角度打造企业软实力,树立品牌差异化形象,谋划企业长远发展。一硬一软,从战略和组织文化上升级鲁南制药的核心竞争力。

二、保持"活着"

鲁南制药第一任董事长、总经理赵志全无疑是一位优秀的企业家。然而,在他掌管集团经营的后期,由于不断恶化的健康状态[1]、事必躬亲的领导风格和未能及时调整的粗放管理模式,前期曾发挥优势的一些做法逐渐失去了应有的战略作用,鲁南制药存在各种各样的问题。

第一,2014年赵志全刚去世时,鲁南制药有15亿元左右的坏账与近20亿元的债务,现金流紧缺,经营相对疲软。

第二,赵志全一手打造的营销队伍出现了人员短缺和管理混乱的问题。承包伊始,赵志全便选择建立鲁南制药自己的营销队伍。"九六决战"[2]中,一线指挥、连续与员工肩并肩作战更使他培养出了一支纪律意识、服务意识、执行力、忠诚度都极强的队伍。然而,随着企业经营蒸蒸日上,赵志全并没有再扩大营销队伍,到2014年仍旧只有2 500名业务员。销售人员过少,势必会存在市场开拓速度慢、产品推广不到位和销售对接不足等问题,同时还存在着销售管理者与一线人员"脱节"的问题,给企业造

---

[1] 赵志全在2002年被确诊为胸腺癌晚期,2014年去世。虽然他一直向公众隐瞒这个消息,但后期每况愈下的身体状况难免对经营管理造成影响。

[2] 1995年,由于大环境的银根紧缩政策和企业过度扩产,鲁南制药一度濒临破产。于是在1996年,赵志全亲自带领队伍奔赴一线开拓市场,实现了销售额6倍增长,销售收入1.5亿元的辉煌战绩。

成了一定的发展困扰。

第三,内部团队管理与绩效考核严重滞后。虽然存在绩效考核机制,但是考核指标简单粗放,考核过程也不够严肃认真,造成了"大锅饭"现象,员工动力不足。此外,赵志全绝对权威的"家长式"管理常常不许员工争辩,员工不理解也只能执行,这多多少少剥夺了下属思考的机会,久而久之不少人养成了"只执行、不思考"的习惯。同时,或许是由于不少决策带来的成功,赵志全显得有些盲目自信。他常说:"我们就是最好的",从不允许员工外出培训学习。

这些问题难免会影响士气。最急迫的,是要"活下来"。总体而言,张贵民采用更加"市场化"的战术[①],在短期内收回(2015—2016 年)并积累(2014—2018 年)了大量资金,不仅解决了生存问题,还切实提高了员工的福利水平,更为企业的转型奠定了物质基础。

(一)改变账期,迅速回款

原先,鲁南制药与第三方商业配送公司[②]的回款周期是 3~6 个月,很多市场上该收回的销售款没有收回,应收账款总计 10 亿元左右。张贵民接班后,第一时间梳理市场对部分热销产品的依赖程度,进行逐一谈判,不仅逐步收回了这些账款,还将回款模式改变为"先款后货"或者"货到即付款",最长账期压缩到 28 天。

这样,商业配送公司回款快,不压款,迅速缓解了鲁南制药的资金短缺问题。同时,销售团队的扩增也使得各终端市场被更广泛地覆盖,在增加销售额的同时也加快了回款速度。2017 年,鲁南制药不仅还清了所有债务,还有了非常可观的积累。

---

① 这里是相对前任领导者赵志全的经营策略来说的。赵志全更强调企业的"社会"属性,例如赔钱卖明星产品(脉络疏通丸)、给员工分房且建幼儿园等。

② 国家规定,制药企业不能自己配送药品到终端销售,只能通过第三方商业配送公司配送。商业配送公司从销售终端拿到销售款再返给制药企业,同时抽取一定比例的服务费,称为"回款"。长期以来,在医药行业,商业配送公司"压款"(即拿到钱不立刻回款,拖欠很久)的现象十分普遍。

(二)扩增销售,狠抓市场

2015—2016年,鲁南制药赶上了医药行业发展的大好形势。"张总的眼光非常毒,狠抓市场。2015年,很多公司政策落地一年之后就显现出很好的效果了。"办公室徐主任说。据张贵民描述:"当时企业发展就是那么一个窗口期了。降价马上要到来,需要抓紧时间过冬。"这是他对趋势的判断。

要想扩张业务,就得抓销售队伍、扩充销售人员。销售当时依旧是"火车头"和"动力枢纽",只有实现队伍的精细化管理、无缝对接,提供到位的服务,才能在竞争激烈的市场上存活。于是,张贵民在3年间将队伍由1 500人扩充至9 000人,并且改良了管理机制:原先销售队伍管理较为混乱,真正指挥的人"不出办公室"就制定政策;现在管理人员必须下沉到市场一线,亲自发现问题、解决问题,真正攻克遇到的一个又一个难题;对于一线销售人员也充分放权,不用层层汇报,自己是市场的主人。这样,整支队伍的灵活性就大大地提高了,他们能对市场做出较为灵敏的反应和判断,变得更加"狼性"。

(三)增强意识,强调"成本"

事实上,良好的资金状况不仅是"打"出来的,也是"省"出来的。虽然2015—2016年医药行业形势一片大好,但张贵民还是敏锐地察觉到了可能要到来的行业波动。在居安思危、"准备过冬"的思路指引下,张贵民又向内部员工提出了"人人都要有成本意识"的要求。

脉络舒通丸,原先是赵志全在任时期鲁南制药的明星产品,可谁也不知道这是一个卖一盒赔一盒钱的产品。相较而言,赵志全在任时期员工们的成本意识比较淡薄,这与当时粗放的管理、还在蓬勃发展的医药市场是分不开的。而步入市场紧缩期,鲁南制药每一步都要"精打细算"。

节省成本,并非简单地缩减开支,而是更加强调"效益"。效益围绕着市场展开,张贵民说:"我们要积极适应市场对生产成本的要求,把质量层次做起来,把成本降下来。公司和每一名员工都要从工作中的成本构成来分析目前工作中可能的改进和提升之处。"

拿鲁南制药的研发来举例。对于医药企业，研发是件有较大风险的事，投入巨大、经常见不到效益，或者回报周期非常长。但鲁南制药怎样解决研发投入与节省成本之间的矛盾？"研发只有两个出口，效益和浪费。"张贵民虽然对研发人员也如此要求，但这更体现在对药品药材、实验步骤的精细化管理上，并表示坚决不能降低质量标准以减少开支。

"鲁南研发人员对质量的要求是深入骨子里的。"中试车间主任张乃华说："我们一直把合格标准作为最低的入门线，每一项不仅必须做成合格，甚至要做到超越、做到最好。"如何平衡质量和成本呢？"我们一直是把质量做到最好再梳理流程降成本，不是做到合格就开始降成本。这里面有一个思维的转换，事实上不一定质量好了成本就会提高，因为你一直严格要求的话，管理水平也是会提升的。"先做到最好，各种行为自然需要规范和能力支撑，能力提高了，成本也就降下来了。

在这些更加"市场化"的战术指导下，鲁南制药成功从困境中突围，实现了飞速的增长，总产值也翻了一番（如图2所示）。

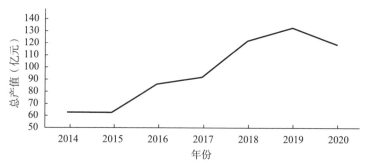

图2　2014—2020年鲁南制药总产值

三、独特的"中药"战略

（一）大力发展中药

鲁南制药自2005年起不断对产品进行调整，从以化学制药（简称"化药")为主转向中药、化药并重,提出了"保持化制优势、大力发展中药、做强生物制药"的战略。自2015年起,鲁南制药陆续推出了小儿消积止咳颗粒、首荟便通胶囊、人参固本等明星中药产品。

"2017年,国家层面重提中医药的发展战略,我们的产品结构调整从2005年就开始了,2014年张总上任后,把'大力发展中药'提到了公司战略层面。"鲁南制药互联网大事业群负责人郁杰这样描述,"张总学的化药,一直从事着化药的研发,聚焦国际药物发展的前沿技术,后来他发现中药也是一片蓝海市场。"

2014年张贵民接班之初,虽然化药利润高、产品占比高,但科研出身的他还是敏锐地观察到化学仿制药已无较大的技术壁垒和突破:同一款仿制药有许多厂家在做,质量参差不齐。而化学原研药和生物制药又需要较大的研发投入和较强的科研实力,包括鲁南制药在内的很多企业一时没有足够的能力——于是他把眼光投向了原先积累下的85种中药产品,特别是22种中药独家产品。

"化药参差不齐、竞争激烈,但是价格虚高;生物制药还是相对遥远的未来;唯有中药具有广阔的市场盈利空间,我们还有许多独家中药品牌,所以鲁南的赛道是中药。"或许最初还未对政策有如此明确的预判,但随着国家信号的不断释放,张贵民越来越坚信自己的战略调整。

产品结构的调整,不仅来源于理性判断,更有感性认知——来源于鲁南制药一贯坚持的"健康"理念。张贵民曾在接受采访时表示,健康是很多人的毕生所求,唯有观念革新,才能将"治已病"观念稳步转化为"治未病"。[1]

中医"治未病"的理论最早见于《黄帝内经》,迄今已有两千余年的历史。它经过不断总结、提炼、发扬、创新,有了成熟而深刻的内涵,即未病先防、欲病早治、已病防变和愈后防复。2015年,张贵民开始不断倡导"治未病",提倡通过服用中药来调理身体,达到防治病源的效果。其主导下开发的首荟通便胶囊、鼻炎通窍颗粒、荆防颗粒等在病人"未病"甚至发病之初都有快速的预防和治疗效果。

"张总很早就对中药选品提升、质量把控做了很多准备。他的技术实力、学习能力非常强,虽是化药出身但对中药的理解非常透彻。"中试车间主任张乃华说。"张总在出差途中时刻保持学习的习惯,特别是对于中医的学习,而且他理解能力强、能够学得明白。"徐主任说:"赵总在任时期的销售额构成,化药与中药的比例大约是 9∶1;现在已经做到 3∶1 了。"中药销售额在 2019 年增长 70%,2020 年增长 40%,2021 年预计增长两倍多,能达到 40 亿元左右。鲁南制药化药、中药与原料药产值占比如图 3 所示。

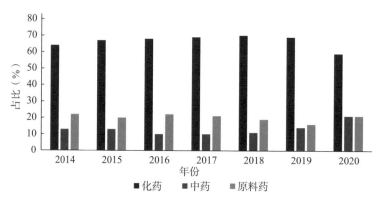

图 3　2014—2020 年鲁南制药化药、中药与原料药产值占比

值得一提的是,2019 年,国家正式推行的"4+7 带量采购"政策(以下简称"4+7"政策)① 使不少药企步入"寒冬"。许多企业把"4+7"政策中标看作关键的生存选择,但正是鲁南制药对中药的提前布局,才使其可以选择"中药赛道"的差异化竞争道路,从而较为平稳地应对这一行业波动。

(二)价值重塑战略

简单地说,价值重塑是产品定价策略从"价格定价"到"价值定价"的转变,从用户治疗总成本和效果比出发,制定差异化价格策略,主要以

---

① 具体的政策内容请见本章附录。

用户能感知的"价值"作为衡量标准。目前针对的是鲁南制药原先积累的中药产品进行价格调整、错开调价的定价战略。

"高端化"是赵志全在任时期就提出的发展定位,高端化意味着高投入、高质量、好疗效,也意味着高定价。20世纪90年代初,鲁南制药几款主导产品的定价都很高,例如鲁南欣康片定价48元,而那时社会月平均工资才100元左右。但鲁南欣康片过硬的科技含量和良好的疗效,使得该产品占据了70%的市场份额。

对于药品销售,低定价并不一定意味着高销量,因为消费者往往看重疗效,相信大企业、大品牌。鲁南制药最初高端化的定位正是希望用高质量、好疗效匹配高价格,在消费者心目中建立良好的差异化品牌形象。但鲁南制药这些产品的价格为什么十几年不变?根据医药行业的规定,产品要调整价格就必须先退出市场,经过审批后再重新进入。所以根据后来猜测,赵志全可能担心产品调价重新进入市场后滞销。同时,由于他身体状况每况愈下,可能没有精力顾及所有的问题。

"一个品牌持续的高定位延续了品牌在消费者心中的认知;消费者信赖你,就不会放弃你。价格竞争是产品不自信的表现,没有产品自信、质量自信,企业很难有大发展。"张贵民说,"我做的决策就是价值重塑。我的做法员工刚开始都不理解,但这是市场的客观规律。事实能说明一切,当你看到这是事实,就不恐慌了。"

治疗胸闷气短的心通口服液是鲁南制药的王牌产品,也是进行价值重塑的第一款中药产品。由于产品疗效好、品质高、销售得力,仅在某区域市场,心通口服液一个月的销售额就超过2 000万元,与调价前300万元的销售额相比增长了近六倍。在全国市场,心通口服液三个月的销售额超过1亿元,而原先一年的销售额只有1亿元左右。①

---

① 事实上,因为各地方医院控制中药比例,心通口服液在医院的销售受到一定的限制。据估计,若不受限制,其销售额一年可达20亿～30亿元,仅北京地区一个月的销售额就可达5 000万元以上。

（三）打造"大单品"

张贵民认为："企业营收超过千亿元，要靠两三款百亿元单品，而超大规模单品的选择，是所有企业跨越千亿元营收的门槛。"

"在全球销售市场上，国外最大的单品是200亿美元的生物制剂，一个订单就超过千亿美元。但是国内企业最大的达到多少？100亿美元都没有过。"

大单品收获的不仅是销量，更是规模效应与边际效应，"你不用推广、不用宣传，病人都会选你的产品。这样也带来了隐性成本的降低。不能完成效率和效益的再突破，企业是做不大的"。

在张贵民看来，大单品保证的，就是效益和效率的重复，在这种重复中做到工业化生产、追求极致，"生产过程中多品种管控，造成了极大的浪费和生产线的冲突，因为这不是效率最高的。把一个单品做成最大，重复地做、重复地做，无论是生产效率还是销售效率都是最高的。只干一件事情才是最好干的"。

如何选择恰如其分的"大单品"？鲁南制药不仅从中药入手，更创新思路、寻找疗效"立竿见影"的品种。

相比西药，中药向来被认为见效慢、疗程长、作用缓，并非主流选择。但既然中医里的"针灸"能够立竿见影——只要找对穴位、手法得当，就能快速见效、疏通经络——那么背后原理相通的中药为什么不能？经过长时间对中药的学习、理解和领悟，张贵民认为，只要方法得当，"立竿见影"的中药不仅存在，更能提升大众对中药的整体接受度。

"某些中药品种是我们独家的，没有人跟随。但这方面我们要突破的话，重心在哪里？一是药材一定要选最好的，二是研发的技术要突破。普通人把中药和慢郎中联系在一起，而我们选产品要采取化药标准，要让它立竿见影。这是回归药品的真实疗效。"

首荟通便胶囊就是鲁南制药近些年"找到"的中药战略单品，它主打通便排毒、减肥降脂,针对功能性便秘,具有全面改善胃肠的功能。2017年,首荟通便胶囊获得"中国专利优秀奖",2020年入选"山东创新工业产品目录"。上市五年之后,2021年它的销售额达到近4亿元,"我如何把它打造成销售额过百亿元的产品?这需要从整盘规划入手。这不是痴人说梦,我要求销量每年翻一番的,明年到20亿元还是要这个增长速度"。在配套的战略设计中,首荟商城、首荟大药房、首荟健康管理中心也纷纷上线。

四、"千亿元"梦想的软性升级

"千亿元"梦想不仅需要战略支撑,也需要企业升级其"软实力",进入发展的良性循环。自2014年起,鲁南制药在品牌和管理两方面进行了积极的探索,并有了一定的收获。

(一)助力百年品牌

讲好品牌故事其实是一个一举多得的战略。一方面,正如鲁南制药互联网大事业群负责人、品牌总监郁杰所说:"分享我们的经验,把成功的经验传播出去,让千千万万的消费者和同行企业都留下我们品牌的印记。"另一方面,它将特定的企业文化融入地域文化框架之中,提升了地区影响力,同时很好地转化成了物质回报。

鲁南制药自成立之时就有很强的服务意识,这为品牌积攒了良好的声誉。其服务不限于药品销售及售后,更扩展到了其他领域。例如,公司开设免费的咨询服务热线4000539310,背后是专业出身的药师团队,他们并不局限于为购买鲁南制药产品的患者服务,而是为所有拨打热线的患者提供帮助。服务范围也从销售扩展到了医疗咨询等,有一次就抢救了苏州地区一位心梗的老年患者①……这些良好的配套服务、不计得失的付出，都是打造品牌的关键因素。

鲁南制药的精神是"不怕困难、挑战困难、战胜困难"，宗旨是"造福社会，创造美好生活"，近几年通过视频号、公众号与形形色色的故事不断扩大其影响力。其中，最感人、传播最广的，是其前任董事长、总经理赵志全的故事。赵志全曾任第十届、第十一届、第十三届全国人大代表，于2014年去世。他在2015年被山东省委宣传部追授为"齐鲁时代楷模"，2016年被中宣部追授"时代楷模"称号，2018年入围"全国道德模范"候选人提名。应该说，对赵志全的宣传，让鲁南制药在一众制药企业中脱颖而出、独树一帜，符合大众对制药企业"良心""踏实""无私""奉献"的期待。

以赵志全故事为代表的鲁南文化，更是融入了我们今天所熟知的"沂蒙精神"之中。2013年，习近平总书记在临沂考察时指出："沂蒙精神与延安精神、井冈山精神、西柏坡精神一样，是党和国家的宝贵精神财富，要不断结合新的时代条件发扬光大。"鲁南制药正是在"水乳交融，生死与共"的"沂蒙精神"的叙事框架下，召开了多次研讨会，并派出专业的宣讲团队进行全国宣讲。它巧妙地将自己的小故事与新时代红色革命精神相结合，在扩大地域影响力的同时也实现了品牌的再升华。

2021年，鲁南制药品牌价值达到121.91亿元，由五年前的50.87亿元增长到两倍多，在"中国品牌价值评定高峰论坛"上位列医药健康组品牌强度第二名、品牌价值第五名，充分体现了新时期鲁南制药的发展实力。

---

① 苏州的周阿姨是一位冠心病患者。2020年，她因为心慌得厉害，就拨打鲁南制药的咨询服务热线询问其产品心通口服液的疗效。药师客服询问了一些情况，建议她马上去医院就诊。因为周阿姨的亲属都不在身边，客服又联系了住在周阿姨家旁的鲁南制药苏州学术专员，后者迅速将周阿姨送到了医院，经由医院的急诊绿色通道，周阿姨得到了及时救治。

（二）调整管理模式

（1）创新与授权管理

企业最大的活力在于人，最珍贵的资源也在于人。企业想要实现升级，最根本的在于"用好人"，即升级管理模式。

如何激发出员工最大的潜力？张贵民认为要实现创新管理："创新管理是一种智慧，更是一种责任，也是一种志趣。我们一定要把人心激活，把人的眼睛和双手激活，把人的能力激活。只有被激励才会活，活了才会动，动了才会做，做了才会有结果。劳动创造价值，创新的劳动才会创造超常的价值，超常的价值会有超常的回报。"

如何实现创新管理？张贵民认为，第一，鲁南制药的一切活动还是要围绕着效益、市场展开，没有效益皆为空谈，有效益的要大力应用、推广、奖励，并将创新结果在最短的时间内转化为生产力、企业效益、市场竞争力。第二，各部门要互相配合，遇到问题不能各自为政，要放弃不合理的旧习惯。第三，全体干部员工要敢于亮丑、揭短，不断提出合理化建议，让创新管理更加务实高效。

毫无疑问，创新管理对员工思考、执行能力的要求都很高。然而，鲁南制药的许多管理人员并未养成思考的习惯，只打造了超强的执行力。前任领导者赵志全如同一个大家长般展现了慈祥的一面，小到员工的生活琐事，大到人生大事，他都会管；慈祥的另一面是严厉与霸道，训起人来不容争辩、政策执行不用解释……久而久之，员工就产生了思考惰性。

在这样的背景下，张贵民只能先慢慢地培养员工的做事思路："给员工讲清楚为什么去做，他们才会理解，从而更好地执行。这几年医药行业发展形势也不大好，我一直希望员工能感知市场……"然后再通过授权的方式培养员工的自主性。"……我主要是管政策，逐步放权授权。但是原来的体制就是以一把手为中心，制度设计对你造成拉扯，那不是我想要的。"事实上，赵志全在任时期人员规模相对较小，"每个人都是从小管大的；现在队伍大了，只能逐步授权。"

授权管理的模式更能激发出人的主观能动性与创新能力。例如，2017年，鲁南制药国际业务部部长刘炳光发现在国外市场的销售上，几家中国企业相互竞价、压低利润。在这种情况下，他得到张贵民的支持，成功实施了"竞合"策略：国家利益高于行业利益，行业利益大于企业利益，企业共同做大市场份额，最终每家都获得了更高的利润。而赵志全在任时期这种事情几乎是不可能发生的，因为他总是认为所有企业会达到"背叛"的均衡，而非一致合作。

刘炳光说："赵总是一个神，只管闷头跟着他干。张总对于每个板块相对放手。国际业务这边，他接受增长率30%就行了，只管大方向。他对我说：'只要是对的，你就大胆地干。'"

（2）"碎片化"企业

在张贵民的蓝图构想中，不仅要授权下属，更要"碎片化"鲁南制药，后者与京瓷、海尔的"阿米巴经营"思路十分相似：让每一个员工都能够成为主角，主动参与经营，自行制订各自的计划，并依靠全体成员的智慧和努力来达成目标。

"当下鲁南还是有些集体经济的意味。在企业发展相对好、能负担的条件下，我们实行的还是集体经济，高福利对于高发展是有要求的。但是未来，我们会逐渐培养员工从经营者的角度来思考福利和工作。"张贵民说。

"企业的第一代是特殊环境压迫出来的。时代还是呼唤英雄，英雄会把集体的作用在一个点上凸显出来。我的思考更多的是把鲁南碎片化，因为企业还是有寿命的，我希望我们会孵化一堆小的、带有鲁南基因的企业，这才能保证鲁南制药一百年甚至几百年的永续发展。"

本质上，碎片化企业考虑的是"英雄"与"集体"之间的关系。固然，企业可能会产生"英雄"，但伟大的企业并非只因英雄而伟大，更多需要依靠集体精神的唤醒，企业的成功得益于千百万个普通员工。如果只依靠一个英雄人物，企业是极其危险的；为了具有更高的稳定性，企业需要不依赖任何个体，而是依靠子公司、依靠员工、依靠大众，变成网状……

对于一家企业而言，"活着"只是基本要求，最终是为了更好地发展。在行业环境剧烈变化的今天，每家企业的领导者都需要认真思考：特殊时期怎样面对与适应、日常经营活动怎样维持与创新、未来趋势怎样把握并布局，等等。依靠高瞻远瞩的顶层设计和不怕困难的执行力，鲁南制药的"千亿元梦想"正扬帆起航。

附录

"4+7"政策规定，在北京、天津、上海、重庆、沈阳、大连、厦门、广州、深圳、成都、西安11个城市，从通过质量和疗效一致性评价的仿制药[①]对应的通用名药品中遴选试点品种，由国家组织药品集中采购和使用试点，从而让仿制药的主要利润回归生产，实现药价明显降低，真正使人民用上"价廉质优"的好药。

从逻辑上来说，在通过一致性评价的基础上，仿制药品的价格越低，就越容易中标，并且中标后按照公立医疗机构年度药品总用量的60%～70%估算采购总量，纳入国家医保。未中标的药品只能在采购总量外或者自费途径购买。

第一批集中采购政策实施后，31款试点通用名药物有25款拟中标。与试点城市2017年同种药品最低采购价格相比，拟中标价格平均降幅达52%，最高降幅达96%，降价效果明显。随后，国家又相继施行了扩围[②]以及四批次采购。

---

① 药品共分三类：化制、中药、生物制药。"4+7"政策主要针对化药中的仿制药。顾名思义，仿制药是一种"模仿"原研药开发的医药产品。它一般在原研药专利过期时立即上市，以低价替代后者，并与后者具有相同的活性成分、剂型、给药途径和治疗作用。在各国的药品市场上，仿制药都占有绝大部分份额。在我国，4 000余家医药公司生产的仿制药质量参差不齐，"4+7"政策中的"一致性评价"，也是为了保证仿制药的质量和疗效与原研药一致所设定的标准。

② 从11个试点城市扩展到全国25个省份，品种不再局限于25个。

"4+7"政策对制药行业造成了巨大的冲击，是否中标成了许多企业"进退两难"的选择：如果中标，价格势必很低，利润空间几乎为零，甚至可能贴钱生产；如果不中标，市场则会被严重挤压，销量会急剧下滑。

参考文献

关注鲁南制药系列之三：瞄准"治未病"，鲁南制药持续深度布局大健康产业［EB/OL］.（2021-07-31）［2024-10-28］. http：//sd. iqilu. com/articlePc/detail/8027650. html.

02

数字变革

"不翻身则翻船"——三一重工如何通过数字化
转型穿越周期,征服未来

张建君、王小龙

智能供应协同平台——中兴通讯在供应链领域的
数字化转型探索

杨东宁、王聪、王念念

从以客户需求出发到管理变革:一汽-大众的
数字化转型实践

张影

首钢股份数字化转型道路上的新问题与
解决方案

邱凌云、王小龙

"不翻身则翻船"
——三一重工如何通过数字化转型穿越周期,征服未来[①]

张建君、王小龙

创作者说

如何"穿越周期",是中国工程机械行业(和其他许多行业)最关心的问题,更是决定三一重工股份有限公司(以下简称"三一重工")生死的核心问题。从2010年起,三一重工便开始思考如何进行战略层面的调整与创新以应对行业周期性变化,最终"数字化转型"成为梁稳根董事长心中首选的解决方案。在"3 000亿元销售收入,3 000名工人,30 000名工程技术人员"这一具有"三一"特色的数字化战略2025年阶段目标的指引下,三一重工陆续展开了"数字工厂""智能工厂""工业互联网平台"等一系列项目的建设。经过不懈努力,三一重工已然不仅是工程机械行业中绝对的龙头砥柱,更成为传统行业数字化转型的典型代表。而这背后,是一家企业对行业周期清晰的认识、对"不翻身则翻船"的决心和对数字化的精准理解。

本案例对三一重工如何通过数字化转型应对行业周期性变化以实现持续发展的路径进行了全盘回溯。主要内容包括:介绍企业所面临的工程机械行业周期性波动;建设智能工厂,以实现"全穿透式"和"全盘考量"的透明化管理;建设"灯塔工厂",以实现"无死角"实时查看工厂及设备运转情况;建立"树根互联"工业互联网平台,以实施设备互联、数据

---

① 本案例纳入北京大学管理案例库的时间为2020年11月25日。

互通等一系列行动。同时,本案例特别对三一重工数字化转型的共识精神进行了阐释,力图对以工程机械行业为代表的传统行业进行数字化转型提供有益参考和借鉴。

引子:中国的"挖掘机指数"

2008年前后,中国工程机械行业迎来一轮发展周期。此时的三一重工在混凝土机械、桩工机械、履带起重机械等细分领域已经成为中国市场的第一品牌,但在挖掘机、吊装设备等工程机械的主力战场,卡特彼勒、小松等国外品牌占据优势地位,三一重工还处在"坐二望一"的发展阶段。

唯有不断地创新,才能实现"三一"(创建一流企业,造就一流人才,做出一流贡献)的宏伟愿景。从2008年开始,除了继续在工程机械产品上推出二十多种新产品,三一重工也开始为其过往销售及新出厂的设备安装由控制器、传感器和无线通信模块等硬件组合而成的数据反馈装置。安装这种装置后,这些工程机械一旦运转,发动机工况,各个关键部件的工作时长、工作状态,气压、油压、各阀门和齿轮的工况等信息,都可以通过装置传回三一重工的数据中心。

对于行业普遍采用"首付+按揭"的方式进行设备采购的情况而言,这一套数据及控制系统可以跟踪设备使用情况,并在应付款逾期后锁死设备,这是"首付+按揭"的采购方式得以实施的重要风控措施。而更重要的是,在这套系统的支持下,设备的故障可以得到远程"诊断",工程师不必实地勘察,就能够提出维修或维护方案,并同步准备配件,大幅节省了售后服务成本。同时,数据的"交汇"具备"预警"能力,能够在出故障前就进行相应的维修提示,使用户很大程度上避免或减少了停工停产及野外抢修造成的巨大损失,这大幅提升了用户的满意度,增强了产品的核心竞争力。

在三一重工的发展道路上,类似这样的创新数不胜数,其背后是对

"三一"精神的共识，也正是这种共识，推动三一重工不断向前发展。三年后，三一重工 2011 年实现挖掘机销量 20 614 台，市场占有率为 12.3%，高出小松 0.3 个百分点，二十余年来，国产挖掘机首次拿下中国市场销量冠军。挖掘机是工程机械行业的明星产品，在全行业各种设备的销量结构中一直占据 50% 以上的份额。因此，以 2011 年为阶段高点，此前三年追溯到 2008 年，此后三年发展至 2014 年，三一重工在这一轮工程机械行业的上行周期中，实现了研发能力与市场份额的巨大突破，而不断安装的"数据反馈装置"，六七年时间累计连接了二十余万台设备，每日每夜源源不断地将工况数据传回三一重工……借助大数据和物联网技术，挖掘机的每一次"挥铲"、起重机的每一次"吊装"，都形成数据痕迹，使得三一重工形成了五千多个维度，每天 2 亿条（超过 40 TB）的大数据资源。

2014 年 3 月，国务院领导视察三一重工。作为行业龙头，三一重工在很多类别机械的国内市场占有率超过 40%，其工况数据代表性远超统计抽样，具备指数条件，这样的大数据平台展现了中国基建的"真实运营情况"，因此国务院要求相关数据"每半个月报送一次"。

相比以往通过地方企业上报地方政府，地方政府汇总后再上报中央的层层报送机制，三一重工的实时数据真实、准确，结合工地项目，最为直接地反映了中国基建的实际施工量与施工情况：铺路机和压路机的使用量同比增长，履带吊装设备的施工时长和开机率降幅收窄，这说明"路桥建设回暖，核电、风电等新能源引擎启动"；混凝土设备的使用率同比出现大幅下降，水泥搅拌站的施工量跌幅超过同期，这说明"房地产施工规模下降"；"一带一路"相关区域应用于地铁、城铁等轨道交通建设的桩工机械使用量上升，工作量明显高于其他地区，这说明"'一带一路'发力了"……

"挖掘机指数"的名头不胫而走。在微观层面，数据成为企业完善服务、打造核心竞争力的法宝。在中观层面，数据反映行业供需关系以及相关各行业景气程度。在宏观层面，数据为国家提供最为真实的基建投资落实情况，修路、建桥、盖房、建机场、挖地铁、建商场……任何建设项目都离不开工程机械。源于三一重工的市场占有率，通过三一重工的数字看板，全国的工程项目施工情况基本可以做到一目了然。

从最初只是为了提高维修效率的一项创新，到成为国务院案头的"中国基建晴雨表"，三一重工首次感受到了"数字化"背后所蕴含的巨大能量。

一、工程机械行业的周期性特征

根据中国工程机械工业协会的相关数据，我国工程机械种类繁多，是全球工程机械产品类别、产品品种最齐全的国家之一，拥有20大类，109组，450种机型，1 090个系列，上万个型号的产品设备。

从市场结构来看，挖掘机、起重机、压路机以及推土机这四个工程常用器械占据了我国工程器械市场上绝大部分的份额。其中，挖掘机为工程机械中的明星产品，占据市场绝对主流地位，2018年销量占比57.22%；其次为起重机，占比12.94%；压路机和推土机销量略低，分别占比5.18%和2.14%。四种产品合计占比77.48%。根据中国工程机械工业协会的数据，2018年挖掘机国产份额上升至56.11%，日韩、欧美品牌份额分别为27%和20%，国产品牌已成绝对主导。

从全球的角度看，工程机械行业销售区域相对集中，主要分布在中国、北美、西欧、日本和印度。全球工程机械行业的发展与北美、西欧、中国、日本和印度几大经济体的经济发展密切相关。[1]

工程机械行业具有很强的周期性，其发展情况与宏观经济环境、基建投资、房地产投资密切相关。从全球角度来看，中国工程机械行业二十余年的发展可以分为以下几个阶段（如表1所示）。

表1 中国工程机械行业近年发展阶段

阶段	特征
1999—2007年	随着中国加入WTO，基建和房地产推动中国城镇化快速发展，中国经济增长较快，中国工程机械的销量和销售额在全球的占比呈现小幅上涨
2008—2010年	中国出台了四万亿元的经济刺激计划，并大力推动基建投资来刺激经济，这也带动了中国工程机械销量和销售额的攀升，其在全球销量和销售额的比重在2010年分别达到52%和45%的历史峰值
2011—2016年	在刺激政策效应消退、行业竞争加剧等因素作用下，行业逐步进入下行周期，挖掘机和装载机的销量增速在2015年达到最低点，市场销量出现了明显的萎缩，这也导致中国工程机械在全球市场中所占的比重逐年下滑，2015年销量占全球比重为17%，创下自2006年以来的新低，销售额占全球的比重也仅为13%，创下2008年以来的新低
2017年至今	随着环保政策趋严、设备更新和基建发力，中国工程机械行业走出低谷，在全球市场的占比也触底反弹

资料来源：根据公开资料整理。

三一重工的经营数据也从一个侧面佐证了行业的周期性特征。2015年和2016年，三一重工销售额大幅降低，距离2011年高点甚至缩水52%，但员工工资要支出，各项费用不断提高，资产负债率、库存周转率等财务指标也相应恶化，这直接导致了多年未见的亏损和赤字（如图1所示）。

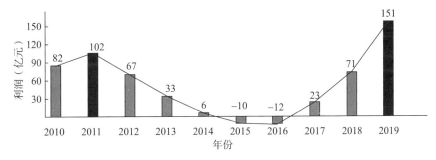

图1 三一重工2010—2019年利润

资料来源：三一重工提供。

如何"穿越周期",成为三一重工和中国工程机械行业最关心的问题,实际上也是决定企业生死的最核心问题。

"多年数据积累而成的'挖掘机指数',让我们首先看到了数字化中蕴含的巨大可能。"三一重工相关负责人表示:"因为市场周期说到底是一个供需关系的变化与平衡过程,而透过数据,各个细分市场的开工情况反映了当前及未来一段时间对工程机械的需求,大量机器设备的运转情况也能在一定程度上反映其更新周期,这些既然可以为国家宏观决策提供依据,自然也可以指导企业对机器设备的市场销量做出有效预测,这在一定程度上能够实现对行业周期的把握。"

三一重工发现,行业的"周期"受到大量宏观因素的影响。而企业的"周期",则更多来自微观环境。第一,如果在行业增长期,生产繁忙,产品供不应求,企业自然会招聘大量工人,但员工不可能随意解聘,衰退到来时,这一部分"固定成本"将无法根据市场情况进行有效调整。第二,当行业进入下行周期,竞争环境会迅速恶化,卖方市场向买方市场转化,价格战将首先打响,没有"成本领先"优势的企业会迅速被拖垮。

二、三一重工如何迈开数字化的脚步?

基于这两个最主要的微观竞争环境,三一重工从2010年就开始思考如何进行战略层面的调整与创新。

"梁稳根董事长从2015年开始,在一两年的时间里,把市面上几乎所有与数字化相关的书籍、报告都看了一遍,对各种数字化领域的企业实践、案例课程,也都进行了一番了解和学习,还经常推荐文章给管理层,同时组织'考试'、组织写'心得体会'。你不得不佩服企业家的学习能力和奋斗精神,通过这种方式,全集团范围内逐渐形成了对'数字化'的统一认识。"三一重工相关负责人回忆集团数字化的起步时表示:"针对企业微观竞争的周期问题,一个很简单的道理,减少工人数量,企业在行业萧条时可以有更强的适应性。降低产品成本,企业在行业繁荣的周期里可以获得高额利润,在行业萧条的周期里则可以立于不败之地,也许通过收购和兼并,还可以借机扩大规模……而如何实现在产品竞争力不变的情况下,减少工人数量、降低成本?核心解决方案就是'数字化',以及以数字化为基础的'智能制造'。"

2013年,德国在汉诺威工业博览会上正式推出了"工业4.0"的概念及相关国家战略。这被认为是打响了全球"第四次工业革命"的发令枪。其核心含义是指利用物联信息系统,将生产中的供应、制造、销售等信息数据化,进而实现智能化。

在生产层面,通过嵌入式的处理器、存储器、传感器和通信模块,把设备、产品、原材料、软件联系在一起,使得产品和不同的生产设备能够互联互通并交换命令。在这一命题下,"智能工厂"将实现"智能生产"。在生产之外的层面,除了产品和机器的互联,工业4.0还将实现工厂、消费者、产品、信息数据的互联,最终实现万物互联,从而重构整个社会的生产方式。

"我们被深深地震撼和触动了。"三一重工相关负责人表示:"三一重工从事制造业几十年,也一直是中国工程机械领域的领军企业,而且直接面对国际巨头的市场竞争,所以看到国外这么强的制造能力,这么宏大的发展思路,我们深感压力,同时也为行业还有如此巨大的发展空间而感到兴奋。"

2015年5月,国家颁布了制造业发展的行动纲领。作为中国制造业具有代表性的大型企业,三一重工在实现了企业管理信息化的基础上,在全国范围内陆续开始建设"智能工厂",引进和自主研发、本地化设置与部署大量世界最先进的工业自动化方案……简言之,三一重工开始陆续建成一批具有世界先进水平的智能工厂。

"数字化首先带来了管理能力的巨大提升,它完全把管理带到了另一个新的层次。"三一重工相关负责人表示:"以往有一段时间,集团陷入了'产能'总是不够的怪圈。因为市场需求旺盛,产品供不应求,所以我们总是处在不断要求总部投资建厂、增加生产制造设备的过程中。但在智能工厂及原有工厂设备开始全面数字化以后,原有的设备到底是否满负荷运行?

工人和机器是如何排班与如何配合的?'黑箱'被打开,一切'洞若观火'……在某种产品的生产上,我们没有增加设备,工人的劳动时间只是略微增加,却实现了2倍的产能提升。以往一天生产800台产品,数字化后通过合理的安排与资源匹配,一天的产量先是达到1 400台,随后达到1 600台,这让集团上下都感受到了数字化对制造企业带来的效益提升。"

在业界,第四次工业革命已经成为普遍共识。因此,业界将规模化应用"第四次工业革命"的相关技术、率先大规模地运用先进的技术与创新的管理方式、拥有多项成功案例和可扩展的技术平台、具有引领产业变革的标志性意义的这些"真实生产场所"称为"灯塔工厂"。全世界都在期待它们如灯塔一般照亮前路,在一个个未知领域驱散迷雾,引领人类走入新的文明纪元(如图2所示)。

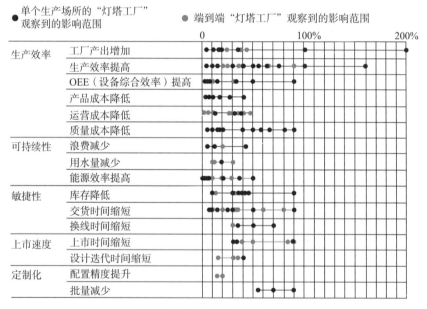

图2 全球范围内"灯塔工厂"带来的改变

资料来源:麦肯锡,《全球灯塔网络:重构运营模式,促进企业发展》。

注:端到端"灯塔工厂"的一大关键特点是,这些工厂与价值链上的不同利益相关方开展合作,共同重塑客户体验。在数字技术的帮助下,这些组织能够按需批量生产定制产品。

以往的任何工厂，其生产安排基本依靠班长和车间主任，以他们的个人经验去判断哪个地方需要派多少人，哪个地方需要加多少设备。但是在一切"数字化"以后，工厂内24小时的用电、用气、机器运转情况，人员工作情况，物料储存搬运情况……一切的数据都实现了互联与上传。

基于此，通过图像识别系统和5G网络，对人员，系统可以识别其是否在正常操作机器进行生产，可以根据工作安排，发放入场许可证，明确人员岗位与人员需求，最大限度地减少人力浪费；对物料，系统可以识别其是否按照规定数量，被放置在规定位置，可以自动在全域范围内以最优配置进行调动和储存；对机器设备，系统可以识别其运转情况，并科学地调动生产能力，实现最优的排班组合……管理为效率服务，而数字化的智能工厂实现了"全穿透式"和"全盘考量"的透明化管理，基于数字之间的组合与智能决策，相比传统方式产生了巨大的经济效益。

三、三一重工的"灯塔工厂"

在一系列试点取得超出预期的成果之后，三一重工的"灯塔工厂"项目，以及所有生产设备的互通互联、所有工厂的"智能化"，开始在全国范围内铺开。在时间节奏上，2018年，三一重工实现4 764台设备的互通互联，占所有设备的40%；2019年，实现8 167台设备的互通互联，设备在线率由90%提升到97%，并且开始在北京、长沙等地建设数家"灯塔工厂"，同时还完成了三一重工"灯塔工厂"体系的整体规划，计划从2020年开始，陆续将所有工厂改造为"灯塔工厂"。

根据麦肯锡对世界范围内各类制造业"灯塔工厂"的综合测算，"灯塔工厂"改造完成后，产能将提升50%，人力需求将减少60%，场地将压缩30%。三一重工也定下了"3 000亿元销售收入，3 000名工人，30 000名工程技术人员"这一具有"三一"特色的数字化战略2025年阶段目标。

以被众多媒体争相报道过的三一重工"18号工厂"为例，生产管理人员可以通过数据平台了解生产线运行、工况、资源分布等信息，不需要各条线分别汇报；专业技术人员可借助自动数据采集、计算统计、定时巡检等功能，避免人工抄录计算导致的数据不准确；分析人员可随时通过各种各样的数据，提供策略支持……"三现"（现场、现物、现实）数据全收集，"四表"（水表、电表、油表、气表）数据实时呈现，这些已经成为三一重工"灯塔工厂"的基本要求。在全球任何一个地方，三一重工的管理者都可以"无死角"地实时查看所有工厂的一举一动，以及每一台设备的运转情况。

在车间里，搭载了视觉信息系统的焊接机器人是主要劳动力，它们可以实现自动化组焊，确保钢板焊接不差分毫。整个生产线只有几个工人在对焊接机器人进行调试及检查焊接工作完成情况，他们通过终端设备输入参数，已不再是传统制造业工人，更大程度上是智能工厂中的工程师。三一重工"灯塔工厂"的设计思路如图3所示。

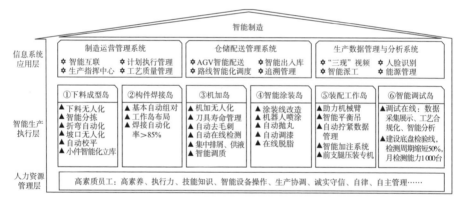

图3 三一重工"灯塔工厂"设计思路

资料来源：三一重工提供。

2020年，三一重工还与达索系统公司合作，部署了MOM（Manufacturing Operation Management，制造管理系统），该系统被视为传统MES（Manufacturing Execution System，制造执行系统）的升级版。项目由三一集团、达索系统（中国）公司联合开发，将成为未来"灯塔工厂"的统一管理平台。三一集团执行总裁易小刚先生还表示，新系统上层连接着PLM（Product Lifecycle Management，产品生命周期管理）、WMS（Warehouse Management

Systems，仓库管理系统）等多套系统，下层连接物联网平台，是智能工厂生产制造的"指挥大脑"。通过打通生产、质量、物流、库存等环节，与生产线自动化设备深度集成，MOM将建立统一的生产数据模型，将排产进一步细化到人和设备，真正实现生产过程的全数字驱动，推动三一重工的生产制造"由局部智能迈入全面智能"。

"整个数字化、智能化的过程中，我们面临两大挑战。"三一重工相关负责人表示："一方面在于人才，另一方面在于共识。"

具体看人才层面，2018年，根据财报，三一重工员工总数17 383人，其中生产人员10 339人，当年销售收入630亿元，利润151亿元。2010年，三一重工员工总数42 367人，生产人员24 221人，当年销售收入339亿元，利润68.9亿元。与2010年相比，2018年，三一重工以约42%的生产人员，创造了约1.8倍的收入、约2.1倍的利润。2019年，全集团并未增加设备，产值同比提升45%……"数字化"带来了企业核心竞争力的巨大提升。而当前面对"数字化"课题，主要的人才问题在于缺少"既懂工业技术，又懂数字技术"的复合型人才。

"因为说到底各种程序还是要为各个制造流程和制造工艺服务，三一重工的制造与汽车等行业的批量模块化生产不同，其是典型的离散式制造，即产品的生产过程通常被分解成很多加工任务来完成。每项任务仅要求企业的一小部分能力和资源。当前，每年在工艺上的研发和投入又带来了大量工艺流程的优化和改进，所以'数字化'要将IT和OT（Operational Technology，操作技术）结合起来，这需要复合型人才。"三一重工相关负责人表示："我们也想了很多解决的办法，例如提出激励政策，鼓励工业工艺和生产制造领域的人才去学习和了解编程，学一门计算机语言。IT人才也要了解生产线的各个环节和步骤，了解零部件生产的工艺和方法，学习工业图纸，学习车床、铣床等生产设备。这样的融合有利于相互之间理解彼此的语言和思维，实际上未来一段时间，IT知识和工艺知识，应该说是'数字化制造'或者'智能制造'从业人员的标配。"

四、三一集团的"树根互联"

领导的核心能力是在大趋势下构建对整个行业的认知体系、对行业未来的发展做出正确的判断和决策。回顾历年来三一集团的年终总结大会报告,"认知与决策""长线思维"都曾被多次提及:"未来 10 年,行业会发展成什么样子?""中国梦与工业 4.0,数字化和国际化,两大历史性机遇叠加'两化',三一集团能否找到第二曲线?实现二次转型?能否穿越周期,再次强大?"这些问题,在历年三一集团的工作会议中被反复讨论……以数字化而言,如果说"灯塔工厂"是三一重工数字化转型的典型代表,那么"树根互联"则从另一个层面诠释着中国制造业的代表企业究竟如何理解数字化,如何做出行业发展的终局思考。

2015—2016 年是三一重工最为困难的两年。三一重工有过迷茫和彷徨,这主要在于不知行业何时能够走出低谷。但其从来没有放弃希望,因为此时的"挖掘机指数"已经开始逐步体现出数字化与物联网的能力——各个细分领域的开工情况一目了然,数十万台工程机械设备的运转状况一目了然,三一重工在 2016 年年中就已经通过数据观察到行业景气周期即将到来。

正因如此,2016 年,三一重工投入重金孵化了"树根互联"项目。简单来说,"树根互联"就是希望将三一重工的设备互联模式复制到制造业的其他各个行业中去。让其他领域也拥有设备互联、数据互通的能力,从而能够实现设备生命周期管理、设计研发数字化、生产制造数字化,以及售后及维修服务可预测等一系列数字化时代的工业能力,打造出一个适用于中国制造业、自主可控的工业互联网平台(如图 4 和表 2 所示)。

"树根互联"的诞生,首先基于三一重工在"挖掘机指数"一事上进行的实践与获得的成果。

此外,在社会层面,全球各大经济体都在关注"第四次工业革命"的具体实施路径。

"不翻身则翻船"——三一重工如何通过数字化转型穿越周期，征服未来

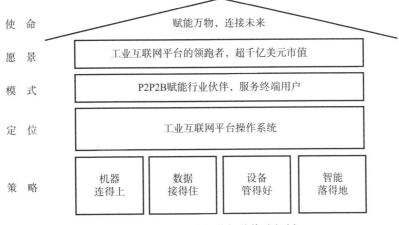

图 4 "树根互联"的相关战略规划

资料来源：三一重工，《2018年物联网公司发展规划》。

表 2 "树根互联"的具体发展策略

机器连得上	数据接得住	设备管得好	智能落得地
云物联：构建多快好省、连接万物的双向通道	云平台：构建专业的工业大数据云平台	构建机器全生命周期管理的应用软件体系	物智能：构建大数据和AI能力
●采用模块化的硬件设计，满足各种连接场景，降低接入成本 ●支持广泛的工业协议，具备覆盖绝大多数工业设备的连接能力 ●构建完整的物联生态，提供各行业的解决方案 ●打造高效的实施能力，满足快速连接设备的需要	具备海量、低时延、可靠的大数据采集和存储能力，为工业大数据分析和建模提供平台和工具支持	●云服务：从设备制造商角度，打造售后服务专家系统 ●物健康：从终端用户角度，打造智能制造数字化和设备运营管理专家系统 ●云视界：从设备数据角度，打造360度可视化管理系统	●通过大数据分析平台，结合工业领域场景，抽象出工业数据模型，形成工业大数据标准服务 ●围绕机器大数据，结合AI算法，形成工业领域算法模型，不断提升工业智能

资料来源：三一重工，《2018年物联网公司发展规划》。

在国家层面，一系列政策措施的颁布开始掀起全国制造业的数字化转型浪潮。

在产业与行业层面，工业互联网概念方兴未艾，与消费互联网相对应，5G、物联网等先进技术"肉眼可见"地将带来一个跨时代的新兴战略机遇。

在企业层面，相对于家电制造企业与军工制造企业，工程机械制造企业及由此很容易延伸开的铸造企业、纺织企业、注塑企业等轻重工业的核心领域，大都面临应对经济周期风险与提升生产线运营效能这两大企业发展核心命题。

基于此，"树根互联"开展了一系列探索与经营。以"连接机器"为核心，截至2020年4月，"树根互联"已经接入各类工业生产设备超66.8万台，形成了包括工程机械产业链、铸造产业链、注塑产业链、纺织产业链、定制家居产业链等在内的二十多个产业链工业互联网平台，赋能达81个细分行业，连接超5 000亿元资产。在此基础上，"树根互联"也推出了一系列商业化产品，简言之，"覆盖95%的主流工业控制器，支持六百多种工业协议解析，适配100%的国际通用硬件接口，可为用户提供设备一站式快速接入……在单台设备上数百元的投入即可通过数字化、智能化，获得上万元的增值，可提升10%～50%的潜在收入"。"树根互联"的内部结构如表3所示。

表3 "树根互联"的内部结构

智能制造工厂解决方案	四大应用场景	云应用	工业可视化	云物联	AI与大数据分析
面向81个细分行业的制造企业，提供智能、高效、安全、稳定的高性价比智能制造工厂解决方案，快速提升企业的生产运营效率	• 后市场服务 • 能耗管理 • 设备资产管理 • 融资租赁	• 设备全生命周期管理 • iFSM设备智能售后服务管理 • 工业区块链 • 模式创新服务 • 根云能管 • 智能制造工厂解决方案	云视界	• 物联接入——连接器 • 物联接入——网关	• 机器视觉检测 • 工业大数据平台——试验 • 基于知识图谱技术的智能交互诊断专家系统

五、三一集团的"共识"精神

2018年3月5日,三一集团董事长梁稳根参加全国两会,首次提出,"数字化转型,不翻身则翻船"。梁稳根认为,三一集团没有别的选择,不能实现数字化升级肯定就"翻船",转型升级成功就会"翻身"。"两翻"理论从此风靡中国产业界。

基于较为通俗易懂的理解,可以将企业的数字化转型简单概括为:企业、行业、产业在生产、运营、销售等各层面的全面数字化,以及数字之间的全面互联互通。

基于全面数字化,以及数字的全面流动,各行各业迎来了可以分析、可以改善、可以迅速适应变化的诸多可能:农产品再也不会出现今年热销、扎堆种植,明年供大于求、产品滞销的情况;企业因为了解各类商品终端真实需求,所以能够大幅降低库存、减少浪费,实现效益的倍增;能源行业会发现巨大的资源调度空间;交通拥堵情况得到明显改善;供应链已经被改造得焕然一新……

说到底,信息前所未有的通畅、直白,人类所在的世界已与过往不再相同,山川、河流、村庄、城镇,需求与供给,一切由数字呈现,彼此互相知晓,这是人类对于自然界的一次认知升级,是人类了解物质世界的一个新的阶段,是人与自然之间关系的重构,是将人类科学技术应用于改造世界的一次巨大进步。

对于这样的改变,三一集团在数年发展中由领袖引领,采取自上而下的推动方式,投入上百亿元资金逐步形成了当前以"灯塔工厂"和"树根互联"为代表的数字化、智能化制造体系与工业化体系(如图5所示)。全集团的"统一认知"在这一过程中极为重要。

三一集团认为,今天,三一集团正处在两大旷世机遇的交汇点上,一是中华民族伟大复兴的中国梦,二是人类的第四次工业革命。这两大旷世机遇叠加,甚至是比改革开放更大的时代机遇。面对新的时代机遇,三一集团的各级经营者需要在一些方面达成新的共识。梁稳根对内部表示:"第

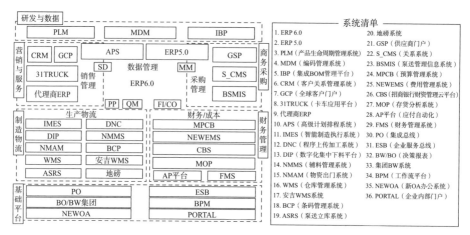

图5 三一集团的数字化研发与经营各相关系统

资料来源：三一重工提供。

一个基本共识，就是对经营环境的理解，整个团队要达成充分的共识。"

"比如，对数字化的理解。有人讲，我们的竞争对手不是同行而是这个时代，是技术的进步，时代的变迁会把你打死。我经常讲三一集团要么翻船要么翻身，大家是否认同？如果是一致的看法，我们就应该采取一致的行动，充分地、发自内心地去拥抱它、理解它，让自己成为数字化专家，把数字技术运用到经营的各个环节中去。"

"比如，对技术路线的理解。如果大家认为无人化、电动化是必然之路，那么今后整个工程机械的零部件都会发生根本性的变化，我们就要早做准备。"

"再比如，对周期和风险的理解。上一轮周期，公司遭受了一百多亿元的货款损失，当时大家都异口同声认为风险很小，放松了警惕，这是反面的共识。我们也有正面共识，就是对中国的发展、对工程机械的发展充满了信心。中国有14亿人口，是美国的4.5倍，我们带跑道的机场有300多个，美国有5 200多个，我们某些方面的基础设施还远远落后于美国。有了这个共识，大家都认为工程机械未来有无限的前景。现在我们知道工程机械是有周期的，经营是有风险的，我们对风险的共识，就是要严格地控制。但我们的风险控制不能对市场占有率让步……"

不难看出，穿越行业周期，乃至穿越国家经济的宏观周期，是三一重工数字化所肩负的核心使命。而以此为基础，处在两大旷世机遇的交汇点，三一重工通过数字化，正在打造此后十年的增长之匙……对于过往，三一集团已将其提炼总结为"穿越熔炉，波澜壮阔"这八个大字，而对于未来，与"周期"的再次交锋无可避免，三一集团力求通过"数字化"与"国际化"，来等待、迎接甚至拥抱这个"老朋友"的到来。

参考文献

不一样的行业比较（五）——工程机械子行业比较（上）[EB/OL].（2019-11-01）
　　[2024-12-02].https：//xueqiu.com/1003974596/135043589.

智能供应协同平台
——中兴通讯在供应链领域的数字化转型探索[①]

杨东宁、王聪、王念念

创作者说

　　当企业讨论变革时，常常会遇到这种情形：旧模式虽有待改进但尚能支持运营，新构想一旦出错则将使业务无法运转；而对于一个超大规模的组织，或有更多不可逆转的风险后果。2018年年初，中兴通讯智能供应链平台启动在即，涉及多工厂、多法人的新商业模式已箭在弦上。也许挑战并不独特，方法工具也是通用品，但"运用之妙，存乎一心"。面对超过30万种的应用场景，项目组就解决方案进行了上万场讨论，树立起一个又一个里程碑，构建了全球领先的可开放、可扩展的交易协同平台，持续迈向数字化生态圈的"新筑路征程"。

　　很难定义这是需求拉动还是创新驱动的进化，而它恰是一个极难得的窗口，让我们得以了解这一看似波澜不惊的转型背后那些深层次的战略和技术思维。首先，仅仅按照"线下到线上"的逻辑来解释，是否过于简单？其次，以行动者为中心"成功说明一切"的解释，是否有幸存者偏误？最后，以"理性+热忱"的机制来解释，路径是否清晰？这些思考是每个组织在数字化过程中都可能面临的问题，也恰是本案例教学的价值所在。

　　[①] 本案例纳入北京大学管理案例库的时间为2022年4月2日。感谢中兴通讯供应链解决方案及运营部总经理朱林林、采购部总经理张敬鑫、采购策划部部长徐志斌、采购数字化总监李馨、供应链数字化转型项目经理江运华对本案例所做出的贡献。

然而，在所有领导力理论和方法论之外，这家公司内部中层和基层所蕴含的包容和活力，最让我们印象深刻。在编写过程中，当我们试图采用一个复杂的理论模式来对照理解项目进展中的一些技术性细节时，很快就得到他们讨论后简洁、生动的回复，他们的敬业、才华和本真，是本案例最微观层面的注解。

引言

2019年的夏天，中兴通讯智能供应协同平台建设项目组负责人明总（化名）的工作遇到了困难：原单体分层架构的软件系统——STEP（原采购系统）无法支持公司"多工厂、多法人"新战略的实施；如果新平台不能如期上线，2020年第一季度南京滨江工厂将无法正常开工，中兴通讯将错过5G市场发展的黄金窗口，进而失去市场优势；距离新平台上线不到半年时间，如何更好地应用新技术搭建平台？如何进一步提升跨组织、跨部门的协同效率？如何把控好项目整体进度，保证新平台如期上线？如何应对新平台上线出现的突发情况？新平台将会给中兴通讯的业务带来哪些变革？

一、关于中兴通讯

中兴通讯是一家全球领先的综合通信信息解决方案提供商，为全球电信运营商、政企客户和消费者提供创新的技术与产品解决方案。公司成立于1985年，在香港和深圳两地上市，业务覆盖160多个国家和地区，服务全球1/4以上人口，致力于实现"让沟通与信任无处不在"的美好未来。

在数字化浪潮中，中兴通讯将自身定位为"数字经济的筑路者"，将5G、芯片、数字化列为公司的三大战略，在夯实核心竞争力的同时，深化数字化转型，持续拓展企业的业务能力和交易边界。从2018年起，中兴通讯的数字化转型之路分为"从线下到线上""从线上到在线""从在线到智能在线"三个阶段，最终实现数字化战略愿景——"对外做数字经济的筑路者，对内打造极致的云公司"。

在供应链领域，中兴通讯提出了 SPIRE（Safe，安全的；Precise，精准的；Intelligent，智能的；Reliable，可靠的；Efficient，高效的）供应链战略，同时每年都会在供应链领域布局十多个数字化项目，其中就包括从 2018 年开始启动的"智能供应协同平台"。该平台的定位为：以微服务总体技术分层架构为核心，以风险仿真智能决策和构建供应链数字孪生为目标，通过业务和技术的高度抽象整合，使采购行为数据化、业务管控自动化、数据挖掘正常化、指标应用指引化。配合 360 度高效即时云互联，与供应链合作伙伴高效协同，让更多的交易价值更简单地可见、可获、可感知。

二、制造业企业的数字化转型

（一）数字化时代的来临

步入数字化时代，工业时代制造业所缔造的游戏规则已然被打破，瞬息万变的商业环境、重构的行业边界推动着越来越多的制造业企业加入数字化转型的行列。数字化转型是指借助数字技术（云计算、大数据、人工智能、区块链等）来推动企业业务和运营模式、组织架构的变革，重构企业的研发、生产、供应链、营销与服务，实现运营和管理的数字化。其核心是数据，其驱动力是技术创新，其作用在于通过技术创新，利用数据创造更大的价值。数字化转型的表现形式是业务重塑：在生产和销售部门，业务重塑意味着通过数字技术打造新的产品和服务，为生态带来新的价值；在人力、财务、管理、行政部门，业务重塑意味着企业利用数字技术建立新的系统、流程、制度。在数字经济时代，企业的核心竞争力从"制造能力"转变为"服务能力+数字化能力+制造能力"，率先进行数字化改革的企业能够依靠数据洞察能力捕获新的市场机会,探索新的商业模式。研究显示,以"数据驱动型决策"模式运营的企业,通过形成自动化数据链,推动生产制造各环节高效协同,降低了智能制造系统的复杂性和不确定性。

在国家战略和政策的推动下,我国数字经济高速发展,2019年,我国数字经济总量为35.80万亿元(如图1所示),占GDP(Gross Domestic Product,国内生产总值)的比重超过三分之一。埃森哲的研究报告显示,80%的中国企业正在尝试通过数字技术让企业运转变得更加高效,但只有4%左右的企业真正释放了数字化的潜力。[1]根据国际数据公司(IDC)发布的《2020年全球数字化转型预测》,在全球范围内,2021年,数字化员工的能力和工作效率将提高35%,2022年,数字技术带来的生态系统协作将推动客户生命周期价值增长20%。[2]世界经济论坛发布的《第四次工业革命对供应链的影响》白皮书指出,79.9%的制造业企业和85.5%的物流企业认为,在不考虑金融影响的前提下,数字化转型将产生积极影响,数字化变革将使制造业企业成本降低17.6%、营收增加22.6%。[3]

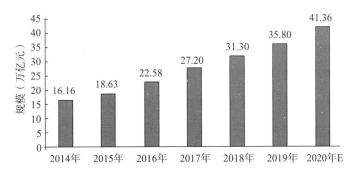

图1　2014—2020年中国数字经济总体规模及预测情况

资料来源:中国信息通信研究院,《中国数字经济发展白皮书(2020年)》。

(二)中兴通讯供应链数字化转型的契机

中兴通讯顺应数字化时代的浪潮。早在2016年,中兴通讯内部便提出了建设数字化供应链平台的构想。彼时,中兴通讯经过三十多年的发展,各业务系统已经形成了固有的运营模式,供应链体系内存在着"烟囱式系统"①和"数据孤岛",供应链采购模式复杂且多样,各系统数据无法打通。在建设数字化供应链平台的构想被提出后,中兴通讯内部评估了项目难度:数字化供应链平台几乎将所有的业务线相关联,如何打通所有数据,如何适配众多场景,都是中兴通讯从未涉足过的新挑战,牵一发而动全身,稍有不慎就会影响业务系统的正常运行。而原有供应链系统虽然存在着数据断点、采购系统不互通等多种局限,但至少已经平稳运行多年,"中规中矩"的表现尚且能较为稳定地支持业务模式的运转。一边是一旦出错将导致业务系统无法正常运转的新构想,一边是功能有待改进但尚能满足基本需求的旧模式,在多次的内部评估中,中兴通讯的管理者都选择了后者。

时间来到了 2017 年,中兴通讯做出了一系列战略部署,将原先依靠深圳工厂辐射全球的供应链模式,转变为在深圳、南京、河源、长沙、西安等地建立生产基地以及在海外建立工厂。通过多工厂来实现原材料资源的优化配置,构建多地布局的"网链型供应链",并计划逐步实现多法人实体成为独立的采购主体或者委托采购主体等商业模式。按照计划,南京工厂将于 2020 年第一季度正式运转,这意味着多工厂运营模式随之启动。原先运转的"链式供应链"平台存在着技术架构陈旧、开发和维护人员流失、不能匹配多工厂和多法人场景、手机终端应用无法支持等瓶颈,数字化供应链平台的建设到了"箭在弦上,不得不发"的境地,被正式提上了日程。

三、智能供应协同平台的建设过程

(一)团队组建和产品选择

2018 年年初,智能供应协同平台(以下简称"新平台")项目正式启动,第一步是团队组建,这也是建设新平台面临的第一个重要选择。在项

---

① "烟囱式系统"指一种不能与其他系统进行有效协调工作的信息系统,又称为孤岛系统。

目负责人的任命上，中兴通讯的管理者考虑到，新平台建设需要协调公司内部众多部门，如果项目负责人级别不够，就无法统筹整个项目向前推进。为了最大限度地调动中兴通讯内部资源，公司最终决定由中兴通讯供应链总裁担任项目指导委员会主任，由供应链副总经理明总担任项目经理[①]，同时从中兴通讯内部多个部门抽调精英组成项目的专家团队。

内部团队组建完成之后，选择什么样的产品是建设新平台面临的第二个重要选择。新平台的建设目标是以制造业领先的采购系统（iSRM）为核心，打通客户（CMS）、计划（APS）、仓储（WMS）、财务（ERP）等系统，打造乌卡（VUCA）时代大规模标准化和定制化相结合的强韧性供应链，实现多工厂、多法人的战略目标。以微服务为核心同时支持上云的成熟产品有哪些？这些产品能否匹配供应链变革的战略目标和业务场景？如果不能，是自研新品还是定制开发呢？

明总带领专家团队经过 6 个月的严格筛选，从技术实力、业务理解能力、产品打造能力、团队建设能力、能否驻场合作、产品概念验证等维度，运用德尔菲法，将用友网络科技股份有限公司（以下简称"用友"）甄选为新平台建设的合作伙伴，共同研发产品策略。双方共组项目团队的组织架构如图 2 所示。这样，一个跨公司、跨部门的上百人项目团队就组成了。

项目组正式成立后，新的挑战很快出现：团队成员来自不同公司和部门，如何能让大家快速地相互了解？如何让团队成员充分发挥自己的优势，取长补短，减少团队的短板？如何能加快成员之间的磨合，使团队拧成一股绳、形成合力，目标一致地快速推进项目？

一番思量之后，明总采用了"2+1"的工作策略。所谓"2"，一方面指立即召开项目启动会，请中兴通讯和用友的领导明确项目的目标、意义、重要里程碑节点以及团队每个人的权责利，以实现成员的思想统一、步伐一致；另一方面指通过开展团建活动，消除双方团队成员之间的陌生感，

---

① 项目经理主要负责项目组的内外部资源协调、项目计划的推进和目标的达成。

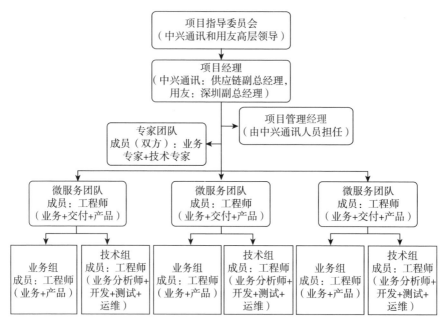

图2　中兴通讯智能供应协同平台建设团队组织架构

资料来源：中兴通讯提供。

使成员了解每个人的特长和优势。所谓"1"，即设立1个竞赛机制，基于项目团队的组织架构，通过竞赛，评选出优秀团队和优秀个人。随着"2+1"策略的实施，项目逐步走向正轨。

（二）方法论应用和流程制定

新平台的建设工作错综复杂，很多工作都需要从零开始探索，没有可借鉴的经验。项目逐步走向正轨后，明总又面临新的问题：虽然团队内的每个成员都十分精通自己的业务领域，但面对纷繁复杂、层出不穷的新应用场景，如何整合每个人擅长的业务和技术？如何选出合适的解决方案？使用什么样的方法论可以快速让所有成员达成共识？

这时，项目的专家团队发挥了智囊团的作用。他们选用科尔尼（Kearney）的战略制定工具来重构采购业务整体架构和高阶流程。之后，他们结合使用"SWOT分析法"和"微服务划分"方法论，请IT部门的同事给业务部门的同事讲解什么是微服务，如何划分微服务。请业务部门的同事给 IT 部门的同事讲解什么是 SWOT 分析法以及如何应用。专家团队组织团队成员以"如何划分采购业务对微服务更有利？"为议题进行分组讨论。经过多轮讨论，团队成员得出的结论贴满了整整一面墙，这个过程使得成员对采购业务和 IT 都有了更深入的了解和认识，并基于采购的数字化规划路径，明确了每个阶段的目标和方向。

项目团队共同输出了采购数字化蓝图（1.0 版本）、高阶业务架构、高阶业务流程、微服务划分等方案，并对生产、运营保障、海外研发等复杂场景进行了抽象整合。为了保证抽象后的方案上线后不偏离实际业务的运行，明总基于精益研发流程，为项目量身打造了从方案制订、研发上线、培训答疑、使用推广到应急处理一整套运作流程（如图 3 所示），其中，方案评审机制对于场景整合和逻辑贯通起到了至关重要的作用。为了保证业务的顺利开展，项目组经常通宵达旦地加班，组织部门的核心人员对方案进行评审和校正，最终使得上线偏离度低于 20%。

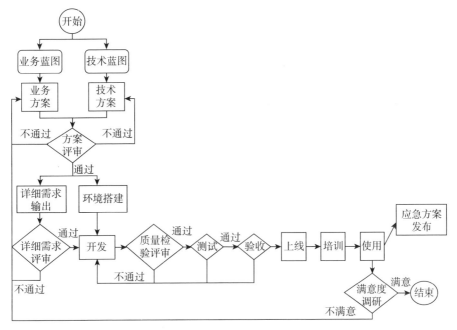

图 3　中兴通讯智能供应协同平台运作流程

资料来源：中兴通讯提供。

（三）集中办公和例会制度

对方法论的共识保证了项目组能按照流程有序推进工作，但团队人数众多，开发人员和业务各组以及各微服务团队之间都需要进行密切沟通。如何能保证信息高效传递，大家充分讨论呢？为此，明总积极协调中兴通讯内部资源，重新调整了场地安排，保证"作战室""指挥部""联合战斗基地"都能拥有固定场所，实现项目组在"作战室"讨论、在"指挥部"评审、在"联合战斗基地"开发，团队成员日日可见、日事日毕，以最高效率给出解决方案。事后复盘，整个项目组就解决方案进行了上万场的讨论，而集中办公是项目能够快速高效推进的保障之一。

整个项目被拆分成若干小团队分别进行推进，随着项目的深入，每个小团队遇到的困难不一样，进度也不一致。如何才能更好地协调各小团队进度，保证项目的整体进度？当解决方案涉及中兴通讯集团层面，各小团队又该如何协作配合呢？

项目组启动了"3122"例会制度：项目组每天分团队召开晨会，晨会不超过30分钟，内容包括个人当日目标以及需要协调的内容，此为"3"；各团队负责人以及核心成员每晚七点召开例会，用1个小时进行进度复盘，同时沟通需要协调的内容，此为"1"；每周召开周例会，用2个小时沟通两周的目标，同时进行进度复盘，沟通需要协调的内容，此为"2"；每月召开月例会，用2个小时汇报进展以及需要领导决策的事项和协调的资源，此为"2"。很多对于项目执行非常关键的决策，包括项目的开发策略等都是在月例会上由指导委员会领导最终做出的。同时，项目组每半年也会进行一次复盘，总结经验和不足。

（四）靠战术打赢阶段性战役

随着项目的推进，一个个微服务产品方案先后出炉，但未来的新平台需要支持超过30万种应用场景，该选用什么样的产品开发策略，来保证2020年1月新平台如期上线呢？

经过中兴通讯和用友产品专家的多次商讨，团队最终达成一致意见：采用"一代一通"的开发策略（如图4所示）。

按照计划，2019年4月，项目组完成第一个里程碑式的目标：实现最简场景下的交付路径，这意味着新平台可以实现生产类采购从接收需求到送货的功能。6月，项目组达成了第二个目标：新平台实现JIT（Just in Time，准时化生产）的交付场景，同时打通了验收场景。9月，项目组达成了第三个目标，即新平台不断迭代升级，不断支持着更多应用场景的实现。

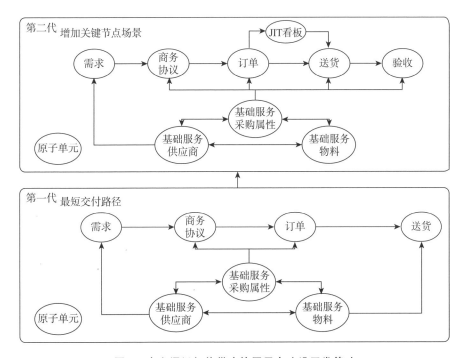

图4　中兴通讯智能供应协同平台建设开发策略

资料来源：中兴通讯提供。

和大多数新产品的上线流程一样，为了不影响日常业务的正常运转，每次新系统上线都只能利用节假日的时间进行，项目组成员不得不为此牺牲本就不多的休息时间，超负荷连轴运转，使项目组成员的身心都面临巨大考验。

(五)拨云见日,走出困境

2019年10月,深圳的秋天依然炎热,整个团队经过10个月的高强度连续奋战已经非常疲惫,但开发进度还有延期。即便是已经开发完成的部分,在联调测试时也发现了诸多问题,不及预期。前路漫漫,所有人都不确定能否如期达成战略目标,时间有限,任务却很繁重。巨大的压力让所有人都神经紧绷,团队成员在合作中摩擦增多,整个团队仿佛一个充气过满的气球,到了一触即爆的时刻,团队面临成立以来前所未有的挑战和困境。但此时距离2020年1月只剩下3个月的时间,如果团队的士气泄了,信心没了,项目目标很可能无法达成。

如何带领团队走出困境呢?明总认为,团队急需一次短暂的调整。他精心制订了一套团建方案,希望能让所有人释放压力,重新出发。

这是一次海边的团建活动。在去程的大巴车上,中兴通讯和用友的团队成员交叉分散落坐,一路上团队成员的精彩表演让所有人都慢慢松弛下来;在游戏环节,团队成员手拉手、肩并肩、相互协作完成固定动作,全情投入的游戏让所有人都忘记了自己的"出身",为赢得游戏胜利而融为一体。伴随着海风、音乐和自助烧烤的香气,大家的话题不再是工作,而是日常生活。那些平日不会提及的话题让成员之间的了解不断加深,工作中曾经的误会也都随之烟消云散。当夜幕降临,所有人都围在海边燃起的篝火旁,海风、啤酒、音乐、舞蹈、狼人杀,让大家彻底放松下来……团建归来,友谊凝聚了所有人,绽放的笑容将大家的战斗力激发了出来。

(六)最后一公里的"云冲刺"

2020年1月,正当项目组向最后的目标发起冲刺时,新冠疫情的突然来袭打乱了所有人的节奏。在疫情最严重的时候,线下作业受阻,团队成员分散在全国各地,能不能复工,究竟什么时候复工,大家都在等一个明确的指令。

眼看新平台上线时间近在眼前,关键时刻,明总启动了中兴通讯的

"应急响应机制"，组织项目指导委员会进行决策。很快，中兴通讯管理层做出决定：上线时间不变，所有不能到场的员工使用中兴通讯云办公系统进行线上办公。

大年初二，当全国人民还沉浸在春节的欢乐祥和气氛中时，项目组已经开始在"云"上高速运转起来。项目团队进一步完善了上线细节，形成一日一报制度，大年初四，项目组正式启动了新平台上线切换计划。最后的冲刺阶段为 48 小时，项目组以两小时为时间单位进行进展通报，将任务拆分，详细列出所有的任务细节（例如物资需求计划运算、订单切换、库存切换等），并明确每项任务的责任人、协助人，以及出现突发重大状况时的升级决策通道。在上线前的最后三天，团队成员工作起来不分昼夜，依靠远程云办公系统进行协同作业，累了就趴在床边休息一会儿，醒了就起来继续工作，通过手机进行的视频会议始终未曾间断。

在所有人的共同努力之下，大年初六，智能供应协同平台终于如期上线，项目组完成了既定的战略目标：支持南京工厂正常运作。

四、智能供应协同平台的定位

智能供应协同平台基于云计算技术，采用前、中、后台应用架构，基于微服务业务能力，通过 EDI（Electronic Data Interchange，电子数据交换）等技术连接合作伙伴，引入了多目标智能优化算法，在 BIP（Business Innovation Platform，商业创新平台）的技术底座上，构建全球领先的可开放、可扩展的交易协同平台，实现了多个核心功能，具体如下所示。

采购需求：新平台将过去多系统的分散管理优化整合为线上统一管理，打造了一体化需求中心，实现了 20 种场景的客户需求到采购需求的自动转换、自动识别、智能分发，秒级生成采购订单或寻源需求，能与合作伙伴协同共享中长期预测和短期计划。

采购寻源：从生产类采购寻源到合同生效，实现全流程线上化管理，自动评标和定标。实现与合作伙伴沟通交流 100% 线上协同，支持报价方式从单一到丰富、定价场景从简单到多元、定价模式从标准化到差异化。

采购执行：实现采购模式简洁标准，通过标签化、参数化的设置实现支撑多种交付细分场景；运用大数据最优算法，实时动态匹配供应份额，自动下达订单，优化分配进料指令，变更处理在线协同；供应商条码前移到生产下线，实现理货和送货分离，支持送货凭证自动化生成。

采购运营：将合规、内控、采购策略作为"采购神经元"嵌入采购智能大脑，辅助决策，支撑采购核心执行流快速反应，实现采购风险和异常管控。

供应商协同：打造从需求到付款的供应商协同平台，通过个人电脑端+移动端+EDI等多种方式实现协同，构建与合作伙伴的高效连接。

智能供应协同平台优化了业务模式，打造了极致的供应网络，实现了高效协同的全连接，构建了精准的数字化供应资源平台，上线后的初步价值体现如下。

全新的材料供应网络路径：

- 境外网络。加贸网、华东网、华南网，多口岸进口，自动适配。
- 境内网络。多基地直发，多基地配送。
- 大保税仓。南京、前海、香港，多中心中转，灵活配送。

优化全球成品交付网络： 实现多点生产、多地集货、自动化操作，快速齐套。推进产品标准化，依托基地建立供应中心将标模前移，实现标准产品七天供货。

多工厂资源共享： 通过海量数据运算对多工厂材料需求与资源进行匹配运算，实现多工厂原材料资源最优化配置，减少闲置，提高运转效率。

五、机遇和挑战

此刻，明总的心情仿佛又回到了2019年的那个秋天，如果说最初的低谷是每个项目在攻坚克难过程中都不可避免的，那么，新平台正式发布上线后，大规模推广又会面临什么样的挑战？新平台的开发策略是要支撑南京工厂的正常运转，有严格的时间要求，对于团队来说，在短期内要想打造一款好产品，有哪些重要因素？新平台上线后已经达成了既定的战略目标，这是否意味着供应链平台的数字化转型已经结束？数字化转型是否会对企业组织架构产生影响？业务架构的变迁又如何与新平台相适配？从数据驱动到仿真建模也需要新的高阶方案设计，第三阶段的项目运作又该如何推进呢……

中兴通讯智能供应协同平台计划进一步构建数字化生态圈，携手生态伙伴迎接5G带来的新挑战。在机遇和挑战并存的未来，明总迫切需要上述问题的答案。

参考文献

1. 数字化转型正在成为制造企业核心战略［EB/OL］.（2019-03-20）［2024-09-23］. https：//articles.e-works.net.cn/viewpoint/Article143301.htm.

2. 新华三 数字化转型与实践：在探索中构建新时代的数字大脑［EB/OL］.［2024-09-23］. https：//www.h3c.com/cn/pub/minisite/202011/digitization/index.html.

3. 数字化转型对企业的意义及影响浅析 值得一看［EB/OL］.（2021-09-29）［2024-09-23］. https：//www.jingliren.org/gsgl/250707.html.

从以客户需求出发到管理变革：一汽-大众的数字化转型实践[①]

张影

🗨 创作者说

一汽-大众有限公司（以下简称"一汽-大众"）是中国最大的汽车合资企业之一，由中国第一汽车股份有限公司与德国大众汽车股份有限公司于1991年成立，总部位于吉林省长春市。一汽-大众主要生产和销售大众品牌和奥迪品牌的乘用车。长久以来，一汽-大众在中国市场上享有良好的口碑和品牌影响力，旗下多款车型都是畅销车型，如捷达、宝来、高尔夫、速腾、迈腾、奥迪A4L、奥迪A6L等。一汽-大众也是中国汽车行业中最早开展数字化转型的企业之一，通过在战略、组织、产品、营销、供应链等方面实施数字化变革，以适应汽车产业的变革趋势，提升核心竞争力，应对新冠疫情带来的冲击，满足消费者日益多样化和个性化的需求。

本案例以全球汽车产业所面临的巨大挑战和变革为背景，通过描述还原了一汽-大众在2000年前后的企业数字化变革过程，如数字化战略、数字化组织、数字化产品、数字化营销、数字化供应链等方面的部署，既展现了其数字化转型的全貌，也揭示了其数字化转型的动因和难点，还探讨了数字化如何成为企业创新发展的关键驱动力，以及如何借助数字化提高运营效率、降低成本、增强竞争力、满足消费者需求等问题。读者通过对

---

① 本案例纳入北京大学管理案例库的时间为2021年3月1日。

案例的阅读与讨论，不仅可以了解数字化转型的定义、内容、意义和影响，以及数字化转型在当今社会经济环境中的紧迫性和重要性，更能获得启发，从多角度看待数字化转型，理解其不单单是技术层面的问题，更是战略层面和组织层面的问题，需要从顶层设计到底层执行的全方位、多角度、全链条的推动和协同。

本案例适用于商学院数字化转型、数字化营销、传统企业数字化变革等相关课程，也可以为其他行业的管理者和学者提供参考和启示，帮助他们理解数字化转型的必要性、可能性和可行性。

新冠疫情冲击下，全球汽车产业链都在承受着巨大压力。而那些数字化程度较高的企业，则展现了更灵活的应对能力、更强大的风险抵御实力。

受新冠疫情冲击，原本就不景气的汽车产业更是雪上加霜。

新冠疫情在全球两百多个国家和地区蔓延扩散，全球跨境投资、货物贸易和人员往来大幅减少，贸易摩擦则进一步加剧了全球经济的悲观预期，经贸活动收缩，全球产业链、供应链正面临重构。汽车生产涉及上万个零部件，不仅产业链长，而且全球化程度高，在诸多产业中，汽车产业首当其冲。

从内部环境来看，疫情作为经济体系之外的力量，从一定程度上破坏或打乱了经济活动的节奏。尽管 2020 年年初的疫情防控形势持续向好、生产生活秩序加快恢复，但疫情拖累全年经济增长已成事实。国家统计局发布的 2020 年前三季度国民经济运行数据显示，中国 GDP 同比增长 0.7%，全国居民消费价格同比上涨 3.3%。

与此同时，2018—2020 年，我国乃至世界的汽车产业一直处于产销下滑态势，汽车行业步入"遇冷"期。这一时期市场遇冷的关键原因可能还在于中国车市自身的基本面。随着居民收入水平的提高，很多家庭都希望拥有一辆汽车，可以说，居民收入的增长直接影响到其消费的动力。西南财经大学中国家庭金融调查与研究中心的具有全国代表性的调研表明，中国中低收入家庭的收入增长已有放缓迹象。在需求端，2020 年的乘用车市场原本也是举步维艰：原购车主体"60后""70后"加速老龄化，快速退出购车市场；"80后"步入增换购阶段，对增量贡献非常有限；新增量主体"90后"人口逐年减少，持续稀释车市消费根基；社会财富正加速分化，抑制了中低端车型的销售；2020年车市缺失"龙头凤尾效益"，全年走量异常艰难。

新冠疫情冲击下，从整车生产企业，到零部件生产企业，再到经销商，全球汽车产业链都在承受着巨大压力。然而，2020年上半年，在我国乘用车产销量同比下降均超过20%的情况下，一汽-大众累计产量超过2019年同期水平，市场份额进一步提高，保持着我国乘用车市场销量第一名的地位。无惧疫情，一汽-大众赢在哪里？

一、由需求驱动：产品结构布局

新冠疫情给企业带来了巨大冲击，但同时也给管理者带来了更加坚定的数字化信念，带来了变革的机会。对于企业而言，数字化转型的根本目的是通过数据来推动业务的增长。通过对产品结构、产品研发、业务流程和企业组织的改造，让所有的业务都能够基于数据进行驱动，从而实现更好的客户体验、更高的组织效能。

这种数字化变革的趋势是没有行业区别的。在交通行业，网约车正在颠覆传统的出租车行业；在零售行业，电商正在颠覆传统的线下零售业；在银行业，传统银行要接受来自金融科技企业的挑战；甚至在农业中，已经有企业通过对土壤、种子和气候的数据分析来规划生产，提升效率。

一家完成数字化转型的企业，最理想的情况应该是这样的：企业内外部的所有交互都基于数据，对于外部任何细微的数据变动，企业都能够迅速感知并做出反应；企业所有的决策/考核都基于客观的数据。对大多数企业来说，进行数字化转型，通常从两个方面出发效果最为显著：一是利用数字化手段提升内部响应效率；二是利用数字化手段接触到更多的消费者，并与他们产生更多互动。

这场数字化变革在一汽-大众内部其实早已开始。在汽车市场微增长的大环境下，消费者更加关注"买一辆好车"和"买一辆自己喜欢的车"。为了深深地吸引客户，提升客户消费的愉悦感，一汽-大众自主开发了基于OTD（On-time Delivery，及时交付）的直面客户的数字化订单交付系统，OTD是一个老概念，但它在数字化时代爆发出了新的生命力。在国内，一汽-大众的OTD系统率先投入使用，目前已经有几千份订单在使用。有了它，一汽-大众的生产体系就可以做到真正以用户为中心。如果用户想定制自己的专属座驾，在手机或者电脑上动动手指就可以轻松搞定。

据介绍，OTD系统提供了超过50 000种个性化配置组合选择，会在不到一秒的时间里给用户反馈交车周期。一汽-大众的交车周期一般在八周以内，最快仅需两周，这种效率即便在豪华品牌定制车中也非常有竞争力。在此期间，用户可以通过22个状态跟踪点，实时掌握整车生产和运输的进度。值得一提的是，购车者还掌握着变更选择的权利。在计划锁定前，购车者可根据推荐升级配置或选择自己更喜欢的颜色，还可以查看关键生产工艺的视频。

通过OTD系统，一汽-大众能灵敏地把握用户的喜好和需求，并快速将其转化为产品，让生产更加灵活，让用户的需求得到满足，喜爱不落空。虽然汽车制造及供应体系的复杂性决定了这并不是一件轻松的事情，但是，在数字化升级后的供应链支撑下，目前已经完全可以做到了。

在产品结构方面，一汽-大众也一直根据中国消费者的需求不断做出调整。在进入中国市场二十多年来，打造出多个爆款车型的一汽-大众对中国人的喜好拿捏得十分到位。而任何产品成功的背后，都是对消费者的深入理解。对一汽-大众来说，一个始终值得关心的问题就是谁是汽车消费的主力军。中国汽车流通协会与懂车帝联合发布的《2019中国汽车消费者洞察报告》显示，近年来中国乘用车销量剧增的同时，用户年轻化成为汽车行业的主流趋势之一。2019年上半年，逐渐成长为社会中坚力量的"90后"在汽车消费市场上的占比已经达到42.4%。

公安部的数据也显示，截至2019年年底，全国汽车驾驶人数量达3.97

亿，18~25岁的人群占12%，约为4 800万。很多1995—2009年出生的"网络世代"还是"有本无车"的族群，未来随着这一庞大群体集中进入职场，消费能力的提高或将首先显现在汽车领域。即使目前没有车，这些年轻人也已成为用车主力人群，对车的接触和了解远超前辈。他们对汽车的偏好和消费习惯正在成为大多数车企努力想要了解的内容。

和"60后""70后"及"80后"相比，"90后""00后"更加注重生活质量，普遍追求个性自由和生活享受。在消费升级的浪潮下，价格因素对于购车的影响力正在下降，越来越多的消费者转向为品质、为技术买单，中高端市场迎来新的机遇。15万~30万元入门级别的中高档汽车数据呈现波浪式缓慢向两端突进的格局，而这一级别的车型成为0~15万元级车主消费升级的主流选择。

随着年轻消费者逐渐成为购车主力群体，他们对车辆越来越高的要求反而让此前被很多人视为小众选择的轿跑SUV车型迎来了自己的春天。自2018年7月T-ROC探歌上市后，一汽-大众在SUV市场开始强势布局。按照规划，到2020年，一汽-大众推出了（或即将推出）至少5款SUV车型，并实现从小型、紧凑型、中型到中大型细分市场的全覆盖。目前整个大众汽车品牌SUV销量已经占到中国SUV市场份额的31%。

按照这一产品布局，2019年，一汽-大众既推出了探影、全新奥迪Q3、捷达VS5等多款高品质传统能源车型，同时也在新能源方面发力，推出了宝来·纯电、高尔夫·纯电、奥迪e-tron和奥迪Q2L e-tron、新迈腾GTE等抢眼的新能源新品。2020年上半年，一汽-大众在产品矩阵上再次强化更新，旗下大众品牌推出了探岳GTE、SUV探岳X；捷达品牌推出了SUV VS7；奥迪品牌推出了全新奥迪A4L、全新奥迪Q7等车型。

在未来可见的中国汽车市场，消费者对SUV车型的偏爱将会持续相当长一段时间，市场潜力依然巨大。这也是合资和自主品牌都积极布局SUV细分市场，全力在这个已成红海的市场拼抢份额的原因。乘用车市场信息联席会的数据显示，截至2020年7月，中国市场的SUV车型已经达到282款之多，SUV车型的整体市场份额也已经达到46.2%。

当下，身处繁华都市的中国年轻消费群体，对时尚有着独特品位。大众汽车品牌也紧紧抓住这一流行趋势，迅速推出至少三款以 X 命名的溜背轿跑型车型来扩充 SUV 产品矩阵，其中就包括一汽-大众的探岳 X。不仅如此，2020 年 11 月 3 日，一汽-大众首款纯电 SUV——ID.4 CROZZ 正式亮相。作为基于大众 MEB 平台打造的首款纯正德系纯电 SUV，ID.4 CROZZ 传承原汁原味的德系基因，拥有严苛的制造标准，将智能科技、人性服务创新性地结合，打造出最符合消费者需要的高品质纯电动汽车。这一快速适应市场的产品举措，是在满足细分市场中多元化的消费需求，也是一汽-大众深耕中国市场多年积累的市场判断和认知，更是大众汽车能在进入中国市场多年后保持长盛不衰的底蕴所在。

虽然在 SUV 市场强势布局，但一汽-大众的雄心明显并不止于此。随着近年来新兴汽车公司的快速崛起，汽车市场竞争进入白热化阶段。为了满足不同消费水平群体的购车需求，一汽-大众不断更新产品线，目前已经覆盖了豪华车、量产车、经济型车等多个细分市场，其中豪华车用户群增长稳健。

在 2020 年 11 月 20 日举办的第十八届广州国际汽车展览会上，一汽-大众奥迪携近 30 款重磅车型震撼亮相。全新奥迪 A3 家族正式开启预售，再次刷新了国内豪华 A 级轿车市场标准；首款运动豪华长轴距 B 级轿跑 SUV——奥迪 Q5L Sportback 迎来全球上市。此外，全新奥迪 A4 Allroad Quattro、全新奥迪 S4 Limousine 两款车型中国首发，奥迪 A、Q、R 家族以及 e-tron 家族多款车型重磅集结，打造史无前例的最大规模参展阵容，展示出一汽-大众奥迪作为豪华车市场领军者的强大体系实力和对未来移动出行时代的前瞻性思考。

同样是在第十八届广州国际汽车展览会上，主打 10 万元以下低端市场的捷达品牌也携旗下 VS7、VS5 以及 VA3 三款车型倾情亮相。有来自大众的技术支持和低到极致的价格，再加上老捷达的品牌情怀，捷达品牌同样会吸引不少购买能力没那么强的年轻消费者。产品焕新和新品不断，为一汽-大众在各细分市场继续注入活力，巩固市场地位。中国市场现在南、北丰田咄咄逼人，东风、长安、北汽蓄势待发，吉利、长城、奇瑞等自主品牌同样跃跃欲试。未来中国汽车市场谁主沉浮？还要看哪个品牌更能契合新时代消费者的产品喜好。

二、数字化变革引领行业发展

对于数字化转型的汽车企业而言，只在硬件研发领域投入显然远远不够。毕竟，随着科学技术的发展，汽车行业快速的数字化进程正将这个以传统硬件为主的行业，转变为以软件和解决方案为中心的行业，消费者不断升级的数字化生活方式以及对于创新服务需求的提升，直接推动了汽车行业的数字化转型和升级。

在此过程中，数据是数字化转型的根本，汽车企业需投入巨资打造数据分析和系统整合方面的能力。实现工厂和整个企业生态体系内部的全部互联，以及对信息的智能化使用，已成为汽车企业保持竞争力不可或缺的选项。许多企业都已经认识到这一点，并大力发展它们的大数据能力。因此，除了主打汽车硬件研发的汽车试验场，一汽-大众在2020杭州·云栖大会上，与斑马网络正式达成战略合作。

根据双方达成的协议，一汽-大众与斑马网络会在AI、大数据分析、智能汽车操作系统和智能座舱等领域建立战略合作关系，共同打造跨产业的数字化创新样本。具体来说，一汽-大众将借助斑马网络在产品端的优势推进品牌在大数据模型、数据中台和数据治理方面的建设，并将共同组建团队致力于车联网产品的设计研发。此外，双方也会针对各自的产品优势及特点制定符合时代和消费者需求的数字化营销方案。一汽-大众原党委书记、总经理刘亦功认为，此次与斑马网络的合作将使一汽-大众在数字化转型方面更进一步，反映到产品上便是给用户带来全新体验的数字化产品与服务。

随着数字技术影响力的不断加深，管理和保障消费者数据的能力已成为多数行业面临的共同挑战，对于汽车企业而言，这些数据不仅包含客户数据，还涉及车辆安全和出行体验等，因此安全问题变得尤为重要。随着车联网的大规模应用，汽车也变成了一部行驶在路上的手机，记录个人隐私的方式变得数不胜数、防不胜防，甚至有人开玩笑说，"将轮子放在上面，就是为了让智能手机在路上更好地行驶"。

车联网、无人驾驶、生产数据、业务数据、汽车参数、用户隐私等均被视作企业最有价值的资产，绝不允许任何泄露和攻击，由此汽车企业在安全领域方面的投入呈逐年递增趋势。建立一个有效的安全信息事件管理平台（SIEM平台），对于每家汽车企业都是十分必要的。

面向不断变化的消费者需求，一汽-大众不断进行产品创新，背后也需要企业的管理创新来进行支撑。对于存量竞争时代的车企而言，打造新一轮车企竞争力的一个核心是借力数字化赋能带动业务、组织和技术转型。这首先要从需求的数字化入手，掌握顾客信息，采用数字化的手段与顾客互动，积累消费者资产。然后再逐渐让内部管理和流程适应这个部分，进而达到整个企业的数字化。最后完成从内到外的数字化，利用数字化的工具理顺企业内部的流程，借此提高决策效率，从而更好地适应外部的需求。一汽-大众在这方面有着清晰的规划与布局。

如前所述，一汽-大众在华积累了数十年，拥有庞大的消费者资产。近年来，一汽-大众在采购、生产管理与物流管理、财务数据平台等各个体系均开启了全面数字化转型。

三、采购数字化

一汽-大众首先搭建的是数字化采购平台。通过该平台，一汽-大众与供应商签署长期稳定的框架协议，来自五地六厂的采购需求都可以自动生成供货单，供应商、采购员、需求部门则可以在网上直接跟踪采购进度。对于一汽-大众而言，数字化采购平台大大缩短了采购流程，提高了工作效率。对于供应商而言，数字化采购平台帮助它们建立起了数字化管理体系，扩大了其业务规模，提升了其服务质量。

而正是因为数字化管理体系的建立，一汽-大众表现出了出色的供应链管理能力。新冠疫情暴发后，一汽-大众在供应链多端发力，率先实现复工复产。在新冠疫情期间，从整个供应链角度来看，一汽-大众主要面临两大困难：零部件供应端的供货保障困难、整车到销售端的产销平衡困难。

在汽车产业链的上游，汽车零部件供应商的生存状况受到一汽-大众的集中关注。制造一辆整车涉及上千家供应商、上万个零部件。面对大范围的停工停产问题，从2020年1月26日（农历大年初二）开始，一汽-大众生产管理部联合属地生产管理部、采购部对供应链进行持续性的详细资源排查，每天汇总疫情期间820多家国内供应商以及337家涉及进口散件的供应商的库存情况，第一时间全面掌握供应链动态，并找到关键的瓶颈资源。

针对瓶颈零件，一方面，中外方经理团队密切协同，通过大众集团调用全球范围内的可用资源来满足复工复产，在2—3月份爬产关键阶段从欧洲空运共计10万件CKD（Completely Knock Down，全散装组件）保障件；另一方面，与SQE（"S"代表采购部，"Q"代表质保部，"E"代表技术开发部）形成紧密的跨部门专案组（Task Force Team），采取使用替代件、深度国产化等方式解决了69种进口二级散件的供应短缺问题，保障了生产的连续性。

新冠疫情最严重时，国内各地存在铁路线停运、物流企业复工延迟等问题，导致运力不足，物流信息传递不及时。在这种艰难的条件下，相关部门从明确优先级、调拨运力、透明路况、供应商协同四个方面入手，快速打通华东、华中16市取货渠道，发运5 000种零件，保障了整车生产的顺利启动。

在国际运输方面，针对疫情严重的墨西哥，一汽-大众通过大力协调航运公司，调整港口和航线方案，将海运周期从29天压缩到23天，降幅约20%，在最大化保障奥迪Q5L生产的同时节约了每周100万美元的空运费。

在汽车产业链的下游，经销商体量相对较小，受疫情影响更容易出现资金链断裂的情况。因此，一汽-大众一方面为经销商提供防疫物资，组织复工复产；另一方面，也为经销商提供了60亿元左右的资金支持。

为了解决整车到销售端的产销平衡难题，一汽-大众进行了周密细致的生产安排，在月度PPA（Production Part Approval，生产件批准程序）之间增加周度平衡，累计通过115次生产方案调整，最终实现2020年2月13日整车生产启动后，12天后日产恢复到4 000台，1个月后日产恢复到7 000台。同时，与销售商保持密切产销沟通，基于市场需求、经济性的考量，2020年第二季度快速应对临时增产4次共计1万台的紧急情况；及时利用国家非OPF（Gasoline Particle Filter，汽油车颗粒捕集器）切换推迟的政策变化，组织Jetta VS/VS7非OPF车型增产3万台，节约成本约3 000万元人民币；通过产供销体系的密切配合，实现2020年第二季度库存减少3万台，保障了公司的良性运转。

四、生产管理与物流管理数字化

一汽-大众还通过创新物流生产管理体系，保证供应链与生产的配合严谨高效。一汽-大众生产物流体系的"E链"（E-lane），是在吸取了大众康采恩体系[①]平顺化生产和丰田P链（Process-lane）的生产模式精髓的基础上开发成功的。"E"为Equal的缩写，表示供应链各环节平稳均等。这种全新的物流管理模式能优化供应链结构，减少物流环节，减少人员设备投入，大幅节约物流成本，提高效率。

作为提质增效的全新供应链管理模式，一汽-大众首创的E链是一个从后往前倒推的过程，共涉及十大核心系统，全面覆盖从整车销售订单到拆分零件需求再到出库上线的十一大环节。整个过程环环相扣，可以说是企

---

① 指大众集团从2014年起建立的以创造价值为导向的同步型生产体系。

业历史上最复杂、考虑因素最多的一个神奇的智慧系统。

在汽车行业内，丰田生产物流体系的 P 链以其高效率闻名，但这种高效率是由其稳定的生产机制决定的。丰田生产物流体系的特点是相对稳定，它会提前制订周密的计划，按部就班，很少改变。这使得丰田能用很少的库房、很少的操作人员，得到很大数量的产出。但大众体系对生产应对销售的灵活性要求要比丰田高很多。用一汽-大众生产管理部原总监窦恒言的话说："市场有机会的时候，我们一定不会放过，这就对生产的灵活性要求特别高。"

正是基于这样的需求，管理层对一汽-大众生产物流体系产生了要做 E 链的想法，主要是想保持短时的生产稳定和生产计划的状况，追求短时的兼容性。一汽-大众采用 E 链的方式，将生产规划限制在两周内，所有的信息都要提前两周派发给供应商、运营商、生产基地。

一般情况下，车企派发要货信息和生产指令时，要考虑的因素很多，比如零件的满载率、路线、小箱的堆积、到货的频次以及入口的面积等，入口还必须保持均匀接货。在供应链没有完成数字化改造时，要同时考虑到这些条件，定期执行完毕是非常困难的。

E 链最大的特点就是，将供应商和运输商的流程安排得非常精确。在成都分公司东工厂共有 48 个链区，每个链区由 IT 系统计算分配物料的数量和时间，到达后直接分解上线。每条链上供应商的物料到达数量经复杂的计算后要实现空包数量最少，物料到达时间甚至精确到分钟。E 链对每一个动作都要管到位：什么时候发车，小的塑料箱怎么堆叠成一立方米一垛，如何按给出的图示在卡车里堆叠……还有卡车走哪条路线，什么时候到达，在两个星期之前要跟供应商和运营商沟通好。这么精确的指令，如果不用先进的算法是完全做不到的，因为每天有上千种零件到货，涉及的计算频次都以亿计。

为了建设数字化供应链，一汽-大众提出了"数字三胞胎"理论。它把供应链基于运行、管理和规划三个业务维度划分为实体、信息和虚拟供应链三个部分。其中，实体供应链负责执行各项工作任务，是物理世界中实际运转的物流实体。信息供应链负责管理各项工作任务，是负责监督和控制的管理系统。而好的成本是设计、规划出来的，在生产体系数字化转型中，一汽-大众更看重规划阶段的优化和验证，提高前期的决策水平。为此在体系中加入了虚拟供应链，它是转型体系的重中之重。

虚拟供应链对人的智力活动和数字技术进行了整合，包括供应链全过程的虚拟化、算法智能优化和动态仿真等过程。在数字三胞胎体系约束下，重大的投资和方案变化必须经过虚拟供应链的可行性和经济性验证，才会实施信息供应链和实体供应链的建设，这保证了生产体系的稳定性和精益性。

据一汽-大众生产管理部原总监窦恒言介绍，经过一年时间的不断改进，E链在成都现场运行效果非常好，最初出现的不准时、缺件、溢出等问题已经全部解决。生产线上的物料流和车身流已经达到近乎完美的统一：如果车身流加速了，物料流就跟着加速；如果车身流出于某种原因出现停顿，物料流马上就跟着停了。实现了"生产线动，物料动；生产线停，物料停"。E链在运行了300多个工作日，生产了13万台车之后，到2020年第三季度，一汽-大众已经完全掌控了E链，如今这个成功的系统已成为一汽-大众生产物流体系的一个核心。

其实，车企都希望降低供应链成本，但是在没有数字化之前，很多好的想法都实现不了。没有数字化就做不到信息透明，各个利益相关方都会有所隐瞒，也都会怀疑其他各方没有公平地对待自己。数字化不会造假，供应商随时可以看到自己货物的运行状态，知道这一箱货用在哪辆车上，目前到了哪个环节，信息非常清晰。更关键的是，供应商不再需要为应对主机厂生产的变化而保留很多库存，完全可以放心按照厂家的要求供货，不需要在生产基地周围找库房存储，这种精益的生产方式必然会消除很多的浪费。

一汽-大众做过一项调查，如果将来E链在各基地全部实现，每年节约的供应商资金占用可达20亿元，同时，每年也将为一汽-大众节省大概2 500万元的费用，这正是数字化带来的可观效益：降低整个供应链运行的成本，真正实现多方受益。未来，E链还会迭代更新。一汽-大众在订单均衡、器具合捆、记载路径等场景依赖核心算力、采用遗传算法与AI模型对库存和路径进行计算，并通过积累的数据进行AI分析，不断提高算法的准确性。

更高效的供应链管理能力本质上是为了提高企业效率，实现精益生产，在一汽-大众的规划中，这主要通过生产管理和物流管理两个层面来实现。在生产管理层面，目前一汽-大众整体每小时产能达到575台，对比规划产能已经提升了5.5%，在日产量2019年10月24日突破了9 000台。生产平顺性得到很大幅度的改善，2020年TST（生产兑现率）达到95.1%，位列康采恩体系全球排名第二名。与此同时，一汽-大众生产在制品存货方面实现了同比16%的降幅，优化在制品资金占用8 000万元以上。

未来，新技术的发展与新趋势的诞生为生产管理提供了更广阔的空间，一汽-大众将通过加强管理人员的数字化战略思维，结合先进、科学的数字化管控工具，建立并持续完善生产指标评价体系，实现精益化管理水平的持续提升。

一汽-大众将通过集约化的生产网络系统，精准获取各维度的生产有效数据，运用创新合理的统计分析模型与生产数据库，搭建覆盖三大品牌、五大生产基地、十一条生产线的精益生产管理方案，将生产数控管理进一步细化至小时级别、分钟级别的钻取分析，挖掘生产效率提升潜力与交期兑现优化空间，并且共享各生产基地的最佳实践案例，充分发挥生产体系人员的协同效应。同时，借助智慧的生产可视化平台，管理人员可以多维度、实时获取所需信息，显著提升问题识别与决策效率，真正实现智慧透明运营，降低管理成本，持续精益改善。

在物流管理层面，一汽-大众生产管理部设计了以精准、单元化、透明和秩序为核心特征的精秩物流模式，用以全面提升供应链各环节的效率，打造全流程的精益化管理体系。

精秩物流模式主要是靠以下几个步骤实现的：

第一，采用数字化规划方法和工具，通过数字建模、智能算法和仿真技术的应用，实现规划方案的最优和可靠、资源投入的最优和精益。

第二，在精益规划方案的基础上，将零件包装作为供应链运作的基本单元和信息载体。以单元零件包装为对象，以锁定的生产计划为前提，设计数字化全链路精准计划算法，生成各环节执行计划，作为全链路精准管理的依据。构建精准的基础数据、动态的资源核查、智能的运输任务计算、自动的上线任务拉动体系，降低供应链资源投入，每年节约整体物流成本 2 500 万元。

第三，在精准计划指导下，为了实现生产秩序和物流秩序与计划的一致性，对车身流进行严格控制与管理，实现整车按时、有序生产；通过物流全流程的时间窗管理，保证物料按时、按需流动，极大地提高了运作效率。截至 2020 年第三季度，长春工厂 TST 已达到 100% 的水平，在康采恩体系中排名第一，物料到货及时率达到 99% 以上。

第四，为了提高整体供应链管理效率，需要将供应端、生产端和需求端的全链信息贯通，建立自动化预警与监控机制，实现物料和整车生产全过程的透明。通过与供应商的信息协同，将供应链的库存水平降低了 40%。

一汽-大众在生产物流领域实施的数字化方案以及这些方案的推广将为未来的迭代发展打下基础，并渗透供应链的全部环节和全部主体。数字化带来的变革将是巨大的——由点及面，整体贯穿供应链全体系的联动。中国汽车工业协会常务副会长兼秘书长、世界汽车组织主席付炳锋对此评价称：一汽-大众的数字化转型，正以市场为牵引力，向定制方面变革。这即将打破近百年来大批量生产汽车的组装方式，实现企业在资源与市场之间智能化的数据适配，使企业内外部各种活动精准高效运转。现在我们企业的行为是将资源和市场紧密结合的过程。而在数字化时代，这种结合将带来新的运转模式，在长期或短期的战略投资、生产经营、制造过程中将发挥重要作用。

如果从长春基地的视角来看一汽-大众面对疫情的举措，或许会对该企业的危机应变能力有更深刻的理解。长春基地是一汽-大众中高端车型最主要的生产基地，也是规模最大的基地。新冠疫情暴发后，在 2020 年 1 月 26

日（农历大年初二），长春生产基地就成立了六个专项工作组，用三天的时间建立疫情防控样板，用七天的时间推广到全基地。长春生产基地编制工厂防疫白皮书，形成疫情防控网格，逐级成立 135 个防疫工作组。为满足销售需求，保证汽车产量，经理带头开启了"5+2"、白加黑的工作模式。

国内疫情高峰刚过，奥迪 A6L 供不应求，持续加产，长春基地在每小时生产量（Jobs per Hour，JPH）超规划值 8% 的基础上，在 2019 年全年工作日满负荷的条件下，继续挑战极限，消除几十处瓶颈点，JPH 再次提升至超规划值 11%，实现计划外超产 1 666 台。此外，疫情导致墨西哥零部件资源短缺，造成奥迪 Q5L 全年产量缺口 9 300 台。长春基地充分发挥团队跨制造部、跨车间的协同性和战斗力，通过基地内 7 个车间、697 人的横向调动，支撑奥迪 Q5L 实现三班次生产，全力追回产量损失。

长春基地有 7 个新车型项目，占到公司的 40% 以上，新冠疫情让所有新车型项目拖期 6 周。面对 B9 车型抢产和 B9 车型 PA（Partial Automation，部分自动驾驶）四门线搬迁的冲突，相关部门连续加班 19 天，为四门线搬迁抢出时间。但支持搬迁的外方专家因为疫情防控无法抵达，长春基地快速补位，与外方专家远程沟通，在中外方技术人员紧密合作下，最终顺利完成搬迁，保证了 B9 车型 PA 项目提前两周达成 SOP（Standard Operating Procedure，标准作业程序）。

2020 年上半年，长春基地在有效防控疫情的前提下，生产整车 342 122 辆，计划外超产 4 606 辆，每小时生产量增幅达 13%。7 个新车型项目各节点全部提前，实现成本优化 2.1 亿元。在此期间生产的汽车有力支撑了疫情防控期间及复工后的销售需求。

除此之外，长春基地在打造数据集成平台和设备数字化升级等方面已经开始进行一些探索和创新，并初见成效。长春基地打造了多个数据集成平台，通过业务数据化大幅度实现了敏捷响应。首先，长春基地联合 IT 部门打造了数字化工作空间，通过业务数据化，实现敏捷工作方式，提升效率。比如，建设长春生产厂长驾驶舱，增强数据透明度，实现 KPI 高效管控；通过腕表和维修 App 数字化手段，分析维修相关数据，进而提升维修效率；与Zeis公司联合开发matrix集成系统，实现现有系统测量数据的互通互联，使数据获取效率提升了12倍；开发辅材工具管理系统，借助数字化手段横向打通各工厂数据壁垒，纵向细化管理颗粒度，为管理精益化提供了有力的支撑，也实现了资源跨基地共享，仅2019年就实现成本降低3 000万元。

与此同时，能源费用在连续3年高目标优化下，继续挖潜的空间受限，长春基地采用了多种方式解决这一问题。首先，与管理服务部合作建设能源管理系统，同时细化智能计量表的颗粒度。目的就是建立健全能源数据采集及分析体系，通过实时获取能耗数据，借助大数据分析手段，洞察能耗使用情况，指导用能改进方案，创造业务价值。其次，为解决设备照明、空调系统人工开闭不及时、不到位，进而造成的能源浪费问题，规划实施了远程智能控制项目。通过安装设备远程启停模块、搭建光纤通信网络，以光感、红外等系统智能方式设定照明和空调的开启，精准控制耗能，预计每个车间每年节约照明和空调能源费10%。此外，在动力站房管理方面，存在着设备人工管控、运维成本高、人效低下、能源管理粗放、无法精准施策等问题。为解决以上问题，长春基地搭建数字化管理系统，通过数字化驱动业务变革。其中，仅通过动力站房中央控制系统对设备状态进行实时跟踪监控，就实现了对原有巡检人员抄表、设备状态检查等工作的替代，实现无人值守，减少人员100余人。

下一步，长春基地将通过横向打通业务流程，构建端到端的系统平台，纵向通过应用技术进行赋能，实现生产设备智能化、生产管理数据化。建立以效率、质量、成本为三大主线的数字化系统核心平台，以大数据和智能制造为支撑，实现覆盖工厂的全价值链业务的数字化、智能化。

五、财务数字化

财务系统掌握着企业的大量关键数据，能够为企业提供衡量经营成果和运营绩效的重要依据，因此财务在每一次企业数字化转型的过程中都扮演着重要角色，财务数字化也经常被作为企业实现全面数字化的最佳切入点。企业财务数字化在企业数字化转型中主要有以下功能：

首先，财务数字化有助于提高记录效率，打造数字化"生产力"。传统的财务人员主要承担财务数据整理、核算与分析的职能，员工也要按照财务流程要求完成费用填单、流程申报等工作。伴随着财务数字化的建设，目前财务共享中心应用的 OCR（Optical Character Recognition，光学字符识别）技术可以用于发票识别，自动进行发票真伪查验，财务共享系统可以实现索赔发票自动入账、经销商收款自动入账等，未来纸质单据凭证将逐渐被电子单据所取代，财务共享系统会增加更多的自动记账功能。财务系统的数字化建设，进一步帮助财务人员将精力投入洞察分析、制定战略决策中，帮助其他员工专注于自己的本职工作，养成利用数字化工具解决问题的思维，进而提高财务记录效率，打造属于企业自身的数字化"生产力"。

其次，财务数字化有助于提高监督效率，拥有企业"鹰眼"，以防患于未然。未来，通过在线平台，将财务风险管控从事后监督延伸到事中实时控制和事前风险预警。利用大数据及 AI 技术，从财务的视角针对企业发展中的关键风险点构建数据模型，将从各方取得的多维数据输入模型后得到风险的识别结果，实时锁定高风险业务、高风险客户、高风险员工、高风险组织、高风险期间，提高经营过程的规范性。

最后，财务数字化有助于促进业财融合，以数据驱动业务洞察。通过财务系统与业务系统对接，实现端到端的业务流程，提高流程效率；通过建立业务财务的决策支持，协助发掘高价值产品、高价值市场、高价值客户，帮助业务部门更好地协调资源，实现整体价值最大化。从业务角度看财务、从财务角度看业务，获得数据驱动的业务洞察，可以有效支持业务扩张及发展，形成规模效应。

早在 2018 年，一汽-大众财务管理部就牵头开展财务共享中心的建设，打造综合财务、业务财务、共享财务三位一体的职能体系。伴随着财务共享中心上线推广的过程，财务共享中心建设帮助财务管理部在实现人效提升、数字化财务和服务内外部用户方面取得明显收益。在人效提升方面，财务管理部积极推动人员转型，持续优化核算人员数量，在车型增多和业务量增加的双重背景下，核算人员并没有增加；在数字化财务方面，通过搭建财务共享平台，最大化支持共享工作的完成，并且为后续实现数字化财务奠定基础；在服务内外部用户方面，财务共享中心能够不断为供应商、经销商、员工提供高质量的服务，提升流程效率，实现信息透明，降低沟通成本。

比如，以一般材料国内采购结算流程为例，在财务共享中心建立前，供应商无法跟踪财务结算进度，财务人员无法及时获取验收信息，结算流程的两端无法直接连接。财务共享中心上线后，财务共享服务平台与供应商门户集成，实现了结算单据多维度信息查询，供应商可以实时查询结算流程的进度，得到财务人员的反馈，财务人员通过系统自动匹配订单信息，将结算效率提高了20%左右。

在2020年一汽-大众财务体系开展的4F财务数字化转型项目中，相关项目组人员与普华永道全球基准数据库进行了对标分析，结果显示在建设财务共享中心后，企业财务流程的运行效率具有明显的提高。其中在采购到支付流程中，94%的发票一次通过审核，平均每名应付会计每年处理11 000余张发票，均处于行业领先水平；在订单到收款流程中，通过使用银企直联收款模式，经销商来款自动入账匹配率高达91%，在高效的信息系统支撑下，应收会计处理发票的效率高于以往行业最高水平。未来，一汽-大众还将成立智慧财务工作组，全力开展智慧财务流程建设、智慧财务系统建设及全过程变革管理，整合资源、提高效率、促进转型。

财务共享中心发挥作用，并不意味着一汽-大众财务数字化建设的结束，而意味着这是面向未来的新起点。2020年8月，一汽-大众财务管理部启动了智慧财务数字化建设，即成立智慧财务工作组，全力开展智慧财务流程建设、智慧财务系统建设及全过程变革管理。未来，财务共享中心或将接纳更多的一汽-大众分公司、子公司，帮助一汽-大众财务管理部深化业务变革。一汽-大众数字化的财务模式还可能"走出去"，为其他公司提供财税金融一体化财务解决方案，以及财务共享方案设计、实施落地、外包推广等一体化的深度服务，探索更多种未来业务模式的创新方向。对于一汽-大众而言，通过财务数字化最终想要实现一个愿景：实现实时财务，这样公司的决策层就能够根据实时的财务数据来进行决策。

全球管理咨询公司麦肯锡在2019年发布的《制胜汽车行业下半场》报告中指出，数字化有助于重构核心业务流程，取得显著的经济效益。数字化结合物联网和自动化技术可大幅提升收入，缩短产品开发周期10%～20%，提高劳动生产效率20%～30%，减少库存30%。除了正常的年度成本节降，还可再行节约材料成本15%～20%。另外，70%以上的后台工作可实现自动化。平均来说，数字化能为车企提升8%～13%的EBIT（Earnings Before Interest and Tax，息税前利润）。随着一汽-大众全面数字化转型的进一步落地和发力，在下半场的竞争中，其先发优势将产生更多的期待。

六、大数据支撑下的质保体系

面对网联时代的到来，一汽-大众早就做好了质保体系组织机构和人员上的规划和准备，新成立了产品技术科和新技术科。为了建立车联网的专业能力，除了对现有的人员进行专业培养，一汽-大众还争取到了中国地区唯一一位具有首席软件审核员资质的人员作为质保人员的二级经理，负责车联网质保工作。到目前为止，一汽-大众已经搭建了以软件审核、车联网信息安全快速响应、网联功能认可等工作为支撑的质保车联网工作框架。对于车联网这项新技术来说，最重要的是要保证网络安全及用户隐私，对此，一汽-大众还成立了信息安全快速响应小组，通过跨部门合作的方式，应对未来可能出现的售后信息安全问题。

面对汽车行业"新四化"[①] 转型的趋势，为了打造面向未来的前瞻的质保体系，一汽-大众还将以大数据平台为支撑，通过业务流程电子化，实

---

① 2016年戴姆勒集团提出CASE战略，即Connected（智能互联，即联网化）、Autonomous（自动驾驶，即智能化）、Share & Services（共享与服务，即共享化）、Electric（电力驱动，即电动化）。后被业界称为汽车行业的"新四化"。

现工作效率提升；通过管理体系数字化，实现质量指标精细控制；通过质保数据挖掘，实现质量预警预防。具体举措包括以下三个方面：

首先，加速全员思维转变与能力培养，打造数字化组织。数字化变革首先是思维方式的变革，质保人员必须高度重视数字化转型，用数字化思维重新审视质保工作；同时，加强对数字化的学习，将质保的各项工作抽象为数字模型与业务；进一步完善工作机制，建立数字化业务小组，推进质保体系数字化。

其次，推进全领域系统开发与资源整合，提高业务数字化水平。深度挖掘质量工作业务需求，高度抽象业务模型，深度融合员工工作习惯，识别潜在的数字化潜力，构建质保的 IT 系统全景图，提升业务数字化覆盖度。建立质保业务模块经理负责制，从业务流程以及业务种类两个维度，横向、纵向梳理质保业务，统一业务逻辑与系统平台，整合现有 IT 资源并推广应用，实现全业务场景数字化管理。

最后，强化质量数据分析与场景应用，驱动管理数字化提效。推进物联网平台建设，实现生产、检测设备的网络接入，提升质量数据采集自动化水平；打通质保各领域的信息孤岛，形成闭环，实现质量状态实时监控、数据智能分析、质量预警，特别是提升售后领域的风险预警、对用户满意度的准确把握，为管理决策和业务优化提供有力支撑。

七、产品研发和投入

面向不断变化的消费者需求，一汽-大众在多个细分市场强势布局，不断调整产品结构，但强大的产品线无疑需要强大的研发体系作为支撑。一汽-大众当下布局的背后是其多年在研发中的投入。

新千年伊始，一汽-大众就把对研发的投入摆在最重要的位置，把构建完整的汽车生态产业链放在了战略的核心。以在整车研发中极为重要的汽车试验场为例，早在 2019 年，一汽-大众就建成了全亚洲最大的汽车试验场。在其五大核心功能区中，耐久强化试验区道路总长达 2.1 公里，设有

15种符合中国路况的典型路段,可针对产品进行8 000公里整车耐久强化试验,相当于用户在公开路面行驶30万公里。耐久强化试验路可充分考察整车结构件、底盘件和车身件在极端条件下的功能可靠性,是支撑德国大众研发体系的核心试验基础设施。

不止于此,根植于中国的一汽-大众在研发中一直注重中国市场的特点。在综合了德国埃拉试验场和狼堡试验场的性能试验道路基础之上,一汽-大众的试验场结合中国地貌筛选出极具代表性的特殊试验道,是目前德国大众体系中功能最齐全的性能试验区,在综合性能试验区内可完成多种整车及零部件性能试验,为车辆开发提供了持续高速、变速行驶的场地条件,极大地推动了车辆开发进度,提升了开发质量。

一汽-大众汽车试验场一期项目的落成并投入使用,在提升一汽-大众整车试验和研发水平的同时,也可以从根本上消除目前试验能力不足造成的国产化认可和开发的瓶颈,进而保证重要车型项目试验进度、材料成本和研发质量,满足更大规模生产和销售的需求。这样的投入不但能全面提升一汽-大众整体的运营品质,也将提高中国整体的汽车自主研发水平。

在汽车试验场之外,自2020年5月12日开工的、总投资9.6亿元的一汽-大众新技术开发中心也将全方位提升一汽-大众的自主研发能力。资料显示,目前正在建设中的新技术开发中心由新能源车辆安全中心、动力总成试验中心、整车排放气候中心、奥迪车身零部件试验车间、座椅评价中心、人机功能评价中心、中心车间、灯光隧道试验室共八个功能区域组成。该项目不仅会升级并完善新能源汽车的试验设备,智能灯光开发测试系统的投入使用也将为智能驾驶的开发提供良好的试验平台,支持灯光交互及智能传感系统等方面的研究开发。建成后,将进一步夯实并扩大一汽-大众的技术领先优势,增强企业的市场竞争力,为中国汽车产业贡献更大的价值。

八、数字化转型过程中的人才培养

面向不断变化的消费者需求,产品的设计、客户消费场景的研究都需要更多的创新型人才,任何产业的发展都离不开对人才的投入,处于数字化转型中的车企更是如此。据《中国汽车产业中长期人才发展研究》,尽管汽车行业现在处于转型阵痛期,但中国汽车行业未来的人才需求依然旺盛,预计到2025年,中国汽车行业高技能人才需求较2018年将增长412%,研发设计人才将增长133%,工程技术人才将增长77%。人才短缺已成为汽车行业的常态,现有人才总量与产业大国的现状并不匹配,与产业强国的目标还有差距。2020年7月,汽车人才研究会研究部主任刘义指出,近三年,汽车行业研发人员年均入职率达到11.4%,研发人才整体占比在稳步提升,2019年研发人员的占比近10%;行业内研发人员流动频繁,尤其是"新四化"领域内核心研发人才招募力度加大,资深研发人才保留的任务艰巨。如何引进新型人才,提升研发和生产效率,成为众多汽车企业近年来面临的难题。

中国汽车人才分布在经济发达地区,尤其以京津沪、长三角、珠三角为第一梯队,中西部地区以武汉、成都、重庆、郑州为第二梯队。此外,领英发布的《2015中国汽车行业人才库报告》显示,中国汽车专业人才大多毕业于国内高水平院校,如上海交通大学、清华大学、同济大学、吉林大学等。针对这一状况,早在2018年,一汽-大众就与五大基地周边的各大高校均建立了长期、密切的合作关系,企校合作,设置了多种多样的特色项目,如高校预开发班,卓越工程师项目,企校合作研讨会,高校师生企业体验,奥迪、大众品牌进校园,特色校园车展,等等。所有项目面向的大多是距离毕业还有一年的本科生、研究生。一年的"提前量",对于高校毕业生深入了解一汽-大众,并最终选择一汽-大众功劳不小。

此外,2017年以来,一汽-大众持续开展人力资源体系改革,这主要分为三个阶段。第一阶段,从干部调整做起,为公司改革发展提供动力;第二阶段,建立价值导向的激励约束机制,撬动组织和个人业绩达成。前两个阶段目前已经取得比较好的成果。第三阶段,通过构建长期可持续发展的人力资源体系,并针对公司经营重点领域开展专项变革,推动传统业务做精与向新业务转型。

目前，长春基地的改革项目已经取得阶段性成功。总体来看，在改革之前，基地在人事领域主要存在两个问题。第一，基地内有大量专业技术水平较低的基础工人，面对数字化转型的趋势，他们缺少自我提升的能力和动力。第二，单位人效较低，随着企业的高速发展，员工的工作效率跟不上节奏的情况比较突出，相关的晋升机制也不够完善。

其实，即便在互联网高科技企业，也存在着技术水平和业务能力跟不上企业发展节奏的低效员工，其工作质量、工作技能、工作效率等明显低于企业员工的平均值。在企业发展的过程中，人力资源部门必须重视低效员工的问题。长春生产基地辅助生产人员体量庞大、构成复杂，针对这个群体进行人员优化，既要保证公平、公正、公开，维护员工的权益和职业尊严，又要为公司提高效率，减少成本。

如何做到呢？一方面，一汽-大众按照工作步骤循序渐进，通过低岗工种就地消化、盘活异地资源实现分流、考试竞聘让机电技工能上能下、退出人员多个途径妥善安置，最终实现薪岗相宜。另一方面，通过贯穿全程的方案宣贯、深入沟通、权益保障、过程监督确保项目实施过程稳定。简单来说就是设置合理的机制，让沟通过程透明化，并且保障员工的基本权益。

截至2020年第三季度，长春基地优化辅助人员编制534个，人效得到显著提升，对全年HPU（Hour per Unit，单件工时）提升贡献度达2.5%。改革也打破了历史惯性，首次实现辅助人员能上能下，全员危机感明显增强，员工活力得到激发。并且，通过此次改革，长春基地实现了辅助人员100%人岗匹配，也为其他基地的人力资源改革提供了宝贵的经验。

在方案的具体设计和实施上，一汽-大众的改革以"价值创造"为导向，横向拉通岗位、编制、职级和薪酬体系，形成合力。这主要通过四个关键点来完成。

一是岗位体系重塑和编制夯实，通过岗位职责梳理，对岗位核心信息进行拆分和标准化，对职责进行分类，对任务进行分级；对产出进行验证，保证成果可见可用；引领部门减少低价值业务投入，向高价值业务倾斜，提高效能，持续驱动业务升级。梳理的职责和工作任务将成为此次改革及后续迭代的重要基础。

与此同时，每项任务都统计了工时，管理服务部在实践中形成15种工时优化工具，对工作任务进行逐一分析，识别优化潜力，为编制夯实提供基础。

二是职级体系搭建。为实现"人人有发展、有为才有位"，一汽-大众将围绕管理、专业和技能三大职级序列，打造丰富的职业发展通道。其中，管理序列，坚持扁平化原则，设置三个层级；专业序列，根据工作任务和人员能力差异，设置九个层级；技能序列，打通班长、工长和区域主管发展通道。

三是本着简洁有效的原则，开发"能力+业绩"的任职资格标准。能力方面，简化和更新公司现有能力模型；业绩方面，对接岗位职责梳理形成的工作任务库，通过清晰的标准，牵引能力提升，拉动业务发展。

四是薪酬体系重塑。针对传统和新业务领域，分别进行市场化对标，实现市场化价值分配。通过市场化薪酬和目标编制，锁定部门薪酬总额，并挂钩业绩，牵引部门聚焦价值创造；同时，允许适度的资源调配，如减人不减薪，激活部门形成自我激励与约束机制。

为满足数字化转型过程中的人才需求，打造数字化人才队伍，一汽-大众制定了差异化人才配置策略。将新业务岗位划分为A、B、C三类：A类是全新业务模式，人才配置上，"高手"来自猎聘、"成手"来自社招、"新手"来自校招与内部转型，形成人才梯队；B类、C类新业务，将采取快速转型的配置方式。

一汽-大众还与阿里巴巴合作，设计端到端的系统培训。通过将近一年的脱岗培训，包括在斑马网络半年的岗位实践，实现传统业务员工向数字化业务员工转型。2020年7月，数字化人才培训转型项目正式启动。整个项目由管理服务部、人力资源部和一汽-大众学院联合打造，并联合行业内头部车联网企业资源，从项目的规划立项到启动外派，项目组在四个月内完成了全套方案设计、人事政策支持和课程体系建设，并成功启动人员转型培训。

不同于短期、间歇、低频的非正式培训，一汽-大众对于人才的数字化转型培训从一开始就下定了决心——将培训模式定为高效的封闭式全脱产培训。培训项目相继在宁波、杭州和上海实施，脱产周期为12个月，是一汽-大众截至目前周期最长的精细化运营脱产培训项目。同时，为了保证学员能在培训期间专注于学业，一汽-大众决定参加培训项目的学员除个别节假日外，一律不能请假，可谓使学员真真正正全身心地投入转型培训的项目。

在启动之初，项目就本着开放的原则进行人才选拔。宣讲会当天就吸引了千余名员工参与，700余名员工踊跃报名，筛选后有665名学员进入导入培训环节，经过5个大群的联动学习，顺利完成487人的笔试筛选工作。最终又通过笔试，确定前131名学员进入面试环节，进而选拔出60名学员，组成了数字化人才培训转型项目的首批先锋军。他们所学的专业各不相同，但有一个共同的特点：对计算机有着特殊的"灵感"。

用班长吴思延的话说，这是一群闯过三道"关卡"的人。能入职一汽-大众的本身都是名校毕业生，个人素质普遍比较高，学习能力普遍都很强，这是第一道关卡；而第二道关卡是通过这次面试，对学员的思维能力、逻辑能力等进行了严格的筛选；第三道关卡就是对学员个人主观能动性的筛选，每个成员都是有强烈的成长意愿并且在选拔中胜出才来到这个团队的，他们都特别珍惜公司提供的这次学习机会，因此，大家都抱着必胜的信念在拼搏，不管顶着多大的压力，都要把课程学好，不辜负公司的成本投入和殷切期望。

入选培训班前的选拔是激烈的，不过更为残酷的是正式进入培训项目后为期5个月的定向培训。在定向培训期间，学员每周学习6天，早上8：30开课，晚上自习到21：00，除去休息时间，每天学习、实践10个小时以上，每周休息一天。做到天天有作业，周周有考试，整个过程实行"过程考核退出机制"——如果周考不合格，补考也未通过，那么就意味着退出培训。11个月的时间里，学员先接受中软国际的培训，随后转学斑马网络，在那里参加培训的同时和斑马网络的员工一起做项目，边工作边学习，开发一汽-大众的新项目。

虽然整个培训期间强度高、压力大，但可喜的是，这期间没有一个人退缩，所有学员的作业完成度达到100%，周考成绩优异，已经初步具备实战项目软件编程和复杂网页独立设计的能力。甚至在培训期间，团队还为一汽-大众开发出了一套可用于实际工作的员工绩效能力评价系统，真正做到了以练代学，创造了实际价值。

截至2020年第三季度，一汽-大众已组织过三次长期培训——上海德语培训，TTA（德国耐久性道路试验）培训和此次的数字化转型培训。而唯一一个全部参加过三次培训的员工秦林冲，已经38岁了。2007年入职一汽-大众以来，他见证了一汽-大众最辉煌的十几年。尽管面临体能和精神的双重压力，但他仍然坚持参加培训。参加培训的这些学员就是一汽-大众数字化的种子，在不远的未来，将使一汽-大众如虎添翼，不仅向最终要实现的"软件公司"迈进了一大步，而且对整个汽车产业发展，乃至对中国的科技进步都将起到积极的作用。

九、全面布局 拥抱"新四化"

当前，在全球新一轮科技革命的推动下，百年汽车工业正经历深刻变革，加速进入以电动化、智能化、网联化、共享化为特征的发展新阶段。新能源汽车是中国汽车产业高质量发展的战略选择，也已成为中国经济社会发展的新动能之一。党中央、国务院一直高度重视，并于2021年发布了《新能源汽车产业发展规划（2021—2035年）》，进一步明确了产业发展的方向和目标，表明了国家推动新能源汽车产业高质量发展的决心。

在通向"新四化"的道路上，数字化是必由之路，领先的数字化能力可以护航车企驶入"新四化"新赛道。除了利用现有产品线和管理研发体系服务好中国消费者，一汽-大众在数字化转型的基础上，也在加速在"新四化"上的布局。

在电动化方面，早在 2009 年，一汽-大众新能源开发项目组就正式成立，2011 年，一汽-大众自主研发的开利电动车达到国家准入要求，正式登上公告，这是国内合资企业合资品牌的电动车第一次获得正式身份。2009—2014 年，一汽-大众一共完成了五代开利电动车的开发工作，积累了非常丰富的经验。2014 年，一汽-大众进行了首次增程式电动车的探索，并且取得首个发明专利。2019 年，一汽-大众新能源部门已经有一百多名经验丰富的工程师，涉及电池包总成、电池管理系统、电芯模组、系统方案与集成、整车控制组等八大细分领域的技术研发，其中硅油冷却电池包更是获得第九届国际发明展金奖。在具体产品上，一汽-大众也推出了高尔夫纯电、宝来纯电、奥迪 Q2L e-tron 等车型，以及迈腾 GTE、探岳 GTE 和奥迪 A6L 插混三款插电式混合动力车型。

当然，在 2018 年之前，一汽-大众新能源事业一直按部就班，不动声色。直到最近几年，尤其是 2018 年国内新能源汽车销量突破 100 万台之后，一汽-大众明显加快了发展节奏。

在一汽-大众产品管理部 MEB 平台部长王雪峰看来，汽车产业链的利润正在发生转移。随着新能源市场的发展，主机厂利润快速转移到一些科技公司和独角兽企业。可以佐证的是，2020 年，特斯拉的市值已经超过通用和福特的总和，宁德时代的市值也超过了绝大多数国内车企。另一个赤裸裸的现实是，传统燃油车发动机加上变速箱不过一万多元钱，换成由电池驱动之后，成本几倍地上涨。随着科技的进步，动力电池还有更大的降价空间。

正是在这种情况下，一汽-大众大幅度加快了新能源板块的发展速度，核心标志就是引进德国大众不惜血本推出的 MEB 平台。2021 年上半年，一汽-大众将正式向市场投放全新的新能源车型 ID.4 CROZZ。2023 年，一汽-大众新能源领域将覆盖 SUV 市场，还将覆盖轿车市场。

和目前大众在售新能源车型相比，MEB 平台上的车型有着革命性突破。一是以电池为中心的底盘设计理念。此前，一汽-大众推出了宝来纯电和高尔夫纯电等车型，但是这些车型的设计以燃油车底盘为基础，受限于底盘架构，电池包被限制为土字形，导致空间利用率很低。MEB 平台上车型的底盘设计以电池为中心，属于全新正向开发，在底盘设计之初，就充分考虑电池电机和电控布局，电池布局非常合理，充分利用了空间，并且提升了操控性。

二是全新设计电子电气架构。传统汽车没有底层操作系统，电子架构采用分布式控制。一辆汽车布置着几百个供应商的几十个控制单元，这些 ECU（Electronic Control Unit，电子控制单元）底层软件独立存在，算力分散，个性迥异，车企想要控制和扩展难比登天。电动汽车对于电子架构提出了极高的要求，据博世汽车预测，搭载 L2 级自动驾驶的汽车代码量大约为 1 亿行，L5 级别自动驾驶车辆代码量将达到 10 亿行，传统分布式的电子架构完全不能适应。大众 MEB 平台的 E3 架构则努力从分布式电子架构升级到集成架构，将几十个控制单元集成为 ICAS1、ICAS2 和 ICAS3 三个单元。其中 ICAS1 主要负责车内应用服务；ICAS2 主要用于支持高级自动驾驶功能；ICAS3 主要负责彩色服务，包括导航、娱乐系统的控制，等等。这将极大地提升电控系统的智能化水平，为未来自动驾驶技术的融入打下基础。

三是在全新的电气架构支持下，MEB 平台带来全新的智能化装备和超前的科技感受。MEB 平台可以实现高级别的辅助驾驶功能和更多的车联网功能应用，例如在 MEB 平台首款车型上采用 AR-HUD（增强现实—抬头显示）功能，不仅在前风挡上显示车速、剩余电量等关键信息，也向驾驶员展示车道偏离、跟车距离、行人提示等驾驶辅助信息，在满足驾驶员对辅助驾驶显示需求的同时，使得整车更具科技感。

四是全新设计的空间。和传统燃油车平台相比，MEB 平台架构之下，无须预留发动机和变速箱的位置，前后车轴因此可大幅向远端移动，从而实现更长轴距和更短前后悬，这为设计师提供了更大的设计空间，设计师可以设计更具动感的车身比例，同时让车内空间更宽敞、更具多样性。比如 MEB 平台第一款车型 ID.4 CROZZ，车长只有 4.6 米，实际内部空间几乎可以赶上迈腾。

即便与市场上的蔚来、小鹏等造车新势力相比，MEB平台也具备一定的优势。其一是一汽-大众的品质可靠性令人信赖。和很多后发品牌相比，一汽-大众有着悠久的汽车制造历史，对于制造高品质、耐用的汽车具有丰富的经验，并且形成了非常严谨的开发流程。一汽-大众有自己的造型车间，以及碰撞中心、虚拟现实中心、电磁兼容实验室、声学中心等实验室，可以进行各种科研试验。比如大众有一个VW80000测试标准，内部划分机械类、电子类、环境类、寿命类等不同门类。所有的电气零件都要经过非常严苛的可靠性试验，一个试验周期是四个多月，这种详细缜密的前端研发，是很多车企没有实力做到的。在制造领域，一汽-大众的零部件匹配认可、产品质量监督体系包括一些长周期的试验，这或许制约了一汽-大众产品诞生的速度和迭代速度，但是一汽-大众产品质量的可靠性得到了充分保证。

其二是安全性，保证电池的安全和稳定是新能源汽车生产的重中之重，也是一汽-大众必须花费更多精力去关注的事情。对MEB平台下的产品来讲，一汽-大众在电池的安全稳定以及整车的安全稳定上花费了很多的精力。在MEB平台车型的电池的设计制造方面，一汽-大众从电池、电芯、模组到电池系统，都设定了极其苛刻的安全标准，不仅严格按照国家要求进行机械冲击振动以及进水试验，还另外进行了针刺、火烧等试验，以保证MEB平台下的产品在安全稳定方面达到最优。严谨的产品设计、先进的整车制造工艺、高效的供应链管理，以及高于国家标准要求的各项试验，全面保证了一汽-大众的新能源汽车在产品质量、整车安全等方面相较于市场上其他品牌同类车型有着更加突出的优势。

在一汽-大众看来，不管是制造传统车还是新能源车，安全和高品质都是首要因素，哪怕车型推出得晚些，也要给用户带来全新的产品体验，让用户真正感受到一汽—大众汽车的安全、高品质。

目前，一汽-大众的初代L2级辅助驾驶功能已经受到市场好评。在MEB平台，一汽-大众将推出L2+级辅助驾驶，通过智能科技将车、人与路有机融合，让用户的出行安全更有保障，驾驶更加轻松。之后，一汽-大众还将持续推出多种更符合用户驾驶习惯的自动驾驶功能,让人机共驾变得更加轻松有趣。

而在未来,刘亦功认为,现在的新能源车,尤其是纯电的新能源车,相对来说都是比较低端的。一款产品的升级应该给用户带来全新的体验,电动车不是在汽车上简单装一块电池。随着新能源车的发展,它能够给更多的网联和更多的软件上车带来一个契机。2021年上市的 MEB 平台首款纯电动汽车,延续了一汽-大众一贯的高品质,堪称电动化、网联化、智能化的集大成者。在续航与充电方面,其 NEDC 续航里程可长达 550 千米,更有高功率充电功能支持高续航里程。45 分钟内,吃顿饭或者喝个咖啡的工夫便可将电量从 0 充到 80%。此外,该产品将具备更加便捷的远程控车、智慧导航和语音识别功能,远程升级等也会逐步实现。它可以实现 L2+级辅助驾驶,包括车道偏离预警、换道辅助等,在给用户带来全新体验的同时也极大地保障驾驶安全。

除了在产品上积极开发新能源项目,一汽-大众在汽车制造环节也非常注重环保和节能减排——而这也是全球汽车产业发展的永恒主题。素有"绿色工厂"之称的华南基地,就是一汽-大众践行绿色可持续发展的最佳例子。从规划、建设到投产运营的全过程,华南基地始终秉承绿色环保发展理念,造就了这座环境宜人、和谐美好的花园式"绿色工厂"。

厂房设计建设时,一汽-大众就全面落实节能环保要求,采用了"资源消耗少且环境影响小"的建筑结构形式,并在建筑的全生命周期内最大限度地节能、节水、节材,以保护环境、减少污染。这一系列决定获得了权威机构的认可。华南基地成为国内汽车行业首个获得"绿色工业建筑"三星认证的工厂。

为了让高效生产和可持续发展并行不悖,华南基地采用大量国际顶级的生产设备和环保工艺。如喷涂采用 2010+免中涂工艺,本色面漆采用"零"VOC 配方的水性漆,漆雾采用 E-Scrub 静电漆雾吸附,分离后的废气经 TNV 炉焚烧后达标排放,等等。得益于双线并进,华南基地不仅在行业内树立了绿色环保的生产标杆,还实现了七年累计生产整车超过 200 万辆的好成绩。

节能减排，并不是一个"常数"，而是可以通过技术创新，持续优化的"变数"。2013—2020年，华南基地不断挖掘节能减排潜力，取得了很多引以为傲的成果：厂区污水站增建中水深度处理系统，经处理后的废水可以饲养金鱼；废气焚烧炉加装余热回收装置，将热能回用于车间的空调加湿，大大节约了天然气和采暖用热；光伏项目更是成绩喜人，截至2020年10月，一期光伏项目累计发电4 520万度，累计减少二氧化碳排放2.38万吨，相当于种植近120万棵树。

在碳排放形势愈发严峻，能源结构调整迫在眉睫的当下，一汽-大众积极响应大众集团提出的"GO TO ZERO"零排放工厂战略目标。华南基地身为"绿色工厂"的代表，责无旁贷地担任了零排放工厂的先锋。佛山MEB工厂在改造过程中，坚决锚定"GO TO ZERO"战略目标，融入了多项世界领先的节能环保技术。比如，基地改造了涂装废气净化设备，每天可节省天然气超过3 300立方米，基本实现零能耗运行；采用二氧化碳作为理想的空调制冷剂，减少对大气臭氧层空洞和温室效应的影响；大幅提升光伏发电等清洁能源的占比，持续降低生产过程中的二氧化碳排放；等等。

在智能化和网联化方面，一汽-大众对发展智能网联的重视早已在企业战略中凸显出来。2017年年底启动的"2025战略"提出聚焦包括智能网联战略在内的五项战略。此外，一汽-大众也将智能网联生态（产品数字化）列为2020年的两大战略任务之一。这足以证明，车联网等新业务作为一汽-大众将来发展的重要方向之一，将构建起一汽-大众面向未来的核心竞争力。

在车联网领域，一汽-大众持续增加投入，目前正集中大量人员与股东共同探索实践，并不断加大人才培养力度。刘亦功表示，他们加强与头部互联网企业合作，通过合作开发车联网产品，最大化地学习掌握核心产品技术、车联网开发模式、流程及团队管理方法，并在实践项目中实现快学快用。

综合来看，一汽-大众采取"内外部双轨"的运行机制，即通过企业内部、外部并行的方式助力车联网发展进程提速,推进一汽-大众的数字化变革。

在企业内部,一汽-大众成立了VAD(数字化委员会),VAD既作为产品数字化等企业战略任务的决策机构,又推动着战略任务落地执行,为企业全面推进数字化转型提供了组织保证,自上而下指导IT、销售、研发等各部门车联网方向的工作;一汽-大众成都研发中心的成立,以及智能网联汽车模拟仿真中心的落成,无论对于一汽-大众车联网的技术研发还是新技术的测试,都起到有效的提升作用,从而确保产品具有更高的品质。

在一汽-大众体系之外,由一汽-大众与大众中国合资成立了摩斯智联科技有限公司,该公司为一汽-大众自2019年起生产的所有大众品牌车型提供数字化服务,打造从产品设计、IT开发、用户运营到大数据应用的整体闭环。它以智能网联为重点,以软件定义产品为关键,以产品数字平台化、模块化为手段,全方位满足用户对产品、服务数字化的需求,将在商业模式、用户服务、产品开发方式、生态模式方面,全面助力一汽-大众车联网业务的发展。因此,摩斯智联不仅为所有大众品牌车型提供数字化服务,还承载着一汽-大众经营模式转型的历史使命。

平心而论,一汽-大众的车联网功能发展在行业内并不是最早的,但是一汽-大众抓住车联网这一时代机遇,形成了带动上游供应商、下游服务商快速搭建庞大生态圈的经营思路,并全力推进项目快速落地。虽然部分厂商的车联网服务起步较早,功能较为先进,但一汽-大众的车联网服务更容易实现规模效应。

在网联装车率方面,一汽-大众的大众品牌首先在迈腾、探岳等战略车型上搭载车联网系统,上述产品2020年联网车辆数达近9万台,并且快速向MQB和MQB37W平台的所有车辆进行推广,预计在2021年实现100%前装搭载。捷达品牌也已经在VS5和VS7车型上搭载联网服务,目前联网车辆达近4万台。依据产能规划,2020年年底大众、捷达双品牌联网车辆数将有望超过50万台。按计划,2021年所有新车都会搭载车联网,预计规模接近200万台。

在产品规划方面，一汽-大众在当前已上线 SOP1 数十项服务的基础上，优化、新增规划了四十余项服务，核心功能更加聚焦于整车智能化和服务场景化，力争在智能网联服务的丰富性和用户体验方面实现超越。

在用户运营方面，以摩斯智联和一汽-大众 FBD 为核心的车联网运营团队构建了以激活率、活跃度、单车客户价值、问题响应速度等为核心数据指标的车联网运营体系，形成从车机硬件产品到在线联网服务的用户体验闭环。同时，MEB 平台也在整体的规划之中，并且将在量产的纯电动 SUV 车型上首次搭载。

随着移动互联网、AI、大数据等新一代技术的蓬勃发展以及与汽车产业融合的不断深入，不难设想，未来汽车将逐渐演化为移动生活空间。为了给用户带来更加与时俱进的出行体验，一汽-大众已推出 CNS3.0 和 Asterix 等全新一代车联网产品，为用户提供语音识别、车内支付等数十项车联网功能。未来还将不断优化和提升人机交互体验，为用户提供更便捷和人性化的智能网联服务。

在联网汽车规模快速扩张的同时，一汽-大众的商业模式转型也将开启。当前，整车销售、售后服务以及汽车金融是支撑主机厂持续发展的三大核心收入来源。但是，越来越多的主机厂将目光从传统车辆的制造、销售、服务转移到延伸汽车产业价值链以及用户的全生命周期管理上，以此创造新的收入来源。在从产品到服务的转型中，规模效应依然非常重要。而在这一点上，一汽-大众优势明显。

据摩斯智联总经理赵士乾介绍，为持续满足用户对产品、服务数字化的需求，摩斯智联将在商业模式、用户服务、产品开发方式、生态模式四个方面持续发力，助力一汽-大众车联网业务的发展。

商业模式方面，实现从硬件向服务的转移。摩斯智联将助力一汽-大众实现从传统的商业模式向汽车全产业价值链以及用户的全生命周期管理的拓展延伸。围绕汽车构建的车队服务、金融风控、在线广告、互动娱乐、旅游出行等按需智能网联服务和即用即付的移动出行模式将逐步替代传统模式，提供移动出行场景下的端到端服务。

用户服务方面，打造以人为本的场景服务体验生态。汽车完整购买过程中的服务体验生态与个性互动更能获得用户的青睐，一汽-大众不再依赖单点的、标准化的同质服务输出。用户更希望出行过程中汽车是家的场景延伸，舒适的智能座舱给身心带来愉悦的享受，车上车下的无缝服务体验随着场景的转换更加贴心。

产品开发方式方面，从面向功能和服务的开发向面向场景化的开发演进。随着5G、AI推荐算法、边缘计算、多模融合交互等技术的发展和普及，未来的车联网更加面向场景化的开发。微粒数据、精准连接和匹配、云调度分发，串接一个个独立场景"切片"，实现基于万物车联的场景化开发。

生态模式方面，实现从聚合服务生态向全场景开放生态跨越。当前车联网服务的痛点在于，只是将互联网服务与产品移植到汽车平台上，完成娱乐、导航、听歌、语音搜索等各类互联网服务的生态对接与聚合后将其提供给用户，使用场景局限在车内。换言之，目前消费者能买到的联网汽车，只是叠加了辅助驾驶功能、互联网功能的载体。在汽车从代步工具向智能座舱转型过程中，以数字化、网联化为支撑的消费者使用场景变化背后蕴含着巨大商机。未来，数字化的车辆将成为计算中心和移动基础平台，存储着驾驶、内容、体验数据。车辆本身将打破原有的功能边界，作为娱乐、休闲甚至工作的新空间，成为全新场景的整合载体。届时，商业的竞争就从功能和服务的比拼，转化为围绕用户的场景争夺。

数字化的汽车在智能城市、智能交通、智慧社区、新零售、新商业空间等多场景生态领域的联结下，与5G、物联网之间实现万物互联，将会重新构建并定义人们的生活方式。摩斯智联将在聚集流量、强化面向C端（个体用户端）的运营、使用户落地、基于区域和兴趣的全程运营等多个领域全面整合信息孤岛，形成云端大数据资源，不但可以满足用户的需求，掌握更加丰富的客户数据，更能支撑未来盈利机会的发掘，达到数据间的统一和协同。

在共享化方面，大众品牌持续深化摩捷出行服务，当前长春及成都两地共计上线车辆已超8 000台，注册用户超过72万，移动出行公司的成立也在积极筹备中。

大众品牌也在持续推进营销管理数字化智能化变革，制定了"13345"数字化转型策略，紧紧围绕全生命周期客户运营，打造一系列数字化产品，从体系上予以强力支撑，实现以客户为中心、数据驱动的营销领域数字化转型。正在如火如荼地进行中的MEP项目，将对大众品牌面向B端（企业用户端）的IT平台进行横向整合，同时，打通纵向的面向C端的触点，引入外部生态服务，构建开放融合的经销商MEP生态平台，预计将实现"六化"：现有功能优化、基础设施云化、业务在线化、运营数据化、决策智能化及门店智慧化，全面提升客户服务体验、厂家管理效率以及经销商运营效率；此外，大众品牌BI（Business Intelligence，商业智能）项目也在快速启动中，将基于Hadoop数据中台构建一个覆盖全业务领域的统一的BI分析平台，支撑管理决策，实现实时、智能的数据赋能。

随着中国经济向新动能的转型，中国汽车产业也步入了"新常态"。尽管短期的增长波动与市场的不确定性给产业链各环节参与者带来生存或发展的挑战，但同时，汽车产业四大颠覆性趋势（"新四化"）所带来的变革性机遇正孕育着下一个春天。长期来看，车企要发挥自身优势，加大创新研发投入，洞察细分消费群体的市场需求，方能更好地适应市场变革。

首钢股份数字化转型道路上的新问题与解决方案[①]

邱凌云、王小龙

创作者说

当下，企业数字化和智能化发展不仅是一种趋势，而且已逐渐成为企业转型升级的必由之路。随着技术的不断进步，企业需要借助大数据、云计算、AI等新技术，构建数字化的经营管理体系，实现业务流程的自动化、智能化，以提升企业的运营效率、降低成本、增强客户体验，适应快速变化的市场环境。

北京首钢股份有限公司（以下简称"首钢股份"）作为中国制造业信息化建设的代表性企业之一，其数字化转型的历程具有重要的借鉴意义。这篇案例主要聚焦于企业在数字化转型过程中遇到的新问题及其解决方案。在企业信息化建设过程中，首钢股份通过实施"产销一体化系统"实现了业务流程的数字化和统一管理，但在系统间数据的传递中遇到了稳定性不佳的问题，导致数据核对工作量大。为解决这一问题，首钢股份引入RPA（Robotic Process Automation，机器人流程自动化）技术，利用软件机器人自动核对系统间数据，从而大幅提高了工作效率和数据准确性。

本案例揭示了企业在数字化转型过程中所面临的共同难题及挑战，同时凸显了技术创新对提高企业运营效率、决策质量、客户满意度以及市场

---

① 本案例纳入北京大学管理案例库的时间为2020年8月28日。

竞争力的重要作用。通过对案例的学习，读者能更深入地理解中国企业数字化转型的典型路径和经验教训，了解企业在数字化转型过程中可能面临的系统间数据传递和整合问题，并了解 RPA 等新技术在解决数字化转型难题方面所能起到的作用。本案例有助于培养读者的数字化思维，激发其对技术创新应用的兴趣。

一、信息化领军企业的数据难题

首钢股份是首钢集团所属的境内唯一上市公司，1999 年 12 月在深圳证券交易所上市（代码：000959）。首钢股份旗下拥有首钢股份迁安钢铁公司、首钢智新迁安电磁材料有限公司，控股首钢京唐钢铁联合有限责任公司（以下简称"首钢京唐"）、北京首钢冷轧薄板有限公司等钢铁实体单位，具有焦化、炼铁、炼钢、轧钢、热处理等完整的生产工艺流程，拥有国际一流装备和工艺水平，具有品种齐全、规格配套的冷热系全覆盖板材产品序列。作为首钢集团下属主营钢铁业务的基地企业，首钢股份现有员工 17 765 人，2019 年实现营收 691.51 亿元，归属于上市公司股东的净利润达 12.51 亿元。

钢铁企业在中国的制造业中具有举足轻重的地位。在 2019 年 7 月由中国企业联合会、中国企业家协会向社会公开发布的"中国企业 500 强"榜单中，钢铁企业就占了 48 席（如表 1 所示）。

表 1　2019 年 7 月发布的中国企业 500 强中的钢铁企业[1]

企业名称	名次	营收（万元）	企业名称	名次	营收（万元）
中国宝武钢铁集团有限公司	40	43 862 002	江苏沙钢集团有限公司	85	24 104 507
河钢集团有限公司	55	33 682 397	青山控股集团有限公司	90	22 650 146

(续表)

企业名称	名次	营收（万元）	企业名称	名次	营收（万元）
鞍钢集团有限公司	99	21 576 689	太原钢铁（集团）有限公司	246	7 855 843
首钢集团有限公司	101	20 551 263	河北新华联合冶金控股集团有限公司	252	7 581 766
新兴际华集团有限公司	116	17 335 699	天津荣程祥泰投资控股集团有限公司	266	6 900 140
山东钢铁集团有限公司	124	15 585 685	江西方大钢铁集团有限公司	282	6 339 810
中天钢铁集团有限公司	148	12 503 250	本钢集团有限公司	284	6 336 604
湖南华菱钢铁集团有限责任公司	153	12 088 473	新余钢铁集团有限公司	297	6 052 304
北京建龙重工集团有限公司	155	12 027 811	武安市文安钢铁有限公司	301	5 997 265
南京钢铁集团有限公司	157	11 820 594	河北普阳钢铁有限公司	303	5 914 783
河北津西钢铁集团股份有限公司	178	10 817 347	冀南钢铁集团有限公司	304	5 840 922
杭州钢铁集团有限公司	186	10 314 878	福建省三钢（集团）有限责任公司	311	5 701 599
酒泉钢铁（集团）有限责任公司	199	9 607 169	昆明钢铁控股有限公司	313	5 688 197
日照钢铁控股集团有限公司	201	9 536 721	武安市裕华钢铁有限公司	325	5 410 352
马钢（集团）控股有限公司	210	9 178 433	天津友发钢管集团股份有限公司	331	5 314 749
敬业集团有限公司	217	9 011 375	四川省川威集团有限公司	332	5 302 685
广西柳州钢铁集团有限公司	220	8 916 100	永锋集团有限公司	336	5 227 338
包头钢铁（集团）有限责任公司	225	8 706 870	安阳钢铁集团有限责任公司	341	5 120 286

（续表）

企业名称	名次	营收（万元）	企业名称	名次	营收（万元）
江苏华西集团有限公司	345	5 044 366	河北新金钢铁有限公司	378	4 508 652
江苏新长江交业集团有限公司	356	4 824 146	西王集团有限公司	379	4 503 711
湖南博长控股集团有限公司	357	4 808 631	法尔胜泓昇集团有限公司	445	3 810 691
四川德胜集团钒钛有限公司	366	4 670 130	石横特钢集团有限公司	412	4 189 263
唐山港陆钢铁有限公司	368	4 646 376	山东泰山钢铁集团有限公司	448	3 799 909
武安市明芳钢铁有限公司	372	4 584 630	山东九羊集团有限公司	476	3 525 021

资料来源：中国企业联合会、中国企业家协会，"中国企业500强"榜单。

基于钢铁企业的重要地位，首钢股份的信息化建设在一定程度上体现了中国制造业企业的信息化发展历程。2017年7月，首钢股份与宝钢集团（现"宝武钢铁集团"）旗下的宝信软件公司合作，启动了规模宏大的"首钢钢铁产销一体化经营管理系统"（以下简称"产销一体化系统"）的建设。其核心目标是将以往各条生产线、各个部门在各历史时期所建立的各种系统统一起来，实现企业信息化的统一平台，将企业运行的各类信息穿透、连接，从而显著提高管理水平。2019年，产销一体化系统全面上线，首钢股份的全业务链条数据实现了系统级的统一。在产销一体化系统上线的同时，各类原有系统直接停用，所有部门统一使用产销一体化系统。这是很多企业都梦寐以求的"大一统"信息化建设模式。

不过，即使是如此全新设计的系统，在实际运行中也遇到了新的问题。

首钢股份的副总工程师余威自1999年建厂起就在首钢股份工作，亲历了首钢股份多次信息化建设历程。他提到，首钢股份的信息系统非常先进，财务、生产、销售等各业务板块都包含多个专业系统，基本解决了最让企业头疼的业务线上化、数据不落地的问题。然而，无论使用何种总线技术或传输策略，各系统模块之间的数据传递都无法做到100%无差错。而且，一旦出现问题，就会导致一系列数据错误，进而影响相关生产经营决策。由于这个问题很难靠技术手段彻底解决，首钢股份最终只能选择"人海"战术：各部门都安排了业务经验丰富的员工充当"表哥""表姐"，这些员工凭借个人的业务经验，每天在Excel表格里对海量数据进行核对。尽管靠人工基本可以解决问题，但有时因为数据量巨大，人工往往会捉襟见肘。这让余威和他的同事非常苦恼，一直在努力寻找解决办法。余威认为，处于数据化转型过程中的其他企业很可能也会面临类似的情况。

二、系统建设

2017年，随着相关企业搬迁调整，首钢集团的钢铁制造板块结构重组基本完成，以首钢迁钢、首钢京唐、首钢冷轧为代表的新建钢铁基地对实现产品结构和用户结构的不断升级有了迫切的需求。与此同时，"一业多地"的经营格局对首钢股份实现界面贯通、业务协同、整合共享管理信息资源也提出了新的要求。

2017年7月27日，首钢股份（含首钢迁钢、顺义冷轧、首钢京唐）与宝信软件签订了产销一体化系统的项目合同，同时还与北京首钢自动化信息技术有限公司签订了新建炼钢生产PES（Process Execute System，生产执行系统）项目合同，拉开了产销一体化系统（如图1所示）的建设序幕。

整个产销一体化系统建设项目的涵盖面广，业务量大，程序复杂，涉及首钢股份、首钢京唐等众多单位，包含生产、质量、销售、采购、物流、成本、财务等多个职能部门。为确保项目高效推进，首钢股份抽调首钢股份、首钢京唐的49名业务骨干成立系统创新部，全职负责项目建设。此外，还根据项目进展，在各系统模块所涉及的部门，由非全职人员和关键用户人员参与设立了13个专案组，共计400余人，配合系统创新部梳理流程、参与系统测试。

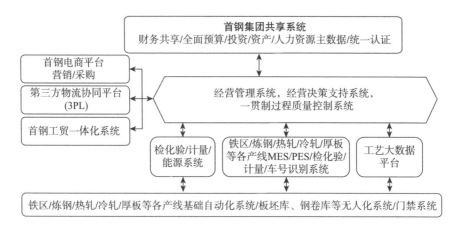

图 1 产销一体化系统项目基本架构

资料来源:首钢股份提供。

对于首钢股份而言,产销一体化系统不仅是一个信息化系统的建设项目,也是一场对标先进的管理变革。整个项目建设历时 19 个月,分为管理咨询和系统实施两个阶段。

在管理咨询阶段,项目团队与实施方按照现有流程梳理、开展导入培训、对标差异分析、流程设计、功能设计的顺序开展工作,共梳理现有流程 1 847 个,开展导入培训 669 人次,分析与先进管理模式差异点 194 个,形成业务优化建议 358 项,完成流程设计和功能设计文档共 198 份,涉及 608 项业务流程、1 115 套业务代码、1 794 个功能模块。

在系统实施阶段,项目团队与实施方在系统功能开发的同时,着重开展业务基础数据清洗工作,完成客商主数据收集 4 288 个;编制产品规范码 7 596 条、冶金规范码 1 983 条;新建采购物料 1 000 余项品类、31 万条物料代码;编制 2 万余条设备基准编码。

由于产销一体化系统承载的业务模式和数据标准与原有系统差异极大,而且产销一体化系统上线之日就是原有系统停机之时,因此必须保证产销一体化系统上线一次切换成功,否则会对生产经营造成巨大影响。为此项目组安排了 5 个月的系统测试时间,集结 500 余人开展测试工作,先后开展两轮集成测试、三轮 UAT(User Acceptance Test,用户验收测试)、两轮模拟月结,共完成 4 000 个功能页面测试,发现并解决问题 8 298 个,组织各业务系统培训 6 594 人次，组织制定上线切换方案及预案 37 项。产销一体化系统上线切换阶段，公司上下全体总动员，直接参与人员近千人，顺利完成了 180 多条生产线的物料盘点、期初数据导入、系统功能投运等各项工作。

整个产销一体化系统的上线范围之广、切换难度之大在首钢股份的发展历史上前所未有，在中国钢铁业乃至中国制造业的信息化建设历史上也很具有代表性。

对此，余威总结说：产销一体化系统项目是首钢股份历史上一次管理变革加信息化升级改造的系统工程。具体而言，产销一体化系统包括经营管理系统、经营决策支持系统、一贯制过程质量控制系统以及生产线 PES 四部分。每一部分都需要标准化业务来支撑，要把以前凭经验做的工作梳理成业务代码、业务规则及业务基表固化到系统中。同时，系统引入大数据、云计算、物联网、移动应用等新技术，目标是建成一个基于冶金知识库和商务智能的业务规范、流程统一、高度集成的钢铁智慧经营管控平台，从而提升首钢股份在"一业多地"情况下的一体化协同水平，提高精益化高端精品智能制造能力，增强市场化高效经营运作能力，持续提升"制造+服务"的核心竞争力。

三、新问题

如此先进的统一系统，在实际运行中却并非十全十美。

在余威看来，产销一体化系统是一个在线上运行的"全业务链条"系统，需要按业务条线拆分为各个子系统，一方面，每个子系统都会有一个合理的功能定位，另一方面，各子系统的专业度达到了很高的水平，例如，财务有核算系统、税务系统、资金系统、报表系统、分析系统等。首钢股份以往的财务系统有部分功能较弱，借这次信息化升级的机会，首钢股份对资金管理和税务系统的能力进行了加强，可以实现全程监控每一个交易过程中的资金流向和税务流向。

不过，虽然产销一体化系统强化了生产与销售的衔接，但因为制造过程涉及全流程中的合同、库存物料等，即所谓从头到尾"一贯管理"，具体包括产业上下游的"纵向一贯"管理、职能部门及生产班组的"横向一贯"管理等，所以这一系统也意味着"管控一体化"和"业财一体化"，即业务要按照财务的要求规范开展。

在这个复杂的体系下，业务的结果需要"抛"给财务（首钢股份内部称之为"抛账"）。财务根据业务的结果，生成财务凭证。系统上线后，财务凭证自动化生成率达到99.4%。不过，因为系统很多，系统之间传输数据必须进行核对。因为一旦数据出错，后续流程都将难以进行。

为什么要对系统数据加以核对？这主要是因为系统之间的数据传递存在不稳定性。对此，余威进一步解释道："系统通过接口传输电文数据，但不可能做到100%的稳定。因为首钢股份的业务量很大，每天都有一百多万条电文在系统中通过TCP/IP（传输控制/网际）协议进行传输。虽然也采用了企业总线等技术，但系统稍有堵塞或不稳定，就可能会产生数据丢失。同时，接收系统还要对不同系统发来的电文进行数据解析，如果出现一些错误，或者在解析及翻译规则上有一些疏漏，也会产生数据上的问题。"

例如，建设一条新生产线需要采购大量设备，这将涉及设备的全生命周期管理，需要借助"工程项目管理系统"来完成。生产线运行后，就需要使用"设备管理系统"对设备运行状态进行管理，以便于进行维护检修。此外，设备备品备件的购买需要使用"采购管理系统"来管理采购的寻源和执行，发生的所有费用都需要使用"财务管理系统"进行核算和资金支出。由于每个业务领域都有专门的系统开展业务运作，而业务运作又是一个端到端、跨系统的过程，因此系统之间必然需要传递大量的数据。如果数据在传递过程中出错，会很难追溯错误源头，只能靠手动调整系统数据表来修正错误数据。

再比如，财务部门为了合并报表，需要从SAP核算系统中抽取财务凭证到浪潮合并报表系统。双方的标签字段并不对应，需要相互转换和"翻译"，这一过程中会出现各种各样的问题。即使100万张凭证中只错了几张，后续的科目合并流程也会因此产生错误。当前的实际运行结果显示，大概 5% 的凭证会因为数据传输等问题产生错误。如果不加入人工验证的环节，就无法保障系统的正常运行。

各系统内部的数据质量是可以保证的，但数据在传输过程中，却出为各种原因无法实现 100% 的稳定。此外，不断出现的新业务和新规则也会导致数据"翻译"错误的问题，很难通过排错（Debug）的方式去根除。因此，对于大型生产管理系统而言，即使出问题的概率非常小，也必须进行防范和干预。

为解决这个问题，首钢股份在各部门都投入了一定的人员，找出使用 Excel 最熟练的"表哥""表姐"，按照事先制定的数十个对应流程，每天进行人工检查与核对。这些"表哥""表姐"还必须是业务经验丰富的员工，因为只有这样的员工才可以凭借对业务线的熟悉，发现较为明显的数据错误。

余威对此感触很深，"例如，仓库的人每天都要花半个小时核对库存，成本系统中零点库存的数量要和制造系统中的数量完全一致，物料明细也要一致，这都需要检查，如果不一致则需要进行回溯处理。诸如此类的问题非常多，除了烦琐，还需要有人在固定的时间去核对，不能说今天有事情就不做了，很多时候这项工作还要在深夜进行，所以整体来看，这确实是一个让人难以满意的局面"。

四、RPA 解决方案

2019 年年末，产销一体化系统的各业务模块运行正常。虽然业务规范化和数据标准化的问题已经解决，但依靠人工来核对系统间的海量数据依然让人头疼，尤其是上文提到的浪潮合并报表系统与 SAP 核算系统的数据核对工作，超过人力能够做到的上限，系统运行的准确性难以保证。在不断寻找解决办法的过程中，一款名为 RPA 的产品进入了余威的视野。

余威表示"通过机器人程序，实现自动对表格数据进行核对整理，替代人工，这听起来恰好能解决我们'需要对系统数据进行核对'的问题"。接下来，首钢股份挑选了国内外几家企业，针对实际问题进行程序编制。初步评估之后，首钢股份看到了这种解决方案的价值。

相较于外企同行，国内 RPA 企业往往态度更为务实，产品也更为易用。2020 年 2 月，首钢股份正式启动了 RPA 技术服务项目，并最终选择了北京来也网络科技有限公司（以下简称"来也科技"）的 UiBot 产品，购买了 10 个 RPA 相关产品组合。在与信息化运营、成本、财务、采购、销售等相关业务部门进行深入讨论调研之后，确定 RPA 项目一期共包括 29 个流程，其中计财部 21 个，采购中心 2 个，智能化应用部 5 个，钢贸部 1 个。项目团队与来也科技团队合作对业务流程进行开发和测试，历经 4 个月的实施，项目于 2020 年 6 月上旬陆续验收上线。

在项目结案报告中，首钢股份做了各流程的情况前后对比（如表 2 所示），并做出如下总结："本次 RPA 系统应用，涉及成本系统与各交互系统数据核对、月末结算操作、日常重复操作等业务场景，解决了成本系统与各系统（制造系统、投料系统、供应 PES、厂内物流系统等）数据核对耗时耗力的问题，提高了成本系统的数据准确性，为成本月结顺利进行打下基础。"

表 2 首钢 RPA 项目一期具体流程前后对比

序号	部门	具体流程	机器人完成时间	人工完成时间
1	计财	制造系统与成本系统对账	7 分钟	跨系统 30 分钟
2	计财	投料系统与成本核算系统（原燃料）对账	3 分钟	跨系统 30 分钟
3	计财	供应 PES 与成本核算系统（原燃料）对账	5 分钟	跨系统 40 分钟
4	计财	投料系统与成本核算系统（产副品）对账	10 分钟	跨系统 30 分钟
5	计财	供应 PES 与成本核算系统（产副品）对账	16 分钟	跨系统 30 分钟
6	计财	成本系统与投料 PES 核对轧辊出库信息	10 分钟	跨系统 40 分钟

（续表）

序号	部门	具体流程	机器人完成时间	人工完成时间
7	计财	成本系统与投料PES核对轧辊摊销信息	5分钟	跨系统30分钟
8	计财	成本系统与厂内物流系统核对运输服务信息	5分钟	跨系统30分钟
9	计财	热轧工序成本表导出	3分钟	跨系统25分钟
10	计财	成本AI模块新增产副品+牌号及预算因子	2小时	3.5小时
11	计财	成本AI模块月结	25分钟	夜间1.5小时
12	计财	成本AR月结	7分钟	30分钟
13	计财	月结关账	29分钟	3小时
14	计财	日清日结	3分钟	15分钟
15	计财	导出财务明细帐	4天	多人作业无法预估
16	计财	浪潮与SAP核对	4小时	无法完成
17	计财	原燃料收发存对账	4分钟	30分钟
18	计财	主产品销售数量核对	4分钟	30分钟
19	计财	主产品准发数量核对	13分钟	40分钟
20	采购中心	供应PES与采购系统对账	14分钟	40分钟
21	采购中心	采购系统与经营决策系统对账	9分钟	跨系统30分钟
22	智能化应用	硬件巡检记录审计	3分钟	10分钟
23	智能化应用	系统备份情况审计	2分钟	10分钟
24	智能化应用	撰写系统运营月报	2.5小时	7小时
25	智能化应用	代码稽查	20分钟	无法估计时间
26	智能化应用	系统接口监控	15分钟	2小时
27	钢贸	资金系统资金流水分拣	5分钟	20分钟
28/29	计财	浪潮与SAP核对流程和原燃料收发存对账流程	4小时	无法完成

资料来源：首钢股份提供。

尤其是成本专业月末结账某些特定操作需要在特定时段进行，而 RPA 的应用使专业操作人员摆脱了夜间操作系统的困扰，从需要在夜间工作一两个小时，变成只需在机器人执行任务后检查结果即可，大幅提高了工作效率。在财务专业 SAP 与浪潮系统辅助核算项核对的流程中，RPA 有效解决了数据量过大、人工无法核对的问题，也在技术上实现了多个辅助核算项复杂的逻辑转换，成功填补了业务在这项工作上的空白，将不可能变成了可能。

该项目首次突破性解决了凭证辅助核算项核对问题，对股份公司财务业务自动化率提升具有重要意义，该流程在得到充分验证后，会逐渐从迁钢公司推广至股份公司中的其他公司。RPA 技术推广后，其他业务流程工作的效率均有三到五倍的提升，目前范围内就节约工时 41.3 小时/天，并且做到了业务操作零错误，初步达到了为公司引入数字化劳动力、提升人力价值的目的。

以编号 24 "智能化应用部—撰写系统运营月报"流程为例，具体的流程优化步骤如表 3 所示。

表3 智能化应用部—撰写系统运营月报具体流程说明

步骤	具体操作
获取指标截图	截图数量 300~400 张
导出性能数据	通过元素抓取和 OCR 读取系统中的各项指标数据 300~400 项
分析性能数据	对抓取的数据进行阈值分析及计算
整理月报模板	对前步骤获取的所有截图和数据进行排版整理，完成月报撰写

人工完成截图并按模板输出需要 7 小时，RPA 完成仅需 2.5 小时，效率与工作自动化程度大幅提高，错误率趋近于 0

资料来源：根据首钢股份提供的资料整理。

以编号 28/29 "计财部—浪潮与 SAP 核对流程和原燃料收发存对账流程"为例，具体的流程优化步骤如表 4 所示。

表 4　计财部—浪潮与 SAP 核对流程和原燃料收发存对账具体流程说明

步骤	具体操作
获取浪潮数据库数据	在浪潮数据库中获取数据，数据量预估达 18 万～35 万条，在 12 月会涉及 50 万条数据
获取 SAP 系统数据	在 SAP 系统中获取数据，数据量预估达 18 万～35 万条
核对浪潮数据与 SAP 数据	根据核对规则，机器人在后台对海量数据进行核对处理
发送结果邮件	将处理结果反馈给业务人员
人工无法完成全部系统数据核对，RPA 完成仅需 4 小时，填补了业务上的空白，工作自动化程度大幅提高，错误率趋近于 0	

资料来源：根据首钢股份提供的资料整理。

五、未来规划

从 2002 年开始的二十余年的信息化建设进程让首钢股份经历、见证了中国企业信息化的全过程，并成为其中重要的组成部分。在智慧制造等顶层设计的牵引下，首钢股份的产销一体化系统成为新时代中国制造业数字化转型的一个缩影和里程碑。而在更宏大的企业信息化历史上，其实现的目标和遇到的问题，也都从不同侧面揭示了企业数字化转型过程中的必经之路。

余威认为，自工业 4.0 概念提出以来，系统间的集成便成为众多企业都需要面对的一个难题。企业不仅需要完成数据上下游之间的集成（纵向集成）和不同管理层级之间的集成（横向集成），还需要实现产品生命周期从设计到服务的集成（端到端集成）。

解决信息系统集成问题通常有两种方式：一是通过数据集成，二是应用调用集成。前者需要集成者可以直接访问数据库，后者则需要被调用应用能够提供 API（Application Programming Interface，应用程序编程接口）。然而，并非所有应用软件都提供了数据库接口，也并非所有软件都会提供 API。因此，即使企业在付出巨大代价建成了"大一统"的平台之后，依然会发现系统与系统之间在统一平台上的业务衔接和数据传递可能会不尽如人意。此时，RPA 产品可以充当各系统、各应用间的"摆渡车"，以外部挂载的形式解决跨系统业务衔接和接口数据缺失问题。RPA 的"非侵入式"特点不仅不影响企业原有 IT 系统结构,还能替代烦琐重复、错误率高的人工操作,进而实现更为紧密的业务集成,减少流程处理时间。

目前,首钢股份正在筹划 RPA 二期项目(如表 5 所示),主要围绕数据核对、IT 运维效率提升、部分业务实现自动操作等方面进行 RPA 流程开发。余威还计划在未来五年内,将 RPA 与语音识别技术、图像识别技术、自然语言处理技术叠加,将 RPA 与机器人认知智能化结合起来,逐步构建起能够有效推进公司业务流程自动化、智能化的 RPA+AI 技术应用平台,将 RPA 技术应用到公司每个需要提效的点位,促进业务标准化和数据质量的持续提升。通过对公司各领域业务流程自动化的推进,逐渐形成新的自动化、智能化工作思维,以此更好地适应和支撑公司的转型提效和未来发展。

表 5 首钢股份 RPA 二期项目部分计划

IT 运维及其他	财务	销售
• IT 事件调度台智能应答机器(第一阶段建设) • 信息系统响应状态轮巡 • ITOM(IT 运营管理)权限变更自动处理 • 制造部产销系统与各 PES 数据检验 • 保卫武装部进出门票自动获取状态及信息 • 保卫武装部入厂车辆轨迹信息数据汇总分析 • 保卫武装部车辆进出厂报表分析 • 采购中心成本系统与供应 PES 核对收发存	• 项目一期流程再优化 • 成本核算系统 AC 模块月结流程 • 成本核算系统向 SPA 系统抛账及对账 • 迁钢公司暂估应付账款明细统计 • 钢铁板块应收款项统计 • 钢铁板块应付款项统计 • 钢铁板块存货资金占用统计 • 钢铁板块应交/已交税费统计 • 《存货明细表(钢铁板块)》和《存货情况表》编制 • 销售收入汇总统计 • 浪潮系统向经营管理驾驶舱导入财务三张主表	• 应收合同自动配款 • 现货销售合同结案 • 代订期货销售合同结案 • 价格版本核查 • 核对认证供货量数据 • 核对装车方案数据

资料来源:根据首钢股份提供的资料整理。

余威认为，中国制造业企业的信息化和数字化（即所谓"产业互联网"）是未来一段时间的绝对主流。因此，只有通过信息的穿透，实现"业务靠管理落地、管理靠流程优化、流程靠系统固化"，才能降本增效，增强企业的竞争力。首钢股份未来的数字化脚步不会停下，但也将面临新的挑战。将 RPA 技术引入数据核对的应用场景虽然切实解决了业务人员操作效率较低的问题，但如果 RPA 只是充当"对数""核算"的角色，其在产业互联网发展中的意义会较为有限。如何使 RPA+AI 在业务系统规范操作、数据质量保证等方面实现更多的智能化应用，还有待进一步地探索和实践。

与此同时，首钢股份的实践也引发了一系列问题：大型企业在实施了"大一统"的信息化项目之后依然需要借助 RPA 充当"摆渡车"，那么各种"统一平台"的建设是否应该在设计时就考虑并预防这种问题的出现？企业对于信息化、数字化的建设蓝图，该如何构建才能更具现实意义？"数据孤岛"是否无可避免？依靠 RPA 来连通各个系统是不是解决"数据孤岛"的最佳方案？

参考文献：

48 家钢企上榜"2019 中国企业 500 强"［EB/OL］.（2019-09-03）［2024-12-02］. http：//finance.sina.com.cn/money/future/indu/2019-09-03/doc-iicezueu3081010.shtml.

03

战略引领

隆基：走出光伏产业的红海
张志学、王路

安踏：永不止步
王铁民、仲雯雯

四维图新：从图商到打造"智能汽车大脑"
王铁民、刘兴鹏、孟想

腾讯智慧出行：助推汽车产业智能化发展
王铁民、赵阳、尚志华、李默宜、张凡

隆基：走出光伏产业的红海[①]

张志学、王路

创作者说

2006年，隆基绿能科技股份有限公司（以下简称"隆基"）正式进入光伏领域，开始规模化投资太阳能级单晶硅，到2014年，隆基已经达成第一阶段的目标，成为全球第一的单晶硅棒/片制造商。随后孤独求败的隆基在面对垂直一体化和横向一体化的艰难战略抉择中，经过全面的利弊权衡最终选择了向产业下游电池组件生产垂直拓展的发展路线。回顾中国光伏产业的发展历程，不难发现一个怪圈，即每隔三五年光伏行业就会重新洗牌。但自隆基登顶以来，这一魔咒就此打破。其中的原因有很多。从管理决策机制、战略原则到实践方法，隆基制订了具有自己发展特色的解决方案。本案例揭开了隆基领导团队当年决策和思考的众多细节。

隆基的案例说明了时机的重要性。化石能源总有枯竭的一天，新的清洁能源技术过去进步得比较缓慢，在隆基进入这个行业前后，光伏技术终于有了快速进步，上游的材料也大幅降价，令"过剩论"者更清晰地判断出值得追寻的业务方向。

近两年，中国光伏产业再次面临产能过剩、竞争红海和新一轮贸易战，而隆基依然保有信心，坚持长期主义路线，押注技术创新，于2023年9月宣布全面布局背接触电池（Back Contact，BC）技术路线，以期拿出"高功率、高价值"的领先技术和产品，打破行业同质化困局。隆基能否在本轮变革中再次发展，值得持续关注。

---

① 本案例纳入北京大学管理案例库的时间为2023年3月16日。

2014年，隆基创始人兼总裁李振国，决心为隆基制定第二阶段的战略方向和目标。作为当时全球最大的太阳能单晶硅棒/片制造商，隆基基本处于孤独求败的地位。李振国说："除了体量世界第一，隆基在技术上也是领先的，我们牵头制定了全球单晶硅片技术标准。"

然而，单晶硅并非光伏产业唯一的技术路线。随着技术的发展，光伏产业在全球主要由三大技术路线构成，即单晶硅、多晶硅以及非晶硅薄膜技术。不同的技术路线有不同的优缺点。单晶硅技术具有最高的光电转化效应，但制造成本高；多晶硅技术的光电转换效率较低，但制造成本低；非晶硅薄膜技术的光电转换效率更低，但具有良好的延展性和弱光性。不同的技术路线都有相关的代表企业，美国的 First Solar 公司作为非晶硅薄膜技术的典型代表，近年来有不俗的市场表现。多晶硅技术则以香港协鑫为代表，曾经的无锡尚德也曾是多晶硅技术的代表。整体上市场产业的竞争非常激烈。行业领军企业每隔三五年就会折戟沉沙。2013年，曾经风光无限的无锡尚德宣布破产。

李振国清醒地认识到，隆基虽然已经是全球最大的单晶硅棒/片制造商，但实际上单晶硅棒/片的整体市场份额处于连年滑坡的疲态。在这种状态下，该如何为隆基选择未来的发展方向呢？是纵向垂直延伸产业上下游还是横向朝更高端的半导体晶圆制造发展呢？

一、创业经历

隆基是全球知名的单晶硅生产制造企业，也是全球领先的太阳能科技公司。多年来，隆基以突破性的单晶硅技术引领光伏行业在产品转型和度电成本优化等领域不断企及新高度。如今，隆基每年为全球供应超过 30 吉瓦的高效太阳能硅片和组件产品，约占全球 1/4 的市场份额。隆基被业内公认为最有价值的太阳能公司，也是目前全球市值最大的太阳能公司。

创新与可持续发展是隆基经营的两大核心理念,隆基每年投入年营业收入的4.9%~6.9%用于技术和产品研发,详见图1。

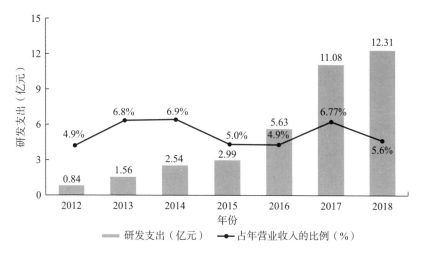

图1 隆基研发支出及占年营业收入的比例

资料来源:隆基官网。

隆基创始人李振国毕业于兰州大学半导体材料专业。1990年大学毕业之后,他被分配到陕西华山半导体材料厂,从事的工作是专业对口的单晶硅材料制造。"没想到这一干就是一辈子。"他说。

邓小平发表南方谈话的1992年,李振国决心下海经商。1995年年底,一次偶然的机会,他受聘于陕西机械学院(西安理工大学的前身)单晶炉实验基地,负责单晶炉的设计和建造。一年之后,他开始单独承包基地仅有的两台单晶炉,并接到了德国西门子光伏事业部美国分公司的单晶硅棒订单。1997年,他获利几十万元,收获了人生的第一桶金。那一年,他28岁。

这一时期的单晶硅材料非常昂贵,生产硅棒具有一定的获利空间。2000年,李振国创立了西安新盟电子科技有限公司(隆基的前身),以半导体材料、半导体设备的开发、制造和销售为主要业务,正式开启了隆基进军单晶硅产业的步伐。

二、晶硅产业发展背景

受益于20世纪90年代初的《联合国全球气候变化框架公约》以及随后多年的迭代修正，清洁能源逐步被写入各国的相关法案。2000年，德国发布的《可再生能源法》直接推动了德国光伏产业的发展。此后西方发达国家在减少碳排放、发展光伏类的清洁能源方面的需求越来越大。作为光伏发电核心的硅片开始成为市场上的紧俏资源，推动了全球对硅原料和多晶硅锭、单晶硅棒的需求。2002—2006年左右的一段时间内，无论是单晶硅还是多晶硅的价格都高居不下。以单晶硅片为例，单片的价格在100元左右。

彼时无论是做硅晶的哪一个环节，一般都会成功。虽然那时隆基所掌握的并非高精尖的技术、生产的并非高精尖的产品，只是围绕硅原料资源展开作业，但面对市场的持续利好（详见图2），李振国决定放手一搏。

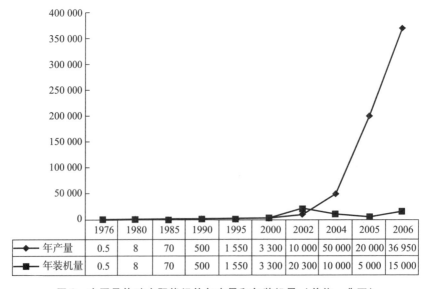

图2 中国晶体硅太阳能组件年产量和年装机量（单位：兆瓦）

2003—2005年，具有冒险气质的李振国带领隆基逐年扩大产能。他说："2002年，业务做得还比较顺利。延续到2003年的时候，自信心就膨胀到觉得自己无所不能了。于是决定同时上马四个项目。"然而此时的隆基还非常单薄，缺乏相应的组织和资源，盲目扩产最终导致四个项目同时夭折。但是，这一次幸得幸运女神眷顾，并没有给隆基带来致命性的伤害。

李振国说："事情是这样的，2002年，公司向乌克兰的一家硅材料相关企业出口两货柜的多晶硅料，市场价值达200万美元左右。货柜到埠，买方检查之后以质量不合格为由，拒绝接收货品完成交易。"这对于刚刚处于创业起步期的李振国来讲无疑是一次比较大的打击。这也是他第一次做交易时间长、交易节点难以控制的远洋贸易项目。不过，胆气过人的他并没有因此而退缩，反倒继续不断扩展业务。货柜被拒收后，沿着返航路线在海上漂了一年左右的时间，直到2004年4月才返回中国。而此时的多晶硅料市场价格已经翻了三番，货柜刚刚抵达港口就被其他买家全部接手。

这种状态一直持续到2005年。事实上，在隆基不断发展的过程中，李振国也在总结自身的不足。他对自己有足够清醒的认知。他说："企业由一个人说了算，对决策者来讲当然很爽。这意味着你的决策效率会很高，企业的执行力也会很强。同时也意味着你的正确决策会被很好地执行，错误决策也会被很快地执行。100个决策行为中，即使你有99个正确的决策，也架不住一个重大的错误决策。"

三、组建创始团队

基于企业长期发展与永续经营的考虑，李振国决定从外部引入其他管理人员一起创业。最先加入的钟宝申、李春安早年同样毕业于兰州大学，专业是物理学。他们几乎拥有相似的成长经历，钟宝申大学毕业后即被分配到辽宁参加工作，1993年下海经商。李春安最早留在兰州，两年之后奔赴东北和钟宝申一起创业。十年之后，因为生意原因，钟宝申曾拆借给李振国部分资金。靠着同为兰大校友的信任，他们随后又将这笔借款以债转股的形式注入西安新盟电子科技有限公司，后者自此改为股份有限公司。

2007年，西安新盟电子科技有限公司正式更名为西安隆基硅材料有限公司（隆基的前身），注册资本为2 500万元。

几乎与此同时，隆基已经开始正式进入单晶硅棒的生产研发阶段。2007年9月，隆基的第一个单晶硅棒生产项目正式在宁夏建成投产，宁夏隆基一期设计年产能为1 000吨，随后几年又扩展到年产能3 000吨。然而，由于缺乏专业的管理人才以及熟练的生产线工人，实际产能远未达到规划的设计产能。李振国算了一笔账："2010年，宁夏隆基的设计产能为250吨/月，但实际产能为170吨/月。这就意味着每个月宁夏隆基有80吨的产能流失了。按照当时40万元/吨的市价，宁夏隆基一年流失的营业额就高达3.84亿元。"这让李振国他们非常焦虑。他们迫切需要找来一个擅长生产运营的管理人才。

事实上，同在陕西咸阳工作的兰大物理系校友李文学在隆基发展的早期阶段就偶尔为李振国建言献策。李振国也真心想邀请李文学加入公司。但是，李文学对自身所在的国有军工配套企业感情很深。自毕业起20年左右的时间，他都和这家企业一同成长。2008年，李文学顺利迎来了职业生涯的高光时刻。他从一个车间技术员最终成长为这家国企的一把手，身兼党委书记、董事长和总经理三职。李振国、钟宝申并没有气馁，他们诚心诚意持续地邀请。2010年，李文学终于同意了。囿于国企干部的制度规定，他无法迅速地离开原组织体系，于是他请了一年的长假。进入隆基之后，他被安排为总公司的副总经理。他说："我来的时候钟总跟我讲，安排我为总公司的副总，主管生产运营。当时我们总共有四家子公司。"履新之后，他即被派往宁夏中宁解决产能爬坡的问题。3个月后，宁夏中宁的产能问题即被解决。李文学也从中得到了隆基所有人的认可以及价值实现的快感。于是，他从原本一年长假的过渡转为彻底地加入隆基。

至此，隆基的领导班子基本形成。钟宝申作为当时的总经理负责集团业务运营，李振国作为当时的董事长负责融资和市场，李文学负责生产运营。隆基的集体决策机制和管理团队基本形成。李振国总结，在起起伏伏、剧烈波动的光伏产业中，隆基几乎没有犯决策错误的一个重要保证就是集体决策的机制。

四、进军光伏产业

2006年被李振国和钟宝申视为隆基发展的一个重要的转折点。这一年，宁夏单晶硅棒生产项目正式启动，单晶硅棒规模化生产拉开序幕，标志着隆基正式进军光伏产业。2006年中国晶体硅太阳电池生产能力如表1所示，表中所列出公司的生产能力总和为1 629兆瓦。

表1 2006年中国晶体硅太阳电池生产能力

公司名称	生产能力（兆瓦）	公司名称	生产能力（兆瓦）
无锡尚德太阳能电力有限公司	300	江苏天保光伏能源有限公司	25
宁波太阳能电源有限公司	100	上海交大泰阳绿色能源有限公司	25
浙江向日葵光能科技有限公司	100	中轻太阳电池有限责任公司	25
浙江环球太阳能科技发展有限公司	80	苏州阿特斯	25
中电电气（南京）光伏有限公司	200	江阴浚鑫科技有限公司	25
常州天合光能有限公司	50	杉杉尤利卡太阳能科技发展有限公司	20
天威英利新能源有限公司	60	北京世华创新科技有限公司	20
云南天达光伏科技有限公司	50	浙江公元太阳能科技有限公司	20
厦门润方太阳能科技有限公司	50	江苏中盛光电有限公司	15
江苏林洋新能源有限公司	100	北京桑普阳光	5
晶澳太阳能有限公司	75	广东铨欣照明有限公司（草坪灯用电池）	20
深圳市拓日电子科技有限公司	38	云南卓业能源科技有限公司	10

（续表）

公司名称	生产能力（兆瓦）	公司名称	生产能力（兆瓦）
柏玛微电子（常州）有限公司	50	海南天聚太阳能	10
深圳珈伟实业	40	上海超日太阳能科技公司	10
无锡尚德太阳能电力科技有限公司	30	北京中联	1
上海太阳能科技有限公司	50		

资料来源：王斯成.2006年中国光伏产业链市场发展预测［J］.中国建设动态（阳光能源），2007（2）：72-73。

在确立规模化投资光伏之前，李振国等人做了十分深入的研究。他说："我们主要研究了两件事情。第一件事情是认清光伏行业的服务本质。技术出身的我们非常在意事物的第一性问题。通过调研，我们认为光伏行业的服务本质是度电成本不断地降低。"他们得出了一个重要结论：现阶段任何单一环节的光电转换效率如果不能映射到对度电成本的贡献，那么它就未必是一条好的技术路线。

对光伏行业本质的清晰认识是李振国和钟宝申判断未来技术路线潜力的指路明灯。单晶硅技术的光电转化效率目前最高在25%左右，多晶硅技术的最高转化效率大约是18%，非晶硅薄膜技术的光电转化效率在10%左右。[1] 当然，这几种技术都在不断迭代提升效率的过程中，决定它们潜力的根本问题在于成本。彼时，单晶硅的制造成本最高，其后依次是非晶硅薄膜和多晶硅。在对非晶硅薄膜技术、晶硅中的单晶硅和多晶硅技术进行深入研究的基础上，他们坚信未来随着技术的提升，单晶硅的制造成本会和

---

[1] 薄膜电池包括非晶硅薄膜电池、碲化镉（CdTe）薄膜电池和铜铟镓硒（CIGS）薄膜电池三种。后两种薄膜电池的光电转换效率更高，最高转换效率分别为16.7%和20.3%左右。为什么如此高的光电转换效率却没能大面积推广开来呢？事实上，镉（Cd）是一种有毒元素，制备过程和使用过程都可能对人体产生伤害。同时，镉也是一种非常稀有的元素，并不适合大规模量产。尽管2010年First Solar已经将CdTe薄膜电池的生产成本降至0.76美元/瓦，但最终CdTe薄膜电池还是成为边缘技术。CIGS薄膜电池也有类似的问题，铟（In）和镓（Ga）都是非常稀有的元素，并且CIGS薄膜电池受多元素配比困扰，工艺难以控制，最终无法大规模推广，沦为边缘产品。

多晶硅一样低廉。最终他们决定进入单晶硅赛道。2006 年中国太阳能级晶硅制造产能如表 2 所示。

表 2　2006 年中国太阳能级晶硅制造产能

厂商	材料类别	年生产能力（吨）	年产量（吨）
河北宁晋晶隆	单晶硅	2 250	1 126
锦州华日	单晶硅	800	400
常州天合	单晶硅	180	60
青海新能源	单晶硅	270	0
保定天威英利	多晶硅	770	260
宁波晶元	多晶硅	90	40
江苏顺达	单晶硅	350	100
精工绍兴太阳能	多晶硅	132	0
其他	单晶硅	1 000	400
合计		5 842	2 386

资料来源：王斯成. 2006 年中国光伏产业链市场发展预测［J］. 中国建设动态（阳光能源），2007（2）：72-73。

如果选择进入单晶硅赛道，那么这条赛道上的竞争格局是什么样的呢？"第二件事情就是研究太阳能级单晶硅的竞争格局及未来的走势。"李振国说。2006 年的光伏产业环境一片利好。"几乎到了任何人进来就能赚钱，干得越快越赚钱，干的环节越多越赚钱的地步。"他说。[①]

这是不是意味着"跑步进场"的时候到了？这时候的李振国和钟宝申反倒犹豫了起来。李振国说："我们的基本假设是凡是人能造出的东西，短缺一定是阶段性的，过剩才是常态。"所以面对一片火热的光伏产业，他们能够静下心来审慎决策。光伏产业的上游是硅材料、工业设备制造、多晶

---

① 单晶硅按照用途的不同，提纯的工艺标准存在差异。一般来讲，太阳能级的单晶硅仅需要达到 99.9999% 的纯度。晶圆制造级需要单晶硅达到 99.999999% 以上的纯度标准，目前实验室最高纯度可达 99.9999999999%。单晶硅的纯度越高、晶体结构越接近完美，其电学性质才能得到越好的发挥。

硅锭、单晶硅棒，中游是切片加工、其他辅料，下游是电池组件、光伏电站系统及其他配套产业。

一方面，除了电站系统具有一定的资源属性，其他所有上下游环节都是制造属性。制造属性意味着行业难以形成竞争壁垒，未来一定是充分竞争的状态。另一方面，行业周期和产能周期的错位，极易给市场未来的某个时点带来过度供给的危险。

五、隆基的竞争策略

李振国从毕业到 2006 年一直从事的都是单晶硅制造相关业务。如今，既然确立了隆基未来的发展方向是光伏产业，那么就要对这条路线上可能遇到的风险和问题有一个清晰的认识。进入太阳能级单晶硅制造行业的最大威胁是未来近似完全竞争的格局。完全竞争意味着产品同质化，买卖双方平等共享整个市场的资源信息。最终，产品要实现竞争优势就只能从降低成本着手。如此，制造属性的企业的利润率空间会被无限压缩。

针对这一问题，2006 年，隆基提出了四条竞争策略。

第一条策略：集中一点形成突破。李振国和钟宝申认为，作为当时的一家小企业，隆基的资源和优势并不多，不宜拉长产业链。反观自身，隆基的优势其实在于单晶硅棒的生长和切片。"那么我们就应该把所有资源集中起来，在自己最擅长的环节形成单点突破。"李振国说。这也是隆基当时制定的公司发展的第一阶段的目标——成为全球领先的单晶硅棒/片制造商。他说："我们的目标很简单，如果其他企业同时做拉棒切片和电池组件，那么我们就是要让他们觉得自己做拉棒切片并不划算，还不如交给我们来做。因为我们的技术和成本优势足以匹敌市面上的任何企业。"

如今再看单晶硅片的价格就很能说明问题。在以隆基为首的单晶硅片制造商的带领下，单晶硅片的单价从 2007 年的 200 多元下跌至 2017 年的 6 元左右（2019 年的价格已低至每片 3.47 元左右，详见表 3）。仅仅 10 年间，整整跌了 97% 左右。这种损失放大到整个光伏产业，可以想象产业竞争的惨烈程度，可谓"血流成河"。这可能也是光伏产业每隔三五年行业龙头就会消失的原因之一。

表3 2019年隆基部分硅片价格一览

发布日期	产品名称	人民币基准价格（元）
2019-11-25	单晶硅片P型M6 180微米厚度（166/223毫米）	3.47
2019-11-25	单晶硅片P型M2 180微米	3.07
2019-10-24	单晶硅片P型M6 180微米厚度（166/223毫米）	3.47
2019-10-24	单晶硅片P型M2 180微米	3.07
2019-09-23	单晶硅片P型M6 180微米厚度（166/223毫米）	3.47
2019-09-23	单晶硅片P型M2 180微米	3.07
2019-08-26	单晶硅片P型M6 180微米厚度（166/223毫米）	3.47
2019-08-26	单晶硅片P型M2 180微米	3.07
2019-07-22	单晶硅片P型M6 180微米厚度（166/223毫米）	3.47
2019-07-22	单晶硅片P型M2 180微米	3.07

数据来源：隆基官网。

第二条策略：隆基作为"过剩论"的拥趸，拒绝和上游多晶硅料制造商签订锁定价格的长期采购合约，以避免在未来行业过剩时期背负沉重的成本压力。

这一策略在当时被很多同行认为是缺乏战略眼光的表现。如前所述，在拥"硅"为王的2006—2008年，迅速扩大横向和纵向的产能是赚钱的重要途径。换句话说，盘子越大，盈利越多。在这种情况下，掌握紧俏的多晶硅原料就显得非常重要。在行业中的其他友商还在为稳定、平价的多晶硅料的供应链问题抓破脑袋之时，隆基就已经认定未来行业会出现过剩。这在当时显得非常不合时宜。因为拥有稳定的多晶硅料长期供应合约在当时被认为是企业实力和核心竞争力的证明。上游多晶硅厂商和单晶硅棒/片厂商签订长单，锁定价格，也是为了保证自己在未来的稳定现金流。事实上，隆基通过这种做法将经营周期风险转嫁给了它的下游厂商。

在这种情况下，隆基和上游厂商签订的长单都是锁量不锁价，即价格按照市场当期价格随时变动，改期货交易为现货交易。2007年，一公斤多晶硅料的市场价格为400美元，2009年的价格陡然降低。十年之后，每公斤多晶硅料的价格已经缩水到9美元。变化之快，令人咋舌，而价格急速缩水的背后是众多单晶硅制造商的噩梦。那些当时颇具实力和核心竞争力的晶硅制造商早已被历史的车轮碾碎。

第三条策略：电力成本是未来单晶硅棒/片的最大成本——生产线选址一定要布局在电价低廉的区域。2006年，单晶硅片的成本构成中电力成本仅占到总成本的1.8%，几乎可以忽略不计。那么李振国和钟宝申何以能够早早预判电力成本会成为未来单晶硅片制造的关键呢？他们认为，还是应该回到"过剩论"的总原则。彼时的成本构成中，多晶硅料占据半壁江山。如前所述，由于市场当时的供应不足，多晶硅料的价格已经被炒上了天——每公斤400美元。

"海潮退去，你才知道到底是谁在裸泳。"在市场供应充足，乃至过剩之际，多晶硅料的价格已经严重缩水。此时，电力成本的重要性才凸显出来。直到2013年左右，行业内的其他竞争者才回过神来，开始往内蒙古、新疆、宁夏和云南等电力成本较低的区域转移。

第四条策略：为技术升级留下窗口。半导体行业中有一个著名的"摩尔定律"，即当价格不变时，每隔18~24个月，集成电路可容纳的元器件数量就会增加一倍，性能也会提升一倍。从严格意义上来讲，目前的光伏产业主要依赖于半导体技术。所以半导体产业的定律也同样适用于以晶硅为载体的光伏产业。这也就意味着，光伏产业具有技术迭代速度快的特征。因此，企业需要提升与之相适应的设备有效利用率和技术前瞻性。在单晶硅片制造成本中，除了原料和电力，最重要的成本在于固定资产。换句话说，最重要的成本是固定资产中的生产设备，例如制备单晶生长的单晶炉。

得益于早年间在西安理工大学单晶炉实验基地的工作经历，李振国对各种轴距和类型的单晶炉设计制造都比较了解。随着技术的发展以及出于对未来技术发展的准备，隆基会在技术规格满足生产线制备的基础上，预留工艺提升的空间。例如隆基原先生产的M2尺寸硅片的规格是156.75毫米×

156.75毫米×dia210毫米（dia意为直径）。在不改变电池组件尺寸的情况下，只能通过增大硅片的尺寸提升电池功率，于是M2需要逐步增加尺寸，目前隆基的M6型硅片尺寸已达166毫米×166毫米×dia223毫米（详见图3）。

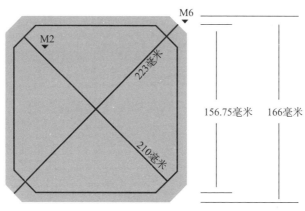

图3　硅片尺寸示例

数据来源：隆基官网。

更大规格的硅片制造，需要更大规格的单晶炉进行拉制。如果一开始单晶炉仅可容纳宽为156毫米的硅片，那么M2的尺寸增加要么无从谈起，要么只能舍弃旧的单晶炉采购新的单晶炉。如此一来，对企业来讲是非常大的损失。在未来充分竞争的格局下，每增加一分钱的成本都有可能致使企业丧失有利地位。

因此，生产设备如单晶炉就必须比产品规划的尺寸设计得更大，以避免技术更迭带来的损失。李振国说："我们的主装备就是单晶炉，单晶炉是自己设计定制的，主要是为未来留出升级的接口。"2006年隆基采买的单晶炉设计产能是每月600公斤，2010年升级为每月1 200公斤，2016年再次将产能提升至每月3吨。具有前瞻性的设备设计理念，为隆基减少了许多不必要的生产成本。

综上，在"过剩论"的指引下，隆基形成的四条竞争策略成为日后制胜波谲云诡的光伏市场上单晶明星企业的关键。李振国总结，隆基能够形成对技术的研判和对产业格局的正确认知，除了多元的决策机制，更主要的原因在于隆基愿意在技术研发上投入更多的资源和精力。没有足够好、足够充足的技术人才，就无法做出技术上和策略上的正确判断。正确的策略最终带领隆基成为单晶硅片全球第一制造商。2012 年，由于良好的业务表现和健康的财务表现，隆基正式登陆 A 股市场，成为光伏领域最重要的公众公司之一。

六、第二阶段的抉择

"我的专业是半导体材料，从个人情怀上讲，做 12 寸晶圆是我的毕生追求。"李振国说。2014 年的一天，隆基发布公告宣布临时停牌，公告称隆基日前涉及重大交易的可能。事实上，此次停牌期间，隆基正在和美国一家知名的晶圆制造企业进行合作谈判。

芯片级单晶硅晶圆制造是单晶硅片横向的发展方向之一，大尺寸的芯片级单晶硅片是制备芯片的重要载体（详见图 4，大尺寸晶圆是市场的发展趋势）。隆基仅需要提升单晶硅的纯度即可达到制备的工艺要求。

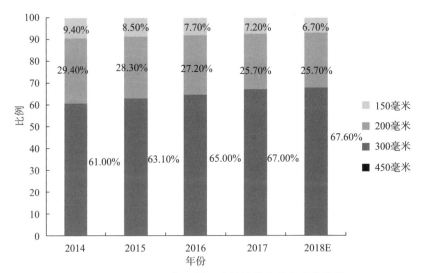

图 4 2014—2018 年不同尺寸晶圆的全球月产能格局

资料来源：邹润芳. 硅片大规模投资拉开序幕，国产设备迎来春天［EB/OL］.（2018-05-25）［2024-12-02］. https：//max.book118.com/html/2018/0525/168475061.shtm。

注：450 毫米在图中占比过低，未予显示。

除了朝向更高端的晶圆制造发展，此时的隆基还可以继续向产业的上下游积极扩展。如前所述，2012 年以来单晶硅片整体市场占有率逐渐降低。到了 2014—2015 年，全球太阳能级单晶硅片的整体占有率只有 18%，国内的占有率更低，跌至 5% 左右。

在这种情况下，是固守还是转移，成为一项艰难的抉择。李振国说："2014 年的战略研讨极其深入和艰苦。"后经讨论，管理层大部分认同发展晶圆制造的空间较小。另外，芯片级硅片的投入产出比较低，全球在这一方面的竞争对手，如日本的信越化学等也都比较强劲（详见图 5）。综上，晶圆制造不适宜作为隆基未来的发展方向。

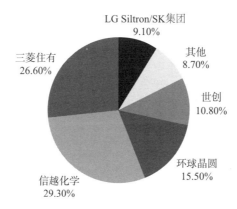

图 5　2017 年全球硅片制造企业市场占有率

资料来源：邹润芳. 硅片大规模投资拉开序幕，国产设备迎来春天［EB/OL］.（2018-05-25）［2024-12-02］. https：//max. book118. com/html/2018/0525/168475061. shtm。

既然晶圆制造这条路走不通，那么在单晶硅市场份额连年降低的背景下，发展电池组件合适吗？

李振国及创始团队认为："单晶硅片市场占有率连年下降的背后是下游的电池组件商所形成的价值阻隔。"换句话说，电池组件商提高了单晶硅片电池组件的价格，是导致单晶硅片全球占有率下降的罪魁祸首。上游的原料和单晶硅片价格本身处在一条下滑的曲线上，这种成本的降低却未能体现在下游的终端用户身上。李振国说："在 2012 年左右，单晶硅组件和多晶硅组件的制造成本基本无差，多晶硅组件会卖到 3.84 元/瓦，单晶硅组件的价格却高达5.76元/瓦。而无谓地增加电池组件成本，最终影响的是平价上网的可能性。"

因此，发展垂直一体化，向产业下游延伸，是解决单晶硅光伏终端市场占有率问题的关键。在某种意义上，靠近产业的下游其实更靠近市场的真实需求。他说："至少要做出个示范，让下游意识到，单晶硅高端不贵。"

对此，也有一些人表示不理解。作为光伏组件业务的上游供应商，隆基为什么要到下游与客户抢市场？"你们是怎么想的？"2016年，李振国为了争取进入无追索权贷款的征信白名单在美国路演，其间，花旗银行的一位对全球光伏产业十分了解的副总裁问他。他拿起同事的手机举例，解释说："苹果和三星作为竞争对手，在很多模块上互为上下游供应商，但这并不影响它们都成为优秀的企业。如果能给客户带来价值，我相信合作和竞争是可以共存的。"

梳理清楚这些问题之后，2014年，隆基宣告公司第一阶段的战略目标已经达成。下一步隆基将继续向产业下游的电池组件和电站系统发展。为顺利执行公司的战略，隆基确立了"1223"战略，即至2020年，公司要实现10吉瓦的电池组件生产、20吉瓦的硅片产能、2吉瓦的光伏电站系统，以及全年300亿元的销售额。

2014年10月12日，为了实现公司打通产业下游的战略，隆基股份收购了浙江乐叶光伏科技有限公司85%的股份，公司业务正式向太阳能电池、组件的研发、制造和销售拓展。

那么，除了价值阻隔，还有什么原因造成中国单晶硅组件的市场占有率远低于全球的市场占有率呢？其中一个原因在于国内的电池组件供应商以生产多晶硅为主，例如晶科、天合、英利以及曾经的无锡尚德。而国内的太阳能级单晶硅片主要销往国外市场，如欧洲和美洲市场。

中国作为全球光伏产业的重要生产基地，业务范畴涉及光伏产业的全链条，包括硅的提纯、硅锭、硅棒、硅片、组件和电站。那么为什么销往国外的平价单晶硅片，被制成组件之后身价猛涨呢？原因可能在于贸易壁垒。

七、光伏产业的贸易战

公开资料显示，2014 年，隆基营业收入来源以境外为主，境外收入占营业收入的 67.36%。国际市场是一块足够大的蛋糕。然而，欧美等地区的国家和市场频繁对中国的光伏企业进行压制。

2008 年金融危机的爆发以及接踵而至的欧债危机，导致欧美经济发展暂时受到了巨大压力，光伏企业的日子自然也不好过，为了保护本国包括光伏企业在内的经济组织，欧美地区对我国光伏产品接连发起反垄断、反倾销的"双反"调查，这一系列的非可控因素对国内光伏企业造成巨大冲击。与此同时，针对外方构建的贸易壁垒，中方迅速采取反制措施，外贸环境一时剑拔弩张。

2014 年 1 月 23 日，美国商务部发布公告，对进口自中国的光伏产品发起反倾销和反补贴合并调查，同时，对原产于中国台湾地区的光伏产品启动反倾销调查。这是美国自 2011 年 11 月以来第二次对我国光伏产品发起"双反"调查。

中国光伏企业最近一次涉入欧美的贸易官司发生在 2019 年 4 月。2019 年 4 月 4 日，美国国际贸易委员会（ITC）决定对中国光伏电池片及其下游产品发起"337 调查"。晶科、隆基等 7 家中国企业涉案。

据悉，该调查由美国 Hanwha Q CELLS 公司和 Advanced Materials 公司于 2019 年 3 月 4 日依据美国《1930 年关税法》第 337 节规定向 ITC 提出，指控中国对美出口、在美进口和在美销售的上述产品侵犯其专利权，请求 ITC 发起"337 调查"，并发布有限排除令和禁止令。

持续不断的"双反"调查严重阻碍了中国光伏企业顺利出海，不利于全球经济有序发展。就光伏企业的发展来讲，美国发起"双反"调查、和中国打贸易战，最终坐收渔翁之利的是 First Solar。同时，这也确立了美国下定决心发展非晶硅薄膜光伏的技术路线。而欧盟在"双反"问题上，就没有那么强势。因为中国的光伏产业从一开始就沿着欧盟区国家的光伏技术路线展开（详见图 6，中国太阳能产业产能快速增加，但国内市场增长缓慢)。或者，无论是单晶硅还是多晶硅，中国的硅片生产商都主要以欧盟订单为主(详见表4)。

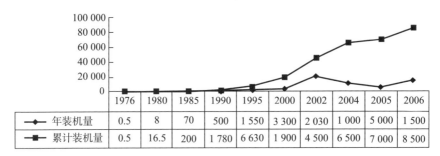

图 6　中国光伏年装机量和累计装机量统计（单位：兆瓦）

资料来源：王斯成.2006年中国光伏产业链市场发展预测［J］.中国建设动态（阳光能源），2007（2）：72-73.

表 4　2007—2015 年中国光伏电池组件产量、国内需求和出口比重

组件产量 供需状况	2007 年	2008 年	2009 年	2010 年	2011 年	2012 年	2013 年	2014 年	2015 年
组件产量 （兆瓦）	1 340	2 714	4 990	12 437	22 798	25 214	25 610	35 000	41 000
国内市场需求量（兆瓦）	20	40	160	500	2 700	3 560	10 680	10 640	15 000
出口比重（%）	98.51	98.53	96.79	95.98	88.16	85.88	58.3	69.6	63.41

资料来源：IEA PVPS Annual Report 2015 ［EB/OL］. ［2024-12-02］. https://iea-pvps. org/wp-content/uploads/2020/01/IEA-PVPS_Annual_Report_FINAL_130516. pdf.

2013年，李振国带领团队远赴布鲁塞尔的欧盟总部，参加就欧盟发起的针对中国光伏企业的"双反"调查举办的听证会。他说："这件事我印象很深，'双反'最开始并不包括硅片，大部分是关于电池组件的调查。后来开始延伸到对单晶硅片的限制和调查。"现场，他们代表隆基就欧盟对硅片的限制可能引起欧盟内部的下游企业生存困难的问题展开陈述。李振国说："当时阐述的最主要的观点就是欧洲没有硅片生产商，提高硅片的税收，将使下游企业无法生存。""当企业强大到对手也离不开你的时候，你的核心竞争力才算基本形成。"事后他总结道。

八、面对国内的政策环境

2013年,无锡尚德倒下了。个中原因有很多。一些学者分析,其中一个重要的原因是无锡尚德和无锡市政府的关系太近了。在2012年企业步履维艰的情况下,无锡尚德还要替无锡市政府解决数万人的就业问题。这最终成为压死骆驼的最后一根稻草。

至此,国内部分光伏企业家开始意识到和政府的微妙关系。事实上,中国政府在2008—2012年为国内光伏企业的发展提供了极为有利的国内政策环境和经济补贴,如出口退税政策,以及后来的光伏发电补贴政策,助力光伏发电平价上网。一体两面,也许正是因为国内积极的辅助政策才导致欧美强烈的"双反"反应。李振国对此却有不同的看法,他认为政策对所有竞争者都是平等的。进一步地,他认为,企业如果想走得长远,就必须把精力和注意力集中到技术和创新能力上来。如果盲目跟随政策的指挥杆,只会让企业陷入各种非连续的政策环境中,最终迷失自己。

九、隆基的未来图景

在坚守技术道路的20年时间里,隆基不断发展,目前已形成四大事业部:隆基硅片事业部、隆基新能源事业部、隆基清洁能源事业部,以及隆基乐叶光伏事业部。隆基拥有3万人左右的员工规模,业务基本覆盖光伏全产业链,从上游的单晶硅棒到下游的光伏电站(详见表5,隆基的规模不断扩大)。

表5 2014—2018年隆基的营业收入与净利润

截止日期	营业收入(亿元)	净利润(亿元)
2014-12-31	36.80	2.94
2015-12-31	59.47	5.20

（续表）

截止日期	营业收入（亿元）	净利润（亿元）
2016-12-31	115.31	15.47
2017-12-31	163.62	35.65
2018-12-31	219.88	25.58

资料来源：根据2014—2018年上市公司年报整理得到。

关于未来的发展，李振国和高管团队成员坚信，光伏发电一定会成为未来最廉价、最清洁的能源形式。在技术上，光伏发电目前主要面临两大障碍：一是储电技术，受日光影响，光伏发电呈现非连续的状态；二是光伏上网之后，需要协调和电网的关系，使白天发电的光伏能够充分满足用户需求，充分利用好光伏能源。

在全球兴起"抵消碳足迹"热潮的今天，光伏企业必须主动站出来承担起修复地球生态的责任。"我们修复的速度，必须比破坏的速度快才行。"李振国说。作为全球领先的光伏企业，隆基最新提出"Solar for Solar"的未来图景设想——通过光伏创造廉价电力，再通过电力淡化海水，并将海水输送到沙漠，借此改善全球的生态环境，最终创造一个零排放，甚至负排放的美丽新世界。

参考文献

1. 王斯成.2006年中国光伏产业链市场发展预测［J］.中国建设动态（阳光能源），2007（2）：72-73.

2. IEA PVPS Annual Report 2015［EB/OL］.［2024-12-02］. https：//iea-pvps. org/wp-content/uploads/2020/01/IEA-PVPS_Annual_Report_FINAL_130516. pdf.

3. 邹润芳. 硅片大规模投资拉开序幕，国产设备迎来春天［EB/OL］.（2018-05-25）［2024-12-02］. https：//max. book118. com/html/2018/0525/168475061. shtm.

4. 李晓刚. 中国光伏产业发展战略研究［D］.吉林大学，2007.

安踏:永不止步[①]

王铁民、仲雯雯

创作者说

安踏成立于1991年,从当地众多为国际体育用品品牌代工的小作坊起步,发展成为一家具有国际竞争能力和现代治理结构的公众公司,旗下拥有众多知名体育品牌。

本案例以安踏的战略演进为线索,展示安踏在不同时期、不同内外部环境下所面临的挑战和机遇及采取的应对策略。其中,着重探讨了在安踏发展历程中产生至关重要影响的关键事件:早期的自建品牌、2008年北京奥运会后的零售转型、2016年以来的多品牌战略,等等。

本案例可用于对业务层战略中企业的竞争优势做出评估,并通过对安踏和其他体育用品品牌的横向比较以及对其自身发展路径的纵向比较,辨析支撑企业竞争优势的来源和基础是什么以及如何培育。此外,在多品牌战略实施中,就企业如何通过集团管控以及在哪些方面可以寻求并实现协同效应,本案例也提供了思考和讨论的基础。

2018年年底,安踏组建财团,斥资收购亚玛芬集团及其旗下包括始祖鸟在内的一批世界级体育用品品牌。2020年年初暴发的新冠疫情干扰了安踏的全球化战略实施进程。新冠疫情后,安踏体育董事局主席兼首席执行官丁世忠和安踏集团总裁郑捷全力以赴,着力促成亚玛芬体育于2024年2月在美国纽交所上市,安踏成为亚玛芬体育的最大股东。展望未来,安踏

[①] 本案例纳入北京大学管理案例库的时间为2018年9月25日。

能否如丁世忠所言"不做中国的耐克，要做世界的安踏"，值得持续观察和分析。

引言

2017年7月10日晚，香港亚洲国际博览馆11号厅里灯火通明，人头攒动。安踏在这里举行以"纯粹·美妙"为主题的港交所上市十周年庆典活动。晚宴上，安踏体育董事局主席兼首席执行官丁世忠感慨万千："过去十年，安踏'用纯粹的心，做美妙的事'。'纯粹'：我们的初心从未改变，尽管这个世界每天都在变，我们依然聚焦在体育用品领域。'美妙'：我们与中国经济、中国体育共同走过波澜壮阔的十年。在此发展过程中，安踏最大的变化是由一家传统民营企业成功转型为一家具有国际竞争能力和现代治理结构的公众公司。"回顾上市十年来的坚持与创新，丁世忠的言语间透露出一如既往的自信与进取精神，不由让人想起丁氏精神的发源地——坐落于福建省晋江市陈埭镇的丁氏宗祠。

安踏起步于陈埭镇。1981年，丁世忠的父亲丁和木与人合伙创办鞋厂，开始了自家在陈埭镇做鞋、卖鞋的生意。1987年，耳濡目染下的丁世忠带着从父亲那里借来的1万块钱和600双精挑细选的晋江鞋孤身闯荡北京，凭着一股初生牛犊不怕虎的拼劲淘得人生的第一桶金。四年后，丁世忠从北京返乡，并于1991年创立"安踏"品牌。2007年，经过十余年的打拼，安踏在香港成功上市。

从上市算来，安踏又走过了十年。截至2017年7月10日，安踏市值突破700亿元港币①，门店超过9 500家。面对安踏上市十年交出的这份答卷，丁世忠对自己一直以来的坚持与努力感到欣慰，然而不断创新、永不止步的精神又时刻激励着他。也正是在香港上市十周年的庆典上，丁世忠

---

① 2018年4月，安踏市值超过1 200亿元港币；2024年6月21日，安踏市值为2 212.3亿元港币。

郑重提出了 2025 年集团流水达千亿元[①]、安踏超越所有国际竞争对手成为在中国市场上规模最大的体育用品公司这一新目标。

一、中国体育用品业

体育产业的发展与国民经济发展水平密切关联，在温饱问题得到解决后，人们对体育用品等与健康生活方式相关的投入会相应地增加。2008 年的北京奥运会促进了人们对运动的关注，当年中国的体育产业规模达到约 1 700 亿元。2011—2014 年，中国体育产业增加值年均增长率为 12.74%，2014 年，全国体育产业总规模超过 1.35 万亿元，实现增加值 4 041 亿元。2014 年 10 月，国务院印发《关于加快发展体育产业 促进体育消费的若干意见》（国发〔2014〕46 号），明确了体育产业的地位和发展方向，提出发展体育事业和产业是提高中华民族身体素质和健康水平的必然要求，指明了 2025 年中国体育产业总规模超过 5 万亿元的目标。2016 年，中国体育产业实际总产出超过 1.9 万亿元，实现增加值 6 475 亿元，其中体育用品业的产出约为 1.2 万亿元，增加值为 2 864 亿元。2016 年 7 月，国家体育总局发布《体育产业发展"十三五"规划》，提出了以体育产业供给侧结构性改革为主线，推动体育产业全面健康持续发展，2020 年实现体育产业总规模超过 3 万亿元的目标。

体育产业主要包括体育用品业和体育服务业，后者包含体育赛事、体育场馆、中介经纪、体育培训、体育媒体等多个细分行业。体育用品业在发达国家起步较早，20 世纪 80 年代，美国的耐克（NIKE）、德国的阿迪达斯（Adidas）和彪马（PUMA）、英国的锐步（REEBOK）成为世界四大体育用品品牌。之后的全球体育用品行业经历了大品牌之间的并购整合与对

---

① 在体育用品行业中，商品通常经由品牌商和分销商提供给最终消费者，零售流水（Sell-through）是指从品牌商经由分销渠道到最终消费者的商品交易额，批发收入（Sell-in）则是从品牌商进入分销渠道的商品交易额。

抗，也出现了安德玛（Under Armour）、露露柠檬（Lululemon）等新进入者（参见本章附录1）。中国的体育用品产业化始于20世纪80年代初，目前已成为继美国之后第二大体育用品消费市场，并在90年代先后诞生了李宁、安踏、特步、361°等本土体育用品品牌（请参见本章附录2）。随着中国体育产业的快速发展，国际公司和本土品牌同场竞技。表1中列出了2017年八家体育用品品牌的主要经营指标。目前，在中国体育用品市场中销售规模占据前三位的分别为耐克（2017财年大中华区销售额为42.37亿美元）、阿迪达斯（2017财年大中华区销售额为37.89亿欧元）和安踏（2017年全年总营收为166.9亿元人民币）。

表1 2017年八大体育用品品牌的经营指标比较

序号	公司名称	销售毛利率(%)	营业利润率(%)	存货周转天数(天)	总营业收入	营业利润
1	耐克	44.6	13.7	93.5	343.5亿美元	46.9亿美元
2	阿迪达斯	50.4	9.8	129.4	212.2亿美元	20.7亿美元
3	安德玛	45.0	-0.1	136.5	49.8亿美元	-0.1亿美元
4	露露柠檬	52.8	17.2	90.4	26.5亿美元	4.6亿美元
5	安踏	49.4	23.9	75.0	166.9亿元人民币	39.9亿元人民币
6	李宁	47.1	5.0	80.0	88.7亿元人民币	4.5亿元人民币
7	特步	43.9	14.2	75.0	51.1亿元人民币	7.2亿元人民币
8	361°	41.8	19.1	82.0	51.6亿元人民币	9.9亿元人民币

资料来源：各上市公司2017年年度报告和WIND资讯。

二、安踏1.0战略：创业（1991—1999）

20世纪80年代初，晋江市陈埭镇兴起了一批制鞋作坊。1981年，丁世忠的父亲丁和木与人合伙创办鞋厂，开启了自家做鞋、卖鞋的生意。丁世忠从小在制鞋作坊里长大，对经商充满了兴趣。1987年，17岁的他带着父亲借来的1万块钱和600双精挑细选的晋江旅游鞋孤身闯荡北京，凭着一股初生牛犊不怕虎的拼劲淘得人生的第一桶金,并于1991年返乡创办自家的鞋厂。

当时,陈埭镇有数量众多的制鞋工厂,靠为耐克等海外品牌做贴牌生产谋生,经营模式毫无差别。丁世忠一边做着生产,一边摸索。在北京闯荡的经历让他对顾客需求和商场销售渠道有了更多的了解,他坚信只有做品牌、开专卖店、拓展自己的分销渠道,才是企业的持续发展之道。丁世忠与父亲商议,将厂名和产品品牌统一为"安踏",取"安心创业,脚踏实地"之意,安踏品牌应运而生。

三、安踏2.0战略:做品牌批发商(2000—2011)

(一)建立品牌批发模式

在体育用品行业中,耐克和阿迪达斯等海外品牌纷纷采用轻资产模式,不仅生产外包,还采用分销模式,快速实现销售网络的铺设与市场份额的扩张。通过创业初期近十年的发展,安踏创建了自己的品牌,形成了从设计、采购、生产到分销各环节垂直整合的业务模式(参见图1)。在市场拓展中,安踏也采用了这样的品牌批发模式(参见图2)。通过对分销商在运动服饰零售经验、营运资金及发展能力、店铺地段和面积等方面的考察评估,安踏选择与优质企业签约,给予分销商在指定区域内独家销售安踏品牌产品的许可,而分销商也做出不销售其他品牌运动鞋服和体育用品的承诺。为了管理庞大的销售网络,安踏当时在总部设立了销售和市场推广部门,并把全国划分为北部、东部、南部及西部四个销售区。集团对分销商提供建议零售价等指导,对分销商及辖区内授权安踏零售店铺的销售表现(定价、推广、店铺格局、客服、销售额、存货等)进行及时的监督,并在必要时提供培训。此外,安踏还通过提前举办季节性订货会的方式为分销商提供应季的产品。为了让当时还默默无闻的"安踏"品牌能被更多的消费者所了解、安踏产品能有更大的销售增长,丁世忠十分关注分销网络的建设以及品牌的宣传与推广。

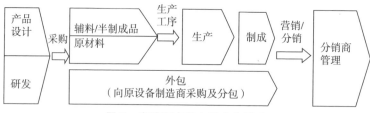

图 1　安踏垂直整合的业务模式

资料来源：安踏体育用品有限公司招股章程（2007 年）。

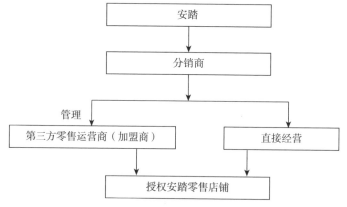

图 2　安踏的分销网络及品牌批发模式

资料来源：安踏体育用品有限公司招股章程（2007 年）。

在分销网络的建设方面，随着安踏由生产单一运动鞋过渡到生产多类体育用品，2001 年，安踏开始着力打造终端新模式——体育用品专卖店。2004 年，安踏全国的专卖店发展到 2 000 余家。2007 年，安踏的分销商为 39 家，拥有专卖店 4 716 家。2008 年，北京举办奥运会，当时的安踏尚未建立能够掌握市场零售动态、指导营销和开店规划的 IT 管理系统。为了快速扫除市场中的盲点，安踏的经销商经历了"占地为王"的高速发展期——在当时安踏的空白市场中，哪家经销商先开店，这块市场就被划归哪一家。2008 年，安踏共有 47 家签约经销商，专卖店数量达到了 5 667 家，比 2007 年增加了 20.2%。由于当时的商铺租金较低，其他体育用品品牌也纷纷采用这种激进的扩张模式，一时之间全国各地出现了许许多多密布十来个体育用品品牌的商业街。这样粗放的扩张，也为北京奥运会后中国体育用品行业整体出现的库存危机埋下了导火索。

在品牌的宣传与推广方面,早在 1999 年丁世忠刚出任安踏集团总经理后不久,安踏就力排众议,与中国国家乒乓球队签订协议,花 80 万元重金邀请世界冠军孔令辉担任品牌形象代言人,并在央视等各大电视台投放广告,次年,孔令辉在悉尼奥运会男单决赛中勇夺金牌,安踏的品牌知名度迅速提升,销售额急剧增长,安踏首创的"体育明星+央视广告"品牌营销模式得到同行业其他品牌的认可和效仿。如果说体育明星代言的品牌营销模式在一定程度上会被其他品牌所效仿,与顶级赛事的合作则是更为稀缺的品牌营销资源。为了进一步提升品牌高度,安踏走上了专业体育营销之路,开始赞助排球、篮球、乒乓球等专业联赛。2004 年,安踏推出了全新的品牌口号——"永不止步"(Keep Moving),彰显积极向上、不断进取的体育精神。同年,安踏主动出击,与中国篮协签下了三年战略合作协议,成为中国男子篮球职业联赛(CBA)运动装备的唯一指定合作伙伴。在三年合约期满后,安踏与 CBA 续约五年。① 在连续斩获多项重大体育联赛的赞助签约后,安踏成为"中国联赛的发动机"。此后,安踏还陆续成为体操运动管理中心、举重摔跤柔道运动管理中心、拳击跆拳道运动管理中心、水上运动管理中心、冬季运动管理中心、游泳运动管理中心六大体育运动管理中心 24 支国家运动队的赞助商。作为这些高水平专业联赛和国家队的赞助商,安踏不仅收获了品牌知名度的快速传播与提升,还在专业运动员对鞋服用品的高品质要求下增加了对研发的关注。2005 年,安踏耗资 3 000 万元建立了自己的国家级运动科学实验室,依据运动员的身体数据进行运动科技和功能设计的开发。2009 年,安踏做出了一项重要的战略决定——首次与中国奥委会签署合作协议,在 2009—2012 年的四年周期中为 11 支不同项目的中国国家队提供领奖装备和生活装备。②

---

① 2012 年,李宁签下了 CBA 五年赞助合同。
② 2013 年,安踏续约成为"中国奥委会体育服装合作伙伴",自 2009 年起连续两届八年成为中国奥委会的合作伙伴。2017 年 9 月 28 日,安踏体育与北京 2022 年冬奥会和冬残奥会组织委员会签约,安踏正式成为北京 2022 年冬奥会和冬残奥会官方体育服装合作伙伴。

（二）香港上市

2007年7月，安踏体育在香港联交所上市，这成为其发展过程中的重要里程碑。在企业发展的早期，丁世忠并未想过安踏会上市，当时只是想把鞋子卖出去，把厂子办起来。2003年，摩根士丹利曾与丁世忠接触，有意投资安踏，当时的丁世忠认为安踏暂时不缺钱，没有考虑过进入资本市场。但2004年李宁的成功上市使他改变了想法。2004年6月28日，李宁在香港上市，募集了6亿多元港币，李宁本人的身价（市值）则高达16亿港元以上。李宁的上市使丁世忠开始意识到，上市不仅可以募集资金，还可以使公司治理规范化，消除家族企业的管理弊病，更易于吸引人才。于是，丁世忠将上市工作正式提上议事日程。经过两年多的筹备，2007年7月10日，安踏体育（2020.HK）在香港联交所上市。首日股价报收于7.50港元，较5.28港元的发行价上涨四成多，当日收盘市值达到187亿港元，市盈率为33.04。安踏成功融资35亿港元，创下中国本土运动品牌在境外资本市场募资的最高纪录。

上市促成安踏从一家传统民营企业逐渐转型成为具有国际竞争能力和现代治理结构的公众公司，也为安踏引进优秀人才增加了激励手段与吸引力。2008年北京奥运会后，曾在国际一线运动品牌中国区担任销售副总裁及总经理超过八年的郑捷加盟安踏，担任执行董事和安踏集团总裁。郑捷给安踏带来了国际化的视野和管理规范，促成安踏从关注结果转变为在关注结果的同时也关注过程。他建立了商品企划团队，由产品经理牵头形成安踏的商品管理体系；协助丁世忠梳理、优化了全面预算管理等流程体系；通过加强商品管理和品牌管理，提升了安踏的市场份额与品牌美誉度。到2011年年底，安踏专卖店数量为7 778家，在中国二线、三线城市拥有极高的覆盖率，建立了领先优势。2011年，安踏全年的营收达到89亿元。2007—2011年，安踏销售额的年均复合增长率达到65%，而同时期体育用品行业的平均水平为30%。

四、安踏3.0战略：向品牌零售模式转型（2012—2015）

（一）超越李宁

2008年北京奥运会之后，中国的体育鞋服市场出现库存压力。2012年，中国体育用品市场中包括耐克和阿迪达斯在内的各大品牌纷纷出现不同程度的销售收入下滑，行业库存危机爆发，安踏也未能幸免。从2012年开始，安踏的总营收连续两年出现下滑（参见图3）。特别是2012年，安踏当年的总营收为76.2亿元，营业利润额为15.6亿元，与2011年相比分别下降了14.4%和22.4%。

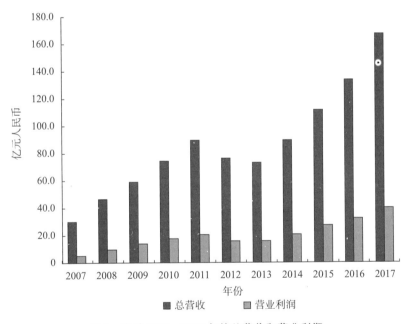

图3 安踏2007—2017年的总营收和营业利润

资料来源：作者根据安踏体育用品有限公司历年年报披露的数据绘制。

在2012年总监以上干部的年度总结会上，安踏独立董事吕鸿德介绍了一个以往管理学研究中发现的规律——"全世界的公司，在遭遇业绩连续两年下滑超过20%时，能扭转回来的只有10%"，使丁世忠产生了很大的触动。面对前所未有的严峻形势,丁世忠马上做出应对:一是不惜一切代价解决库存问题,二是想方设法避免未来库存积压的再发生。安踏开始了从"品牌批发商"向"品牌零售商"的转型。在解决终端库存问题的过程中,丁世忠深入思考后认为库存危机绝大部分来自原有的商业模式,一度为安踏迅速发展壮大立下汗马功劳的传统商业模式——"品牌批发"已经无法适应当时的市场需求。在这种模式下,品牌商很难真正了解消费者的需求,在各品牌的店铺数量达到一定规模之后,宏观经济一旦不景气,终端商品卖不出去,经销商无法进货,就很容易出现库存问题。于是,安踏提出"只有一个乙方"的概念,即品牌商和分销商都必须面对消费者。只有以消费者为核心,才能真正实现从"品牌批发"向"品牌零售"的战略转型。"品牌批发"与"品牌零售"看起来是模式的不同,根本上却是理念的不同。批发型公司,货出仓库,就算完成销售;而零售型公司,货要到消费者手里才算完成销售。零售的真正意义就是一切行为都以消费者需求为导向,打破技术和渠道等壁垒,创造最好的品牌体验。

  同期的李宁的业绩也遭遇重创,它不仅需要面对行业共同遭遇的北京奥运会后去库存的危机,还要面对 2010 年李宁启动品牌重塑活动所引发的一系列调整。李宁 1990 年由退役后的体操王子、世界冠军李宁创立。2009 年,李宁以 83.7 亿元的营收超越阿迪达斯在华的销售额,成为中国市场份额第二的体育用品品牌。2010 年,李宁不再满足于国内市场,提出了主题为"90 后李宁"的品牌重塑战略,放弃了耳熟能详的"一切皆有可能"口号,推出新标识和"Make the Change"(让改变发生)等新口号,尝试打造"国际化、专业化、时尚化"的品牌定位。在此期间,李宁部分产品的价位从两三百元提升到四五百元。这一激进的品牌形象改变并不为市场所接受,所以尽管 2010 年李宁的营收创造了 94.6 亿元的历史峰值,但 2011 年李宁却出现了明显的业绩下滑,营收相比 2010 年不增反降,减少到 84.5 亿元,降幅为 10.7%,营业利润大幅下降 63.9%,至 5.5 亿元。

  2012 年中国体育用品行业整体爆发的库存危机对于 2010 年启动品牌重塑后出师不利的李宁而言,更是雪上加霜。由于依然采用传统批发模式,面对的也还是全国各地的经销商和批发商，李宁的产品设计根据经销商的反馈进行调整，使其在产品设计层面就失去了对消费者需求进行洞察和快速响应的机会。从2012年起，李宁连续四年经历销售收入的下滑，2013年营收相比2009年几乎腰斩，下降到了52.2亿元。2012年，李宁启动"渠道复兴计划"，2012—2014年连续三年出现亏损。

在2012年的行业低谷中，安踏提出"从品牌批发向品牌零售转型"，从零售导向的企业文化建设、管理效率提升、供应链柔性化、库存有效控制、渠道优化等方面着手，对企业进行了全方位的改造。依靠丁世忠对市场战略的精准判断和不懈坚持，安踏率先转危为安，完成了对"老大哥"李宁的超越，成为行业领军企业。2014年，安踏的营收和营业利润恢复到2011年的水平。2015年，安踏的销售收入大幅提升至111.3亿元，成功跻身"百亿元俱乐部"。

（二）零售转型

在2012年安踏开始从品牌批发模式向品牌零售模式转型时，为了解决库存问题，丁世忠提出将批发做到单店以及建立销售体系中的零售标准，并在当时8 000余家安踏专卖店中逐步推行零售标准、达到全覆盖的思路。ERP及一体化的IT系统建设是丁世忠不惜代价、全力推进的首要举措。丁世忠深知，如果没有数据的支撑，安踏就没有办法实现对零售市场的精细化管理，也没有办法与供应商和零售商共享数据、对消费者的需求变化做出及时的响应。

2012年年底，丁世忠与当时刚从成本管理岗调入销售系统财务管理岗的毕明伟进行了研究讨论。让后台的财务管理人员直接参与前端销售体系的零售转型中，这种"业财融合"的做法辅助安踏在变革的决策、执行与评估等各环节实现更为及时和有力的把控。经过讨论，一套基于管理会计思路的"校准经营"方案逐步成形。"校准经营"就是参照平衡计分卡的方式，建立一个销售领域运营健康的评价系统。这一系统从运营、商品、财务、渠道、人力五个维度共计25个指标来评价安踏三十多家分销商及其所管理门店的健康状况。丁世忠与大家一起研究企业内部历史数据以及外部行业领先公司的数据，直接参与指标和标准的制定。

为了让这些零售标准下沉到单店的管理中，并逐步实现全覆盖，时任安踏体育执行董事、负责集团销售和营销业务的执行副总裁吴永华对安踏销售体系的组织机构和管理方式进行了大刀阔斧的变革。变革举措之一是对 8 000 余家门店分类（街铺、百货商场店、奥特莱斯店等）、分级（旗舰店、一般店等），进行精细化的管理；二是将集团五大管理职能部门（运营、商品、财务、渠道、人力）的责任与分销商及门店结构性地合在一起。总部人员的绩效考核在导向上发生了本质的改变，原先是结果导向，主要考核安踏自身的批发业绩，变革后强化了过程导向，考核的是所管理分销商的零售指标。为了实现核心零售指标（同店增长率、新品售罄率、店效等）的增长，总部人员必须融入单店的管理过程中。因此，零售转型后品牌公司的总部人员会为门店的内容营销出谋划策，并且提供对售卖人员的专业培训，因为在绩效考核中，如果单店业绩不达标，总部的相关负责人也要承担责任。举例来说，如果某门店的店员素质不行，那么安踏总部的培训部门就要承担责任；如果某门店的空间形象不行，则安踏总部的零售部门要承担责任。历时两年多的零售转型在 2014 年基本完成，安踏销售体系的总部管理人员数量精简了近一半，分销网络中的门店数量从 2012 年的 8 075 家下降到 2014 年年底的 7 622 家，而集团销售收入则终止了之前连续两年的下滑，开始回升。

安踏的零售转型并非一蹴而就。转型初期，安踏遭遇了不小的阻力——因为总部管理人员需要融入门店，这就需要他们更加深入地了解分销商的组织结构、管理流程和企业文化。第一年，丁世忠和吴永华在当时的 8 000 余家专卖店中选取 300 家门店开展转型的试点工作，并从当时占到安踏生意 20% 的广东这一重点区域做起。由于安踏一直非常注重对分销商的筛选以及评估排名，分销商之间的消息是互通的。试点的门店转型后取得了明显的业绩提升，这些门店很快就成为其他区域经销商效仿的样板。就这样，安踏逐渐实现了销售终端零售标准全覆盖。

转型总是意味着做出改变，尝试做与以前不同的事情。为了激发团队动力，丁世忠号召团队重新回到创业状态。吴永华清楚地记得那时集团高管和销售管理人员自发地每周上班五天并另外加班一天。他当时也常一大早起身、搭乘清晨七点的航班从厦门飞到广州的门店，参加零售转型的试点工作。广东人有喝早茶的习惯，最初在他到店时，分销商的门店经理还未到店。看到品牌商如此投入，分销商和门店经理大受触动，对转型工作也都拿出拼劲、全力以赴。在安踏的引导下，分销商设立了"总经理店长日"，也就是分销商的总经理每月一天到门店上班、当店长。在此过程中，分销商的总经理与安踏的管理人员一起分析终端运营中存在的问题，提出解决办法。也正是在那个时候，安踏内部有了"铁军"的说法。丁世忠常常身先士卒，不仅至今仍经常"微服私访"安踏在全国各地的门店，还每年带领高管团队到各地的门店巡视考察。这种能打硬仗的作风，以及贴近消费者、贴近销售一线的做法，一直延续到现在。安踏"铁军"务实高效的执行力已从销售端渗透到安踏的各个部门。

（三）O2O 协同

对于体育用品行业的消费人群而言，消费的触点不只在线下，而是只要有消费触点，就会产生销售。因此，安踏在 2008 年就设立了电商部门。随着互联网的普及，中国的电子商务快速发展，领先全球其他市场。2015 年"双十一"（11 月 11 日 0 时至 24 时），安踏的电商业务取得了 1.7 亿元的销售额，但在运动品类中仅排名第八。丁世忠对安踏的电商业务提出了"线上线下江湖地位匹配"的业务目标。也正是在 2015 年，安踏就线上业务做了一个新的五年战略发展规划，提出了一系列变革措施。首要之举是将之前由第三方代运营的线上业务和旗舰店改为自营，培养安踏自己的线上零售运营能力和管理团队。

电商团队开始自营安踏的线上旗舰店后，发现线上业务有其自身特点，特别是线上业务的发展节奏更快，每个月都要发布新品，而线下通常是每季发布新品，因此建立实时的大数据分析系统对洞察消费者需求和了解竞争态势至关重要。安踏在2014年就建立了集团电商数据中心，但是直到线上业务改为直营后，大数据分析才真正发挥了效用。通过大数据分析，电商团队可以通过试销，发掘潜在的爆品，还能通过比较自身与竞品的销售增长趋势，在品类投放上做出及时的调整。因此，大数据分析帮助安踏的电商团队更为精准地了解消费行为和需求，倒逼企业全方位提升管理精细化水平和快速反应能力。

在体育用品行业，快速反应能力主要体现在两个方面。一是补单。产品在订货时下单量较少，但在上市之后市场反应较好、有望畅销，这时就需要赶紧补单（甚至有时出现多批次的重复补单）。二是补款。当看到市场上有一些为消费者所青睐但在之前企划时没有放进去的品类时，就需要重新设计出来，快速实现开发、生产和上市。快速反应不仅能增加品牌商的销售收入，还能提高整体的利润水平，特别是零售商的利润水平。要做到快速反应，安踏所面临的管理挑战也是巨大的，其中的一个关键转变在于需要将供应链前置，与销售部门共同预判市场，共同承担风险。安踏集团执行董事、负责供应链和行政管理的首席运营官赖世贤认为，零售转型后的供应链管理与原来确定下单量的管理有了很大的不同，对部门间的协同提出了更高的要求，也给管理层对各部门的协调增加了难度。目前，安踏已抽调设计、开发、商品企划、品控、供应链管理等各部门的骨干组成跨职能的快速反应部门，打造"快、准、柔"的供应链，缩短补单和补款所需要的时间，切实提升零售效率与绩效。

线上业务虽有自身的特点，但归根到底还是服务于消费者。对于在以往多年的经营中已形成强大线下分销网络的安踏而言，构建O2O（Online to Offline，线上—线下）业务协同平台大有可为。云仓（即虚拟仓库的概念）的管理模式就是发挥O2O协同效应的一个突破口。2016年安踏在全国建立了八大云仓，2018年3月已发展为23个云仓，这些云仓整合了安踏遍布全国各地的分销商库存，并将之与线上销售打通。线上用户下单后，安踏与顺丰和京东等公司合作，通过云仓就近安排从安踏自身或经销商的仓库发货，大大缩短了产品从仓库到消费者手中的时间，改善了消费者的零售体验，同时也提升了线下的库存周转效率。同样，当线下业务的部分品类在部分区域遭遇销售瓶颈时，安踏的电商渠道也能借助线上积累的遍布全国的大量活跃用户进行及时有力的推广。

安踏自2015年对电商业务进行重新规划与调整后，基本做到了线上、线下业务的货通、数据通和会员通。2016年和2017年，安踏电商业绩连续翻番，销售额在2017年排名行业第三、国内第一，取得了与线下业务相匹配的市场地位。

五、安踏4.0战略：单聚焦、多品牌、全渠道

（一）多品牌矩阵

2016年，安踏重新审视体育用品市场的发展趋势和新的竞争态势，提出了"单聚焦、多品牌、全渠道"的4.0战略。"单聚焦"就是将资源单聚焦于体育用品行业，并以工匠精神生产最好的产品。"多品牌"是希望通过打造合理的品牌组合，覆盖体育用品行业的主要细分市场：从大众消费者到高端消费者、从功能性专业体育用品到时尚体育用品、从成人市场到儿童市场、从大众运动市场到细分运动市场。与此同时，对"全渠道"的布局使安踏得以通过多种形式的销售网络，包括街铺、商场、百货公司、奥特莱斯、网店及电商平台，让各品牌的产品能够全触点地覆盖到目标消费人群。

自1994年启用"安踏"作为产品品牌以来，丁世忠就立志成为大众体育用品市场中的专业运动品牌领导者。2008年，在安踏成人体育用品（又被称为"安踏大货"）之外又衍生出了安踏儿童（Anta Kids）品牌，专门为0~14岁的儿童提供体育用品。2009年，安踏从百丽国际手中购入意大利运动品牌斐乐（FILA）的中国业务，并在大中华区进行了全面的经营管理升级与创新，将其定位为高端时尚运动品牌。2014年，安踏成为美国男子职业篮球联赛（NBA）中国官方市场合作伙伴与授权商。2015年，安踏

收购了以户外和城市健步运动为主的英国品牌斯潘迪（Sprandi）。自2016年启动发布多品牌战略以来，安踏在品牌组合中又相继增加了源自日本以专业滑雪运动为主的高端品牌迪桑特（DESCENTE），以及可隆（KOLON SPORT）、小笑牛（Kingkow）等品牌。截止到2017年，安踏已经在不同消费者层次和细分市场上做了布局，打造了涵盖顶级专业、高端休闲、大众专业运动的多品牌矩阵（参见图4）。

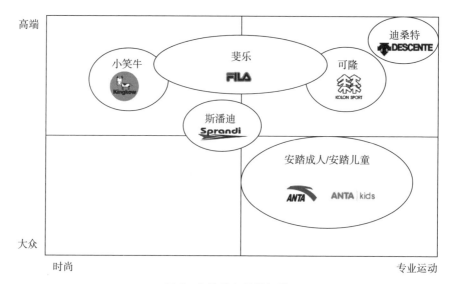

图 4　安踏的多品牌矩阵

资料来源：安踏提供（2017年）。

在这个多品牌矩阵中，在安踏接手经营后扭亏为盈并且快速实现了引人瞩目的成长的，当属源于意大利的著名运动品牌FILA。1911年，意大利的斐乐兄弟在意大利贝尔勒（Biella）小镇创办了一家名为FILA的家族纺织企业。20世纪70年代，FILA开始了多元化发展，转向运动服饰的设计、生产和销售，先后开发了网球、高尔夫、健身、滑雪、爬山、篮球等系列的运动产品，并逐渐发展成为时尚运动品牌的典范，奠定了世界知名运动品牌的地位。2007年，百丽集团在北京奥运会前从FILA卢森堡收购FILA中国商标及与之相关的产权，后来因经营不善陷入亏损。2009年，安踏与百丽签订了收购协议，以6亿元港币的价格获得百丽旗下运动品牌FILA在中国的商标使用权、经营权以及相关的营销网络。2010年，曾在欧莱雅和法国服饰品牌鳄鱼（Lacoste）大中华区担任高管的香港人姚伟雄加入安踏，担任FILA品牌总裁。2011年11月到2012年6月，安踏用低价收购了所有百丽遗留下来的FILA代理商。2012年10月，丁世忠参加了FILA战略讨论会，并就FILA的发展提出了"500×500"的战略目标——在十年内开500家店、每家店一年单产500万元、总流水额达到25亿元（FILA管理团队将之称为"50，50"目标）。这一目标在当时FILA管理团队的心目中几乎是不可企及的，但也激发了他们对FILA品牌市场定位与商业模式更为深入的思考。

2012年的安踏正在经历着去库存和零售转型的阵痛，FILA管理团队在商业模式上大胆创新，决定采用零售模式拓展门店、扩大业务规模。现任安踏集团销售副总裁王华友回想起当时颇为冒险却又别无选择的放手一搏，仍记忆犹新。这一举动在当时引起了同行业中几乎所有人的怀疑，几乎没有人会认为一个品牌能通过直营零售终端覆盖整个大中华区（安踏所购入的FILA中国业务包含中国香港、中国澳门和整个中国内地）。一家管理总部在厦门的品牌商，怎么可能管得了那么远的地方、这么大的市场？但是FILA管理团队认为原来的分销模式存在诸多弊端：其一是过多的中间环节让品牌商难以及时洞察消费者的真实意图并通过产品调整来满足消费者需求的变化；其二是如果一双鞋、一件衣服经过从生产商到品牌商、分销商、加盟商，再到商场这么多环节的分配，中间一旦有一个环节在利益分配或经营管理中出现问题，就会引发整个链条的断裂危机。因此，FILA管理团队以安踏集团所惯有的执行力，用了近三年的时间，将从百丽接手时的经销模式彻底转化为零售模式，成为中国运动用品市场中唯一直接做全零售的品牌。

在运动用品市场中，FILA将自身定位为中国市场的高端时尚运动品牌。为了使FILA品牌重新焕发活力，安踏不仅提供了自身作为体育用品品牌商在商品企划、供应链等方面所积累的管理经验，还组建了具有多元文化背景的国际化FILA核心管理团队，发掘并发挥FILA品牌在百年基因基础上形成的独特设计风格,全方位地研究 FILA 的广告代言人选择、店铺整体形象设计,甚至购物袋和鞋盒的设计,通过这一系列的组合拳,体现 FILA 与安踏主品牌所不同的品牌调性——"身悦动 心优雅"(Live Your Elegance)。2015 年,安踏的 FILA 品牌提前实现了"50,50"目标。

2016 年,在集团"单聚焦、多品牌、全渠道"的战略指引下,FILA 开始了塑造品牌群的战略升级。在 FILA 主品牌聚焦面向 25~40 岁人群提供高端时尚运动产品之外,2016 年 FILA 开始面向 3~15 岁的人群推出 FILA KIDS 童装品牌,第一年就实现了盈利。截至 2016 年年底,在中国内地、香港及澳门的 FILA 店铺(包括 FILA KIDS 独立店)共 802 家,店铺经营效率居于行业前列。2017 年年底,针对 16~24 岁人群的 FILA Fusion 潮牌产品在北京西单商业区的君太百货商场亮相。随着品牌群的构建,FILA 产品能更好地满足不同年龄段、不同生活场景中的人们对高端时尚运动用品的需求,也为 FILA 的增长提供了新的引擎。目前 FILA 在开设新店时,采用"一场多店"以及建立综合旗舰店的策略,即 FILA 品牌群中不同品牌的零售店协同进驻商场或综合旗舰店,实现叠加式的增长。

随着安踏多品牌矩阵的构建成形,不同品牌针对不同细分市场呈现出各具特色的调性与风格。而安踏在内部管理中,也有意识地倡导品牌差异化、管理差异化。特别是在前端的运营中,每个品牌都有自身所关注的消费人群及其核心诉求点,因此是由独立的品牌管理团队完成商品企划和营销管理等运营工作。但是作为同属一个集团公司的业务,只有发挥协同效应,才能实现整体优势。就安踏的多品牌而言,协同效应主要体现为从财务管理、人才队伍建设、供应链管理以及 IT 系统的整合等方面入手,建立后台的管理共享平台。此外,因为 FILA 品牌通过摸索,开创了运动品牌直营全零售的发展道路,所以对安踏的其他新品牌而言,也获得了可借鉴的经验与零售管理平台的共享资源。

(二)主品牌重塑

在多品牌矩阵中,安踏品牌业务占集团业务的 75% 以上,是其名副其实的主品牌。随着中国体育产业发展提速、体育用品的消费需求不断升级，安踏主品牌也需要做出调整，谋求更大的发展空间。在丁世忠心目中，主品牌业务能像大象一样站得稳，是安踏发展的重要基础。回望来时路，二十多年的创业、创牌、扩张、转型，安踏成长的脚步从未停歇。而安踏能够成为中国本土体育用品的领导品牌，靠的是聚焦与专注。展望已经启航的"千亿元"新征程，丁世忠仍对安踏主品牌寄予厚望。2017年，经过集团内部的充分讨论，安踏启动了对主品牌的品牌重塑。

经过集团内部的讨论，安踏主品牌未来仍将坚守自身的大众市场定位，但丁世忠提出安踏主品牌要从原先大众消费者"买得起"的品牌升级为大众消费者"想要买"的专业体育用品品牌。这样的品牌升级将从商品价值、定价水平、品牌营销等多方面对安踏进行考验。为此，安踏集团总裁郑捷带领团队围绕品牌升级，提出了品牌重塑的方向，即专业化、高值感和国际化。而其中，丁世忠认为最核心的是要让商品实实在在地打动消费者。此前，安踏大多采用跟随性创新策略，即当新材料、新技术出现时，耐克和阿迪达斯等外国品牌可以使用新材料、新技术做出八九百元或者一千元一双的鞋子，然后安踏通过工艺改造和成本控制，做出相同品质的产品，却只能以四百元的价格面市。安踏希望未来自己的产品更有个性，这就需要有更多的原创。为了提升对运动鞋服等商品的原创能力，安踏过去数年一直都在加大对研发的投入，研发投入在销售成本中的占比也从2016年的5.1%提升到2017年的5.7%。

更有力的研发投入为安踏培育原创商品的研发能力提供了支撑。2016年以来，安踏成立了专注于创新的专职团队，整合在福建已有的研发实验室以及安踏在全球布局设立的研发和创新团队，聘请国际水平的设计师和面料工艺师，对运动鞋服等产品进行设计和研发，推出能够体现国际化、专业化和高值感的原创商品。原先在阿迪达斯担任高级设计师多年的美国人罗比·富勒（Robbie Fuller）于2016年年初应邀加入安踏，担任安踏品牌的创意总监，并带着夫人和两个孩子举家移居厦门。加入安踏后，富勒一方面仍保持着一直以来对运动鞋设计的热爱，担任高级设计师，另一方面也承担着创新团队的管理职责,特别是加强安踏基于中国的研发团队与美国创新中心之间的沟通与协调。虽然加盟安踏不久,但他已成功地推出了数款受到市场欢迎的"爆款"设计,包括2018年春节过后在加州旧金山限量发售的KT3 Rocco篮球鞋。这款鞋在设计中包含了安踏品牌代言人美国NBA球星克莱·汤普森(Klay Thompson)的元素和中国的狗年元素,尽管在美国的售价不菲(159.99美元),但还是引发了当地消费者竞相排队购买的热潮。同款篮球鞋于2018年3月初在国内发售,售价为999元人民币,虽然大大突破了安踏运动鞋以往的定价水平,但是得到国内篮球爱好者的喜爱。面对这些大获成功的设计,富勒坦言并非只是靠运气,当初在他不远万里来到安踏时,就对自己和安踏抱有强烈的期待并一直在工作中以此激励自我和团队,那就是走出舒适区,了解消费新趋势,敢于尝试新东西。

专业体育用品的市场表现离不开性能的提升。为了将原创商品与安踏在战略品类上的突破更紧密地结合,郑捷带领团队将研发和营销的优势资源向跑步、篮球、综合训练等战略品类倾斜。跑步和篮球品类的商品,技术含量主要体现在鞋的性能上,而大底和帮面技术是决定运动鞋性能的关键。综合训练品类则更多是以服装为主,面料科技和版型设计水平成为决定性能表现的关键。在这些品类上明确的规划和持续的投入正在逐步显现效果。基于A-flashfoam(闪能科技)推出的安踏马拉松竞速跑鞋C202,具备出色的缓震性能,已经帮助中国长跑运动员董国建、杨定宏创造优异比赛成绩、在国际马拉松比赛中斩获奖牌。未来还会有更多装备先进技术和设计的安踏创新产品陆续投放市场,此类产品将驱动安踏主品牌的业绩增长。

为了提升安踏的品牌价值和美誉度,让安踏产品赢得更多年轻消费者的青睐,安踏主品牌对营销方式也进行了调整和优化。2013年,安踏续约成为中国奥委会体育服装合作伙伴,自2009年起连续两届(八年)成为中国奥委会的合作伙伴。2017年9月28日,安踏体育与北京2022年冬奥会和冬残奥会组委会签约,安踏正式成为北京2022年冬奥会和冬残奥会官方体育服装合作伙伴,这也显示安踏将拥有 2017—2024 年横跨两个奥运周期的中国奥运代表队和奥运组委会体育服装合作伙伴权益。除以往逐步建立并已发挥积极作用的多层次品牌推广体育资源外(参见图 5),安踏还更多地采用整合营销的方式,通过组织"要疯"系列在校大学生和都市青年城市篮球赛,赞助彩色跑(Color Run)、斯巴达(Sparta)国际障碍赛等线下活动,带给消费者更多参与机会和社群体验,增加用户对品牌的黏性。

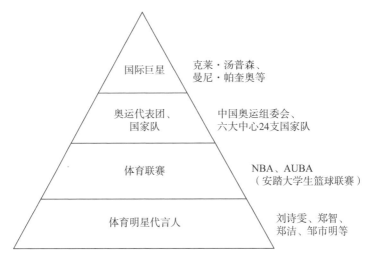

图 5 安踏品牌推广中所采用的体育资源

资料来源:作者根据安踏体育有限公司 2017 年年报信息整理。

(三)集团管控

自 2016 年实施"单聚焦、多品牌、全渠道"的 4.0 战略以来,针对由此带来的一系列变革的需要,如何保持安踏以往强大的执行力,对集团管控提出了新挑战。在当时负责人力资源管理的集团副总裁并兼任变革管理办公室主任的杨勇看来,安踏保障战略落地实施主要通过两个抓手来实现。一是推行目标管理,严格执行全面预算管理。集团业绩目标确定后,战略管理部门和财务部门会将集团目标分解到每个品牌,每个品牌再结合年度目标,将工作分解到季度和月度中去。集团财务部门每个月都会召集业务部门负责人举行业务校准会,丁世忠通常会参加其中大部分的会议。由于安踏在 2012 年零售转型时就推行"业财融合",因此财务人员不仅提供集团各部门运营的财务数据,还会收集整理行业数据,提供给业务部门参考。在校准会中,各部门会及时诊断各项运营和业绩指标并做出调整。二是项目管理。2017 年,安踏在原有的战略管理中心和总裁办公室的基础上,整合成立了变革管理办公室。为有效促进战略的落地实施,变革管理办公室将一系列变革分为两个类别:一类是经营层面的变革,包含业务模式的变革;另一类是管理层面的变革,包括组织架构的调整、管理模式的优化以及企业文化的变革。变革管理办公室确定集团层面的战略项目,这些项目往往需要跨品牌、跨职能的协同,集团变革管理办公室指定专人督办,能更好地监测和推动变革项目的实施。为了给各品牌的业务发展赋能,安踏在集团层面搭建了多个管理共享平台,包括财务管理中心、供应链管理平台、数字化 ERP 信息系统、人力资源管理体系,以及对企业文化的梳理与宣贯平台。

企业文化反映了创始人的领导风格和特质。安踏的发展也处处体现出丁世忠的经营理念。安踏将其业绩连创新高的原因归功于强有力的企业文化和价值观的支撑。丁世忠 2016 年将安踏的企业文化总结为"安踏之道",即以消费者为导向、以市场地位为目标、以贡献者为榜样、以创新为生存之本。不管是 2012 年的零售转型,还是 2016 起推行的多品牌战略,无不体现了安踏"以消费者为导向"的理念;"以市场地位为目标"是指安踏旗下的每个品牌都在自己的细分市场中关注并角逐相应的市场地位,进而增强企业实力;"以贡献者为榜样"是指安踏从精神和物质上大力奖励为企业做出贡献的个人和团队,为贡献者提供广阔的职业发展机会;"以创新为生存之本"是指安踏旗下的每个品牌都根据自身的定位和目标消费者的需求,增强自己在商品、管理等方面的创新,更好地为消费者创造价值。

战略的制定和执行都离不开人。早在 2002 年,丁世忠就提出了人才的"半成品计划",招募有工作经验的优秀外部人才到安踏任职,通过与安踏在理念、行为和方法等各方面的融合,实现与安踏的共同发展。上市十余年来,安踏还用包容的文化陆续引入大量国际化人才,帮助自身从带有家族企业特点的传统民营企业转变为一家具有国际竞争能力和现代治理结构的公众公司。以 FILA 的核心管理团队为例，七名高管来自五湖四海，虽然个性不同、管理风格迥异，但是每个团队成员都希望有一个能够实现自身价值的平台，并都认同团队的战略目标。集团销售副总裁王华友是 FILA 高管团队七人中唯一不会说英语的安踏人。在多元化的团队中，他发现不同背景和思路的碰撞反而能给团队成员带来意想不到的启发。当团队在碰撞与磨合中取得阶段性的业务成绩突破时，每一名成员都能感受到团队的力量和价值，这种价值反过来还将增强团队凝聚力，带来良性的滚动发展。

为了给安踏未来实现"千亿元"目标储备人才，丁世忠高度重视核心干部的队伍建设。截止到 2017 年 9 月，安踏集团总监及以上级别的干部共 140 人。在包含所有执行董事的人力执行委员会的直接领导下，集团人力资源管理中心负责这些核心干部的聘用、考核、晋升或汰换。安踏能否实现永不止步的创新与发展，其实归根到底取决于丁世忠和所有核心干部及员工是否具备不断学习、不断进取的能力。为了保持未来发展的动能，丁世忠倡导开展高标准对标，即每个事业部的负责人，都要在公司内部和外部寻找做得比自己更好的对标学习对象，学习他们的经验、方法和工具，改进自身的工作。以往安踏曾经在食堂的后勤行政管理中对标学习厦航、在设立集团变革管理办公室时对标学习华为，因此对标学习的对象可以是跨行业甚至跨国度的，但学习的根本目的在于将好的经验转化应用到自身的日常管理中去，进而提升安踏的经营管理能力。

回顾安踏的发展道路，丁世忠真诚地感恩时代给予安踏和中国体育用品品牌的发展机会，也希望回馈政府和大众对体育用品事业的支持。2012年，安踏捐赠 1 亿元设立"和木基金会"。2017 年，在安踏上市十年之际，丁世忠做出了未来投入 5 亿元资金和运动装备，帮助中国西部偏远地区的孩子的承诺。通过这些公益活动，帮助 1 000 万名西部地区和偏远地区没有机会穿上专业运动装备参与体育运动的青少年，并向他们提供素养教育机会，磨砺他们超越自我的精神，享受运动带来的快乐。

尾声

上市十余年,如今的安踏已今非昔比。从 2015 年起,安踏连续三年入选全球最大的品牌咨询公司 Interbrand 发布的中国最佳品牌榜,丁世忠也入选由《哈佛商业评论》发布的"2017 中国百佳 CEO"榜单。在倍感欣慰和自豪的同时,丁世忠也清醒地认识到,尽管从 2012 年起安踏就成为中国体育用品销量第一的领先品牌,但现在的竞争是全球竞争,只有用具备世界格局的战略眼光来与全球最大的体育用品公司竞争,才能在下一个黄金十年乃至更长时间把握全新机遇,驰骋"千亿元"征程。随着品牌数量的增加和组织规模的日益扩大,如何在品牌重塑的不同观点中整合凝聚,形成安踏的持久竞争力?通过多品牌战略,安踏能否把握并满足不断细分和升级的消费需求?这些都是摆在丁世忠和安踏面前的新课题。

附录1:国际体育用品品牌及其在中国市场的表现

耐克成立于 1967 年,公司总部位于美国俄勒冈州。早在 1980 年,耐克就在中国设立了第一个代表处,成为最早进入中国的国际运动品牌之一。2017 年,耐克在全球实现销售收入 343.5 亿美元,比 2016 年提升 6.1%,其中大中华地区的销售收入为 42.37 亿美元,比 2016 年提升 11.9%。2017 年,耐克以 270.21 亿美元位居全球品牌价值榜第 18 位,品牌价值比上年提升 8%。

阿迪达斯是一家源自德国的运动用品制造商,1920 年于巴伐利亚州开始生产鞋类产品。阿迪达斯于 1995 年在中国设立代表处。2017 年,阿迪达斯的全球营收为 212.2 亿欧元,比上年提升 16.0%,其中大中华区的销售收入快速增长,达到 37.9 亿欧元,剔除汇率影响同比上升 29%。2017 年,阿迪达斯以 92.16 亿美元位居全球品牌价值榜第 55 位,品牌价值比上一年提升 17%。

相较于阿迪达斯和耐克，安德玛是一个新兴的运动品牌。1996 年由美国马里兰州橄榄球明星凯文·普兰克（Kevin Plank）退役后创立，公司总部位于美国马里兰州的巴尔的摩市。安德玛的中国业务以 2011 年 4 月在上海港汇广场设立的首家门店为开端，此后逐步深入中国其他城市。2017 年，安德玛录得全球销售收入 49.8 亿美元，比上年提升 3.1%，其中亚太区（包含大中华区、日本和其他亚太区国家）合计营收 4.43 亿美元，同比上升 62.5%。2017 年，安德玛的北美市场销售收入和市场份额出现大幅下滑，公司营业利润出现约 670 万美元的亏损。

露露柠檬 1998 年成立于加拿大，公司从瑜伽这一细分领域起步，围绕新一代白领女性，提供贴身、舒适而又透气的运动服饰，并借助瑜伽俱乐部、瑜伽开放课以及自营商店等渠道营造社区氛围、倡导健康生活方式，实现快速成长。2016 年，露露柠檬在中国市场联合移动健身应用软件 Keep 推出了一系列瑜伽课程，开展精准营销。2017 年，露露柠檬录得全球销售收入 26.49 亿美元，比上年提升 13.0%，公司全年营业利润为 4.6 亿美元。

附录 2：中国本土体育用品品牌

1991 年，安踏（福建）鞋业有限公司在福建省晋江市成立，安踏品牌应运而生。2007 年，安踏体育用品有限公司在香港上市。2011 年，安踏的销售收入超越李宁，成为中国领先的体育用品公司。随着中国体育用品的消费升级，安踏大力推行"单聚焦、多品牌、全渠道"战略，以收购或合资等方式运营多个体育用品品牌，包括安踏成人及安踏儿童体育用品、FILA（斐乐成人）及 FILA KIDS（斐乐儿童）高端运动时尚服饰产品、DESCENTE（迪桑特）高端专业体育用品、Sprandi（斯潘迪）舒适运动产品、KOLON SPORT（可隆）高端户外体育用品等。2017 年，安踏还收购了 Kingkow（小笑牛）高端时尚休闲童装品牌，集团收入达 166.9 亿元人民币，比 2016 年提升 25.1%，营业利润为 39.9 亿元人民币，利润率达到

23.9%，且利润率自 2008 年以来连续十年保持在 20% 以上。

李宁（中国）体育用品有限公司由中国著名体操运动员李宁于 1990 年创立。2004 年 6 月，李宁在香港上市。2008 年北京奥运会后，李宁主动求变，于 2010 年推行了品牌重塑，但公司业绩大幅下滑，出现亏损。在经历了多次人事及战略调整后，2014 年年底公司董事会主席李宁重新出山，代理公司的行政总裁，重启"一切皆有可能"的口号，并采取多项措施，最终扭亏为盈。目前，除核心的李宁品牌外，李宁还运营多个自有、特许经营或合资联营的其他品牌体育用品，包括红双喜乒乓球产品、AIGLE（艾高）户外运动用品、Danskin 舞蹈和瑜伽时尚健身产品、Kason（凯胜）羽毛球产品。2017 年，李宁实现收入 88.7 亿元人民币，比 2016 年提升 10.6%，营业利润为 4.5 亿元人民币，利润率达到 5.0%。

特步国际控股有限公司成立于 2001 年，是一家集综合开发、生产和销售运动鞋、服装、配饰等体育用品于一体的企业。公司于 2008 年 6 月在香港上市。经过十余年的发展，特步集团拥有约 6 800 家零售店的分销网络，全面覆盖中国 31 个省、自治区及直辖市（不含港、澳、台地区）。公司以跑步产品作为核心产品线，致力于成为中国跑者的首选品牌。2017 年，特步集团全年实现收入 51.1 亿元人民币，比 2016 年下降 5.4%，营业利润为 7.2 亿元人民币，利润率达到 14.1%。

361° 集团成立于 2003 年，是一家集品牌、研发、设计、生产、经销于一体的综合性体育用品公司，其产品包括运动鞋、服饰及相关配件、童装、时尚休闲等多品类。2009 年 6 月，361° 于香港上市。经过多年的发展，361° 集团旗下拥有 361°、361° 童装和 ONE WAY（仅限大中华地区）等品牌。2017 年，361° 集团实现收入 51.6 亿元人民币，比 2016 年提升 2.8%，营业利润为 9.9 亿元人民币，利润率达到 19.2%。

四维图新：从图商到打造"智能汽车大脑"[①]

王铁民、刘兴鹏、孟想

创作者说

本案例以北京四维图新科技股份有限公司（以下简称"四维图新"）为中心，以中国的导航电子地图（Navigable Electronic Map）产业与汽车工业变革为背景，展示了四维图新的转型之路所涉及的业务层战略和公司层战略。

四维图新成立于2002年，是中国最早拥有导航电子地图制作甲级测绘资质的公司。通过合资、合作和并购等方式，四维图新进一步夯实了作为专业图商中头部企业的技术实力和市场地位，于2010年成功在A股市场上市（股票代码：SZ.002045），成为国内首家上市的导航电子地图和动态交通信息服务提供商。就业务层战略而言，四维图新在导航地图这一关键业务中对于B端和C端商业模式的思考与选择，尤为值得复盘分析。

2017年，四维图新发布"智能汽车大脑"战略，该战略开启了四维图新的发展新阶段——以导航产品为基石，通过取舍，构建包括数字地图与导航、车联网产品与服务、汽车电子芯片、高级驾驶辅助系统（Advanced Driving Assistance System，ADAS）与自动驾驶、位置大数据服务等主要业务在内的业务组合。

随着行业中技术的发展和竞争格局的变化，2021年以来，四维图新已

[①] 本案例纳入北京大学管理案例库的时间为2021年9月22日。

将自身的业务组合调整优化为以智云、智芯、智舱、智驾为主。如果2017年四维图新没有对公司层战略进行前瞻性布局并打造业务组合，仍只坚守导航地图主业，那么在当下部分车企采用无图化自动驾驶技术路线的新挑战下，公司发展前景将面临更大的不确定性。

从古至今，地图一直是人类在交通、军事、政治、经济、历史、外交等领域不可或缺的信息来源。20世纪中期以来，随着电子计算机、卫星定位等科技的发展，地图也进入了全新的数字时代，从纸质地图转化为电子地图。随着互联网技术的应用日益丰富，智能设备为人们的日常生活带来了便利。电子地图服务于智能手机、汽车导航系统，更充分地满足了人们对地理位置服务的需求。

四维图新成立于2002年，是中国导航地图产业的领跑者。经过二十余年的发展（参见图1），四维图新已成为数字地图与导航、汽车电子芯片、自动驾驶解决方案、位置大数据以及乘用车和商用车定制化车联网解决方案领域的头部企业，拥有一批长期稳定合作的客户与合作伙伴（参见图2）。

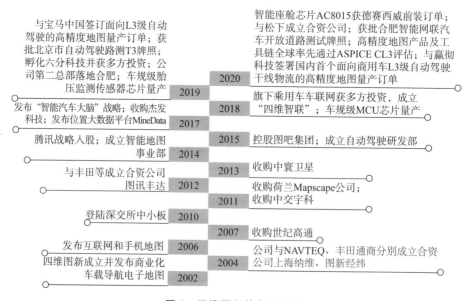

图 1　四维图新的发展历程

资料来源：四维图新公司官网（2021年8月23日访问）。

图 2　四维图新的客户及合作伙伴

资料来源：四维图新公司官网（2021年8月23日访问）。

随着传统汽车向智能化、网联化不断演进，其对高精度动态导航产品提出了更高的要求，对自动驾驶的解决方案也有了更迫切的需求，市场潜力变得异常巨大，吸引谷歌（Google）、苹果（Apple）、华为等科技企业以及阿里巴巴、百度、腾讯等互联网企业纷纷入局。四维图新作为中国导航地图产业的领跑者，历经了我国车载导航从无到有、从起步到腾飞的全过程，在当下新兴科技层出不穷的背景下，需要面对新的机遇和挑战。2017年以来，四维图新以创新和发展迎接汽车"新四化"时代的来临，提出了打造"智能汽车大脑"的五年战略新愿景，以"赋能智慧出行，创造美好生活"为使命，致力于成为中国乃至全球市场值得客户信赖的智能出行科技公司。

一、背景：中国的导航电子地图产业

测绘，顾名思义指测量与绘图。测绘地理信息行业，主要是指以测绘地理信息成果为核心的涵盖采集、分析、加工处理和应用的产业链的集合。导航电子地图是测绘地理信息行业最重要的产品之一。作为准确引导人或交通工具从出发地到达目的地的电子地图或数据库，导航电子地图中包含空间位置地理坐标,并能与空间定位系统结合,其市场需求来自B端和C端的用户,其中B端用户主要包括整车厂商、车载导航系统厂商、消费电子导航设备厂商、智能手机厂商、移动通信运营商和互联网企业。

导航电子地图行业涉及国家机密,国家为该行业设置了较高的准入门槛。中国测绘主管部门采取行业准入资质方式管理从事导航电子地图开发和生产的企业,相关从业单位依法取得由国家测绘局颁发的导航电子地图制作甲级测绘资质,并严格遵守《中华人民共和国测绘法》《地图编制出版管理条例》《导航电子地图制作资质标准》等相关法律法规及标准,方可从事导航电子地图的测绘活动。由具有导航电子地图制作资质的单位制作,国家测绘局进行审批,受批获得国家审图号的导航电子地图才具备法律效力。自2001年中国测绘局颁发全国第一张导航电子地图制作甲级测绘资质起,截至2019年第一季度末,仅有17家企事业单位获得该资质(参见表1)。从政策导向看,导航电子地图制作甲级测绘资质的审批仍会保持相对严格。未来,可进入导航电子地图行业的企业数量仍会受到较为严格的控制。

表1 中国具备导航电子地图制作甲级测绘资质的单位名录

序号	单位名称	获甲级测绘资质时间	单位类型
1	北京市四维图新科技股份有限公司	2001-01	传统图商
2	高德软件有限公司	2004-06	阿里巴巴子公司
3	北京长地万方科技有限公司	2005-05	百度子公司
4	易图通(北京)科技有限公司	2005-07	阿里巴巴控股60%的子公司
5	深圳市凯立德科技股份有限公司	2005-06	传统图商
6	腾讯大地通途(北京)科技有限公司	2007-06	腾讯子公司
7	北京灵图软件技术有限公司	2005-05	传统图商
8	国家基础地理信息中心	2006-01	事业单位
9	江苏省测绘工程院	2008-06	事业单位
10	浙江省第一测绘院	2008-06	事业单位

(续表)

序号	单位名称	获甲级测绘资质时间	单位类型
11	江苏省基础地理信息中心	2010-10	事业单位
12	立得空间信息技术股份有限公司	2007-06	传统图商
13	武汉光庭信息技术股份有限公司	2013-06	从事智能网联汽车软件研发的公司
14	滴图（北京）科技有限公司	2017-10	滴滴子公司
15	武汉中海庭数据技术有限公司	2018-08	武汉光庭信息技术股份有限公司子公司
16	北京初速度科技有限公司（Momenta）	2018-08	自动驾驶技术研发公司
17	贵州宽凳智云科技有限公司	2019-01	宽凳科技全资子公司，高精地图商

资料来源：沙利文研究院2019年整理。

中国导航电子地图行业的发展主要经历了四个阶段。[1] 第一阶段为1997—2004年。1997年，中国企业开始了导航电子地图的研究；2002年，导航电子地图正式商用于汽车导航。随着消费者认知和接受度的提高，前装车载导航成为众多汽车品牌的标配。第二阶段为2005—2009年，导航电子地图的应用从车载导航扩大到手持导航仪。自2005年起，国际厂商相继进入中国市场，中国本土厂商（如传统家电制造厂商、MP4制造厂商等）相继推出手持导航仪产品。这些手持产品的成本低，安装和操作更加简便，因此迅速得到普及，销量逐渐追赶上车载导航。第三阶段为2010—2016年，导航电子地图的应用扩展至智能手机。随着智能手机的兴起，中国的手持导航仪产品逐渐被智能手机导航产品替代。手机导航与汽车导航产品成为导航电子地图主要的应用产品。第四阶段为2017年至今，由于自动驾驶需求的兴起，高精度地图开始蓬勃发展。如果说普通导航地图主要面向驾驶员提供地理信息，高精度地图则主要应用于自动驾驶领域，为车辆提供地理信息。自动驾驶的过程需经感知、高精定位、决策、控制四个步骤，在高精定位过程中，自动驾驶系统可利用车辆传感器收集的信息与高精度地图数据进行对比，从而确定车辆所处的位置与方向，并在决策过程中帮助汽车提前避让危险。高精度地图目前尚处于发展初期，其应用普及与自动驾驶汽车的发展密切相关。随着各整车制造企业面向市场陆续推出更多配备自动驾驶技术的车型，高精度地图产品的商业化也将同步发展，并将促进导航电子地图行业整体规模的扩大。沙利文数据中心的相关分析显示（参见图3）：截至2018年年底，中国导航电子地图的行业规模为29.8亿元人民币；按照年均复合增长率33.3%估算，2023年中国导航电子地图的行业规模将达115.4亿元。

图3　中国导航电子地图市场规模（按收入计）（2014—2023年）

二、建设期：图商中的领跑者（2002—2010年）

1992年，国家测绘局创建了中国四维测绘技术有限公司（以下简称"中国四维"）。中国四维是中国地理信息行业的国家队和排头兵。1997年，随着高分辨率卫星影像、摄影测量与遥感、汽车导航系统、导航电子地图等在世界测绘强国陆续出现，中国四维开始组织核心力量研究导航电子地图在中国产业化的可行性，并发现日本的导航电子地图已经商业化且为民众提供车载导航服务。当时的导航电子地图在中国基本上还是空白，只有纸质地图实现了商业化。能不能让中国的司机也用上车载导航？中国四维的导航业务部门主动向国家测绘局申请进行导航电子地图商业化的尝试，并由公司的研发部门与日本丰田公司取得联系，双方商定共同研究开发符合中国实际情况的导航电子地图产品。历经五年的刻苦钻研和不断测试，中国四维的第一款导航电子地图样本产品完成测试，达到了汽车行业的标准。2002年，中国四维的导航部门正式独立出来，成立北京四维图新导航信息技术有限公司（以下简称"四维有限"）。四维有限于2007年整体变更设立北京四维图新科技股份有限公司（即"四维图新"）。

（一）完成全国地图产品开发

四维图新是最早拥有导航电子地图制作甲级测绘资质的公司。2002年，公司与丰田合作研发的第一款中国导航电子地图产品上市，搭载到了丰田威驰车中，服务了上万名中国车主。2004年，四维图新以51%的出资比例与丰田旗下的丰田通商株式会社共同投资组建北京图新经纬导航系统有限公司①，向中国市场的车载导航厂商提供产品和系统服务。该公司围绕导航电子地图这一核心产品，开展相关的市场开拓，并提供产品开发及售后服务。

数据的准确性与更新的及时性是导航地图产品品质的关键。四维图新采用了现地采样、实地验证的方式，建立了严格的产品检验制度和流程，使其发行地图的质量保持领先。四维图新是中国第一家、全球第三家在导航电子地图生产全过程领域通过国际汽车工业质量管理体系TS16949认证的地图企业。2005年，四维图新建成了全国高端导航电子地图数据库，确立了公司在地图提供商中的领跑者地位，连续多年保持市场份额第一。截至2006年，在车载前装导航地图市场，四维图新已连续四年占据超过70%的市场份额。

---

① 2021年3月，北京图新经纬导航系统有限公司成为四维图新的全资子公司。

（二）开发动态交通信息和互联网产品

从国际发展趋势来看，动态导航替代静态导航是大势所趋。正是基于动态交通信息服务的发展前景以及与导航电子地图所产生的协同效应，四维图新决定布局该领域。世纪高通成立于2005年9月，是国内首家动态交通信息服务提供商，在创立初期就获得了四维图新的大力支持。2007年12月17日，四维图新全资收购世纪高通，使公司业务实现了向动态交通信息服务领域的扩展。动态交通信息服务在发展初期，只有一种数据源（浮动车）可以贡献路况数据，四维图新在只有几百万条数据的情况下，耐心打磨产品，构筑技术壁垒。如今，世纪高通已成为四维图新旗下提供专业位置大数据的成员企业，其提供的高品质路况服务已覆盖中国内地340余个城市和港澳台地区。

2005年首部嵌入全球定位系统（Global Positioning System，GPS）芯片的智能手机诞生。2008年，中国带有GPS的手机的用户数超过300万，2009年达到800万，GPS逐渐成为所有新手机必不可少的标准配置，在智能手机出现之前的功能手机时代，离线地图是手机导航的主要模式。2004年，四维图新敏锐地嗅到了新的市场机会，以51%的出资比例与美国NAVTEQ公司（即诺基亚Here地图的前身）共同投资组建了上海纳维信息技术有限公司[①]，并与当时手机行业的翘楚诺基亚公司开始了合作，为诺基亚手机地图提供导航数据。搭载了四维图新地图数据的诺基亚手机销售业绩节节攀升，2005年第二季度销量为740万台，2007年第四季度销量即达到了2 020万台。而四维图新在上市前发布的招股说明书显示，2009年诺基亚成为四维图新当年的第一大客户，为公司带来合计1.17亿元的GPS手机电子地图销售收入，在公司当年全部收入中占比达27.34%。

（三）股票公开上市

2009年四维图新实现营业收入4.28亿元，较2007年的1.85亿元增长

---

① 2013年12月，上海纳维信息技术有限公司成为四维图新的全资子公司。

了1.31倍，其中来自车载导航产品领域的收入为2.45亿元，占比57.24%，主要客户是丰田、本田和大众等汽车制造商及其车载导航设备供应商；来自消费电子产品领域的收入为1.50亿元，占比30.05%，主要客户是诺基亚等移动通信终端制造商及佳明（Garmin）等手持导航仪生产厂商。汽车行业的高速发展和GPS手机市场需求的井喷，无疑为四维图新带来值得憧憬的发展前景，但巨大的市场机会也吸引了更多、更强的企业参与竞争。

2010年5月18日，四维图新登陆深交所中小板市场，成为国内第一家上市的导航电子地图和动态交通信息服务提供商。招股说明书显示，四维图新的第一大股东为中国四维测绘技术总公司（即中国四维），直接持有四维图新29.03%的股份，处于相对控股地位。而中国四维是中国航天科技集团下属控股企业中国卫星通信集团公司（以下简称"中国卫通"）的全资子公司。因此，四维图新当时的实际控制人为1999年7月组建成立的国务院国资委直属中央企业中国航天科技集团。

四维图新在招股说明书中援引的企业增长咨询公司沙利文的市场监测数据显示，公司自2003年起在车载导航市场连续七年占有率超过60%；2009年前三季度在车载导航市场的占有率为69.10%，在GPS手机地图市场的占有率达到68.64%，在手持导航仪地图市场的占有率为18.73%，平均每天通过基于位置服务（Location Based Service，LBS）和互联网地图服务使用四维图新地图产品的点击量达9 100万次。成功上市为四维图新注入了资本力量，也意味着其能够招募到更好的人才，并有更充足的资金发展新的事业。

三、发展期：应对环境变化（2011—2016年）

（一）产品与市场的拓展

2011年是"十二五"规划的开局之年，刚于2010年5月在证券市场公开上市的四维图新迎来了新的发展阶段。四维图新在2010年年度报告中提出了五年发展战略，即通过打造国内最好的综合地理信息平台，巩固在行业内的领先地位，借助既有优势，快速获取核心技术，为汽车、互联网和手机用户提供动态信息服务，谋取在地理信息服务领域的领先地位，用五年的时间成为具有国际竞争力的、国内最优秀的综合地理信息服务商。围绕五年发展战略，四维图新在夯实导航地图主业的同时，开始深耕汽车行业，拓展车联网业务，并准备充分利用上市公司资本平台，实施资本运营措施，积极寻找对公司发展具有战略意义的项目，积极实施收购兼并等资本市场手段，优化和完善公司产业布局，提升公司的产业链竞争能力。

2011年4月，四维图新首次向业界公开发布乘用车车联网服务品牌"趣驾"，标志着在既有的导航地图和交通信息服务业务外，四维图新的业务组合进一步拓展，新增了车联网业务。"趣驾"作为四维图新当时自有的开放式、模块化车辆远程综合信息服务平台，提供了丰富的信息内容和模块接口，为合作伙伴及终端用户提供多种使用组合方案，实现六大服务功能，即语音、导航、安全、互动、秘书、生活服务功能。同年11月，四维图新以1.38亿元收购中交宇科（北京）空间信息技术有限公司51.98%的股份。中交宇科成立于2008年，当时的其他主要股东有中国公路工程咨询集团公司、中国科学院遥感应用研究所、黑龙江测绘局等。此次收购成为四维图新进军交通行业的测绘领域以及进一步夯实车联网业务板块的有力举措。2012年6月，四维图新以51%的出资比例，与丰田自动车株式会社、北京美达雅科技开发有限公司①签约，共同投资组建北京图迅丰达信息技术有限公司，并面向丰田汽车集团旗下各乘用车车型提供中国车载导航地图信息传输服务以及车辆远程综合信息服务。2013年3月，四维图新通过增资扩股方式，以6 224万元收购中寰卫星导航通信有限公司51%的股份，成为中寰卫星的控股公司，完成公司在商用车车联网领域的业务布局。中寰卫星成立于2004年，是面向商用车提供车联网服务的运营商和解决方案提供商，公司在GPS车辆监控、北斗数据传输和海上船舶监控等业务领域

---

① 北京美达雅科技开发有限公司为丰田互联（北京）科技开发有限公司的前身。

具有丰富的经验，业务网络覆盖全国重要省市。

在不断丰富产品线的同时，四维图新也积极开拓国际市场。2011 年 1 月，四维图新以 6 164 万元人民币收购荷兰 Mapscape 公司 100% 的股份。Mapscape 公司是欧洲导航数据标准（Navigation Data Standard，NDS）组织的主要成员以及相关技术研发的重要承担者，并为欧洲车企提供面向全球的导航地图编译服务，主要客户包括奥迪、宝马、大众等全球顶级的汽车厂商，以及 NAVTEQ、Tele Atlas 等地图厂商。通过全资收购 Mapscape，四维图新获取了全球地图数据编译的能力，在国内首次成功开发 NDS 地图产品并投入商用，先后为戴姆勒、大众、宝马等公司提供全球数据的编译服务，在国际上确立了领先地位。同时，由于之前四维图新的前装车载市场客户以日系车型厂商为主，此次收购还帮助四维图新进军欧美高端车型市场，为公司的国际化道路开启了良好的开端。2014 年，四维图新在荷兰的埃因霍温设立了新的研发中心。

（二）重要客户经营状况的剧变

四维图新在 2010 年公司年度报告中披露，诺基亚从 2010 年年初开始在全球范围内实行面向最终用户提供免费导航地图的策略，大幅提升了诺基亚智能手机采购和预装导航电子地图的比例。相应地，2010 年四维图新来自诺基亚及其子公司 NAVTEQ[①] 的收入也大幅增长至 2.30 亿元，占公司全年收入的 34.07%。但是智能手机的市场竞争十分激烈，各品牌的市场占有率也不断发生变化。根据市场研究机构 Gartner 公司的研究报告，2012 年第三季度全球智能手机的销量同比增长 46.9%，达到 1.692 亿部。其中，苹果和三星电子公司合计控制全球智能手机市场份额的 46.5%，功能手机时代的王者诺基亚在全球智能手机市场占有率榜单上的排名降至第七。同时，

---

① NAVTEQ 作为全球领先的 GPS 导航地图数据和内容提供商，于 2007 年被诺基亚以 81 亿美元收购，并在 2012 年更名为 Here 地图。2015 年 7 月，Here 地图从诺基亚剥离，被德国豪华汽车厂商（宝马、奥迪和戴姆勒）联合组建的财团以 28 亿欧元收购。2016 年 12 月，四维图新联合腾讯及新加坡主权财富基金 GIC 共同在荷兰设立公司 SIWAY Cooperatief U. A.，并通过该公司收购了 Here 地图 10% 的股份。

易观智库产业数据库发布的市场监测报告显示，2012年第三季度中国市场智能手机的销量同比增幅为121%，达到4 917万部。其中，安卓（Android）系统、iOS系统和塞班（Symbian）系统的份额分别为90.1%、4.2%和2.4%。

预装四维图新地图产品的诺基亚智能手机曾给四维图新贡献了最大份额的收入来源。但随着诺基亚在智能手机市场销量和市场份额的下滑，四维图新的消费电子领域收入也出现了大幅下滑。据四维图新公司年报，2012年四维图新年收入为7.73亿元，其中导航地图业务收入为5.90亿元，同比下降21.71%。如果进一步分析四维图新2012年导航地图收入的构成和变化趋势，则可以发现：其中来自车载导航领域的收入为4.19亿元，实现同比增长12.17%，增长的主要驱动因素为整体市场规模的扩大以及公司德系汽车客户产品销量的提升；消费电子领域的导航地图收入为1.71亿元，同比大幅减少55.05%，主要原因是来自诺基亚的收入大幅下降。到了2013年，四维图新来自消费电子领域的导航电子地图订单收入下滑到0.54亿元。

诺基亚手机业务的颓势给四维图新的导航电子地图主业带来了巨大的冲击（参见图4）。包含智能手机在内的消费电子及其他领域对四维图新导航电子地图主业收入的贡献从2011年的50.40%快速下降至2012年的28.98%，并于2013年下降至10.47%，而车载导航领域在四维图新导航电

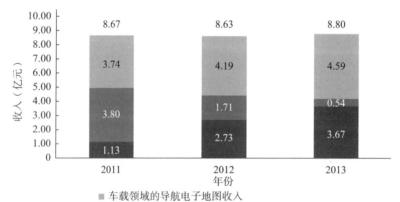

图4 重要客户经营剧变给四维图新收入带来的影响（2011—2013年）

资料来源：作者根据四维图新2011—2013年年报披露信息整理绘制。

子地图业务收入中的占比则从 2011 年的 49.60% 大幅提升至 2012 年的 71.02%，并于 2013 年提升至 89.53%。面对重要客户经营情况的剧变，四维图新的管理层并没有慌乱失措，而是审慎地研判市场与技术的发展趋势，继续坚持公司在研发方面的高强度投入，并希望通过积极开发新业务和拓展新市场，调整公司的收入结构，提升公司的抗风险能力。

（三）导航地图业务面向 B 端还是 C 端的选择

2012 年，四维图新和高德软件有限公司（以下简称"高德"）是参与国内导航电子地图领域市场竞争最具竞争力的两家企业。其中，市场规模更大的前装导航地图市场呈现寡头垄断竞争状态，两家企业合计占有 90% 以上的市场份额。随着 2012—2013 年诺基亚手机的快速陨落，四维图新的导航电子地图业务除在车载导航领域占据市场领先优势外，还在互联网地图市场上为百度地图、搜狗地图、图吧导航、老虎地图、导航犬等互联网企业提供导航电子地图数据产品，并通过这些互联网企业服务千千万万个终端消费者。

2013 年，高德开始全面战略转型，向 B2C（企业—消费者）领域投入大量资源。高德成立于 2002 年，也是最早获得导航电子地图制作甲级测绘资质的企业之一，成立后持续开发高德导航和高德地图 App。在移动互联网时代，地图作为各种应用的基础，被视为将线上和线下场景与业务结合起来的战略资源，所以百度、腾讯、阿里等公司对导航地图产品和位置服务也格外重视，纷纷加大对 B2C 领域的投入。2013 年 5 月，阿里以 2.94 亿美元完成了对高德的战略投资，持有后者 28.4% 的股份。随后，互联网地图服务市场的竞争进一步加剧。2013 年 8 月，百度地图和高德地图在同一日先后宣布旗下的导航 App 产品免费。在此之前，手机用户对导航类 App 为付费使用，但对地图类 App 一般为免费使用。苹果应用商店（App Store）的数据显示，此前 C 端用户在下载高德导航的应用软件时需要支付 50 元人民币。阿里为了补足在地图领域的短板，全面和百度、腾讯等企业竞争，2014 年 2 月以 11 亿美元对高德的剩余股份实施完全收购。高德成为阿里的全资子公司。

百度和高德面向 C 端用户的免费策略给车载导航地图产品的价格带来了很大的冲击。此外，由于受到来自免费手机导航产品的替代威胁，面向中低端汽车前装市场的车载导航地图的销售收入出现缩减。据四维图新的公司年报，2015 年和 2016 年来自导航电子地图主业的收入徘徊在 8.15 亿元左右。四维图新需要在主业之外寻找和培育新的增长点。公司管理层对客户的构成进行了分析，发现公司的主要客户是丰田、宝马、戴姆勒等汽车厂家，以及 Denso、博世等汽车系统级零部件供应商。四维图新实现进一步增长的可行选择是通过充分发挥公司在导航产品上积累的价值，将更多的产品提供给现有客户，为其赋能。

在对竞争对手和市场、公司自身的业务构成、金额客户构成做了深入分析之后，四维图新做出了自己的选择——专注于 B2B（企业—企业）领域，为汽车行业客户提供更加专业的导航电子地图和车联网服务，同时为大量没有地图制作资质的互联网公司提供基础地图数据产品，支持互联网行业在巨头的影响下继续健康发展，给中小企业和创业公司更多的选择。既然选择了继续专注于 B2B 领域，四维图新就将地图到最终 C 端客户这最后的连接工作交给了 B 端的合作伙伴。放弃 B2C 市场为四维图新换来了更为稳定的 B2B 市场与客户支持，此外，选择专注于 B2B 领域，也有利于其更集中地将资源投放到创新性地图业务的开发上。2015 年，四维图新成立了自动驾驶研发部，秉承"专业化、国际化、软硬一体化"的经营理念，其在多年地图技术积累的基础上，结合 AI 深度学习技术，加大面向无人驾驶的高精度地图制作的投入。同时，四维图新通过稳固高端车市场根基以及开拓中低端汽车市场，扩大在汽车行业的客户群，提升市场渗透率。

（四）腾讯产投的战略入股

为了进一步提升竞争实力，2014 年 6 月，四维图新的第一大股东中国四维与腾讯产业投资基金有限公司（以下简称"腾讯产投"）签署《股份转让协议》。交易完成后，中国四维持有四维图新 12.58% 的股份。腾讯产业投资基金则以 11.7 亿元战略投资持有四维图新 11.28% 的股份。中国四维仍是四维图新的第一大股东，但不再是其控股股东，中国航天科技集团也不再是四维图新的实际控制人。四维图新成为无实际控制人、无控股股东的上市公司。四维图新的董事会由九名董事组成，其中代表中国四维、腾讯产投、公司经营管理层的董事各两名，独立董事三名。腾讯为四维图新带来了互联网资源和管理经验，使其在移动互联网端的发展更为顺畅，也帮助其完成了从单一地图数据生产商向地图及智能驾驶综合服务提供商的转型。腾讯在大数据方面的积累和经验也为四维图新后续开展大数据业务奠定了良好的基础。

2014 年的中国乘用车车联网市场参与者众多。经过数年的潜心研发，四维图新的车联网业务得以稳步发展。其开发出适合中国车主的车联网服务平台，所服务的客户涵盖了宝马、丰田、奥迪、大众、沃尔沃、长城等国内外主流车厂。腾讯产投战略入股后，为四维图新带来了互联网平台及资源。双方共同开拓互联网时代的车联网业务，打造新一代的智能地图产品和导航服务，构建提供位置服务的开放平台与生态系统。四维图新很快就与腾讯共同推出了新一代车载互联网整体解决方案"趣驾"（WeDrive），在车机上导入腾讯丰富的互联网内容，让车主在驾驶过程中充分享受到多端同步的车载互联网产品体验，享受安全出行和更为丰富的娱乐、社交及生活服务。新一代"趣驾"产品发布后，借助腾讯数以亿计的黏性用户，四维图新加速实现了数据资源的获取、沉淀与迭代，有助于提升公司在车联网领域的内容与服务品质。

为了进一步完善车联网业务的全产业链整体布局，2015 年 4 月，四维图新以 3 亿元人民币的现金收购完成了对北京图为先科技有限公司（以下简称"图为先"）51% 的股权投资，四维图新（香港）有限公司则完成了对 Mapbar Technology Limited[①]（以下简称"图吧 BVI"）51% 的股权投资。四

---

① Mapbar Technology Limited 成立于 2004 年 12 月，拥有北京图吧科技有限公司 100% 的股份，通过可变利益实体（Variable Interest Entity，VIE）协议安排，拥有图为先 100% 的权益。图吧集团的主要经营业务包括移动互联网导航产品及车联网产品的开发、运营及相关技术服务。

维图新随后将早前投资控股的北京腾瑞万里科技有限公司、和骊安（中国）汽车信息系统有限公司、上海趣驾信息科技有限公司均变更为图为先的控股子公司。随后，四维图新组建了独立的车联网事业群，形成了手机、车机互联的"动态内容+云端平台服务+车载手机应用+车载操作系统"车联网整体解决方案，成为国内领先的具有车联网全产业链服务能力的供应商。

四、蝶变期：打造"智能汽车大脑"（2017年至今）

（一）提出"智能汽车大脑"的战略愿景

自2002年创立以来，四维图新就以导航电子地图为主业，逐渐聚焦服务汽车行业等B端企业客户，不断发展新业务。虽曾经历了消费电子领域主要客户经营状况的断崖式下滑，但四维图新2016年仍录得营业收入15.85亿元，相比公司首次公开募股（Initial Public Offering，IPO）时的2010年实现了年均复合增长率18.46%的成长。在制定新的五年战略规划之际，四维图新的管理层更多思考的是如何更好地利用已经到来的新机遇、应对新挑战。

在股东层面，2014年四维图新在引进腾讯产投的战略投资后，兼具汽车和互联网两大前沿领域的跨界融合发展能力。不同背景的股东都对四维图新抱有高质量快速发展的新期待。一方面，国有股东以及相关政府主管部门希望以四维图新为代表的地图测绘企业在汽车"新四化"时代可以更好地引领行业发展。另一方面，四维图新的战略投资者也希望其可以将在导航地图等领域的优势充分发挥出来，提供更加符合市场需求的新产品和服务，分享行业增长带来的收益。

在市场和客户需求方面，四维图新通过自身多年来的市场布局和业务积累，培育了一批长期稳定的优质客户和合作伙伴。2017年对四维图新收入贡献最大的客户均为汽车制造厂商，如丰田、大众、戴姆勒、宝马、上海通用汽车、福特、菲亚特克莱斯勒汽车集团、尼桑、长城、沃尔沃。这些客户对四维图新提出了新的需求,即希望其从既有的导航电子地图出发,在汽车网联化方面提供车联网产品和充电服务、在汽车智能化方面提供高精度地图和高精度定位产品和服务、在车载芯片方面提供满足自动驾驶需求的车规级芯片。

在新业务拓展方面,四维图新的导航产品在公司收入中的占比已从2010年时的93.48%降至2016年时的51.42%。除了导航产品,四维图新还分别在车联网和高精度地图领域投入了较多的资源,2016年来自车联网产品和企业服务及行业应用的收入占比分别达到33%和14%(参见图5),ADAS及自动驾驶业务也从2015年开始产生收入。2016年5月,四维图新宣布其已签约全资收购汽车芯片企业杰发科技(合肥)有限公司(以下简称"杰发科技")。2017年1月,四维图新得到中国证监会对该起并购交易相关募资方案的核准批复。

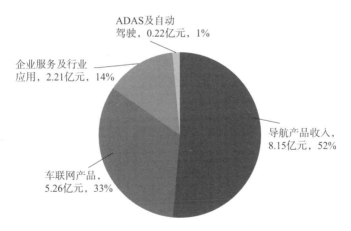

图5　2016年四维图新的收入构成

资料来源:作者根据公司2016年报披露信息绘制。

在合作伙伴方面,四维图新在2017年5月与Here地图共同出资成立北京图新瀚和科技有限公司。该合资企业负责在中国运营Here地图产品,依托Here地图全球领先的位置服务以及四维图新丰富的位置大数据,致力于为客户提供面向物联网、自动驾驶等相关位置大数据解决方案。Here地图作为全球领先的地图数据和位置服务综合解决方案提供商，当时已积极转型，致力于为自动驾驶汽车提供动态高精度地图及其更新服务。四维图新作为 Here 地图的战略合作伙伴，也开始在中国提供类似的新产品和服务。

随着汽车产业网联化、智能化、共享化和电动化这"新四化"的发展，四维图新在股东期望、市场和客户需求、新业务拓展和合作伙伴诉求等方面都感知到了新的机遇和挑战。经过深入分析，四维图新管理层从 2016 年就开始酝酿和构思，并于 2017 年明确提出"智能汽车大脑"的战略愿景（参见图 6），致力于成为中国市场乃至全球最值得信赖的自动驾驶解决方案提供商，全面加快公司在导航、自动驾驶、车联网及芯片领域的战略布局，并且为各业务设立了清晰的未来发展战略愿景。正如在 2016 年公司年报中所宣告的，四维图新致力于在导航领域成为具有国际化能力并可面向自动驾驶及智能出行领域提供一体化解决方案的领先供应服务商；在自动驾驶领域，可向下游客户提供包括高精度地图、核心算法、芯片等在内的整套解决方案；在车联网领域，成为面向自动驾驶领域，可提供全球一流车联网解决方案及核心数据分发服务的供应商，并不断增加变现方式，提升变现能力；在芯片领域，成为国际厂商主要产品及服务供应商。

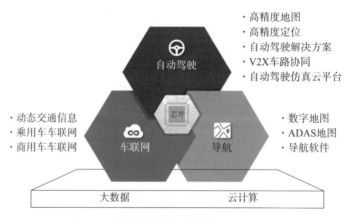

图 6 "智能汽车大脑"战略愿景

资料来源：四维图新公司官网（2021 年 8 月 23 日访问）。

（二）资本运作助力业务扩张与调整

四维图新作为一家上市公司，为了实现"智能汽车大脑"这个战略，需要开发新的产品组合，而新产品研发期过长，常常需要五年以上才能盈利，短期内会对上市公司业绩造成不良影响。为了既保持对新产品的投入，又保证上市公司业绩稳定增长，四维图新管理层经过综合分析，认为引入外部资金支持新产品的研发是最优选择。

结合实际情况，四维图新主要采用三种引入外部资金的方式：一是上市公司股权融资；二是上市公司债权融资；三是通过将上市公司业务拆分为非控股公司，进行体外独立融资。以股权融资而言，2014 年，四维图新引进腾讯产投作为战略投资者，为公司发展带来了资金、优质互联网内容、流量等战略资源。2021 年 2 月，四维图新发布关于非公开发行 A 股股票及募资情况的公告，共向包括亦庄国投和一汽股权投资公司在内的 16 家发行对象募集资金 40 亿元。这笔巨额资金将在扣除相关发行费用后被用于"智能网联汽车芯片研发项目""自动驾驶地图更新及应用开发项目""自动驾驶专属云平台项目""补充流动资金项目"等募投方向，为新技术、新产品的内部培育和外部并购提供支持，帮助四维图新巩固行业地位，提升市场占有率和盈利水平，保障公司中长期战略发展目标的实现。

A 股上市公司通过定增方式实现再融资的流程较长，在总体市场行情不利于再融资的情况下，四维图新选择将投入较大且回报期较长的新业务从上市公司中拆分出来，并以独立的实体进行融资。这种方式能够快速募集资金，补齐上市公司在资金方面的缺口，并吸引外部战略合作伙伴提供产业资源，促进业务的快速发展。四维图新用这种方式成功拆分组建了成员企业四维智联和六分科技，并促成车联网和高精度定位等业务的快速发展。

（1）2017 年收购杰发科技

杰发科技成立于 2013 年，前身为联发科技股份有限公司的汽车电子事业部，主要从事车载信息娱乐系统（In-Vehicle Infotainment，IVI）电子芯片的研发与设计。同时，杰发科技积极布局其他车载、车控类汽车电子芯片，深耕中国汽车电子市场。2014年第一季度，杰发科技在中国汽车影音娱乐系统后装市场的份额超过60%。2015年4月，杰发科技推出第二代车载芯片AC8317，搭载安卓系统，实现在客户端的前装量产。2016年7月，杰发科技推出车机业内首个4G车联网芯片，引领汽车电子进入车联网时代。

2016年3月，四维图新对外公告，开始筹划收购杰发科技的重大交易。同年5月，四维图新与杰发科技及其全体股东签署《股权收购协议》及《战略合作协议》。2017年1月，中国证监会正式批复四维图新全资收购杰发科技的方案。2017年3月，四维图新完成了股权过户手续及相关工商登记。通过收购杰发科技，四维图新希望在多方面助力自身达成战略愿景：一是强化自身的产业链布局，推进业务的垂直一体化；二是与杰发科技形成产品和客户资源的互补，在车联网等领域实现前装和后装市场的协同发力；三是基于对车联网用户大数据的搜集和分析能力，四维图新面向自动驾驶提供更完整的解决方案；四是借助汽车电子芯片业务较高的技术门槛和旺盛的市场需求，扩大自身的经营规模、提升盈利能力。这起并购的协议金额高达38.75亿元[①]，经中国证监会核准批复，四维图新以新发行股份支付3.31亿元，以现金支付35.44亿元。为了募集资金，2017年，四维图新向合肥高新科技创业投资有限公司等五位交易对象定向增发新股，募集资金净额为33.27亿元；同年，四维图新面向投资者公开发行公司债券，首期债券发行规模为5 000万元。

杰发科技成为全资子公司以来，四维图新在传感器芯片、控制器芯片等领域加大研发投入，自主研发的芯片产品不断通过市场检验，产品线不断丰富，自主化能力大幅提升。2017年11月，武汉杰开科技有限公司设立全资子公司上海途擎微电子有限公司。杰发科技具备了为车厂提供高性能车规级汽车电子芯片的能力，IVI芯片连续多年保持国内后装市场领先地位，并在前装市场不断拓展。2017年，四维图新首次在芯片领域录得5.17

[①] 后因杰发科技2016—2018年的三年累计净利润未达到对赌条款中承诺的水平，交易对价减少6.16亿元，收购实付总金额为32.59亿元。

亿元收入,全年总营收达到21.56亿元,同比增长36.03%。2018年10月,杰发科技获颁国家"高新技术企业"证书。同年12月,杰发科技推出的微控制器(Microcontroller Unit,MCU)芯片通过了AEC-Q100 Grade1车规级验证,打破了国际巨头一直以来的技术垄断,获得量产订单,成为国内首个自主研发的可在客户端量产的车规级车身控制芯片,并可向智能家电、工业控制等应用领域拓展。

(2)2017年设立四维互联基金

为了推进实施打造"智能汽车大脑"的新发展战略,四维图新在高精度地图、自动驾驶、车规级芯片、车联网、高精度定位、位置大数据等相关领域都需要进行巨大的投入。在多个新业务领域的投入必将抬高四维图新的经营成本,而新业务及产品能否被市场认可和接受,仍有巨大的不确定性。即便新业务最终被市场所接受,也需要经历一定的市场培育期,所产生的收益与投入相比会有一定时长的滞后。这对四维图新近期的财务状况会带来不利影响。作为上市公司,四维图新必须思考如何更为周全地做好风险控制与相关管理。为此,四维图新管理层一方面保持对市场发展趋势和新业务的定期研判,从而对新业务投入做出更为审慎的评估。另一方面,在内部,四维图新效仿风险投资机构,建立健全项目评估机制,注重对早期项目的风险管控,降低经营风险;在外部,则牵头组建产业基金,以风险共担、收益共享的产业投资和发展模式与战略投资方联手合作。

2017年4月,四维图新与北京金盛博基资产管理有限公司、北京市经济和信息化委员会经济技术市场发展中心以及深圳市红塔资产管理有限公司联合作为有限合伙人,北京四维天盛投资管理有限公司作为普通合伙人,共同出资设立北京四维互联基金管理中心(有限合伙)(以下简称"四维互联基金")。四维互联基金的规模为5亿元人民币,于2017年12月设立,其中投资期三年,退出期两年。四维图新投资1.14亿元,在基金总规模中占比22.8%。通过四维互联基金的设立和运作,四维图新希望联手其他投资者,在自动驾驶、车联网及AI等领域分担投资风险、分享投资收益。同时,此举也有望提升四维图新的产业投资并购能力,为其自身发展和行业发展生态的构建提供支持。

通过四维互联基金,四维图新在自动驾驶等新兴赛道完成了对多家与其业务和发展方向具有互补性的初创企业的战略投资,其中包括 2019 年 4 月领投 MINIEYE 的 B 轮融资。MINIEYE 成立于 2013 年,致力于为汽车提供可靠的感知解决方案,其自主研发的视觉感知系统,能通过多传感器融合分析实际路况,并对车辆、行人、车道、信号灯以及交通标志等道路目标和可行驶区域进行精确的检测。借助 MINIEYE 的智能硬件及环境感知解决方案,四维图新将进一步提升自动驾驶数据生态的建设进度。2020 年 10 月,四维图新通过四维互联基金领投中电昆辰的 B 轮融资。中电昆辰是一家在国家政策引导下,由电子科技大学进行成果转化,于 2015 年在成都成立的公司。该公司拥有全自主知识产权的高精度空间定位核心技术,为自动驾驶行业提供全场景高精度位置解决方案。中电昆辰是上汽集团乘用车、上汽集团商用车超宽带①技术零部件量产前装的单一供应商,率先量产了基于超宽带技术的车规级零部件。华为、百度、中兴、纵目、驭势、德赛西威等都采购了中电昆辰的设备并进行自动驾驶业务的开发。四维图新借助四维互联基金对中电昆辰的战略投资,将助力其进一步拓展硬件底层的设计能力,大幅提升室内外一体高精度定位解决方案及自动驾驶整体解决方案的服务能力。

(3) 2018 年拆分组建四维智联

在车联网领域,四维图新结合汽车智能网联转型的需求,不断投入资源对新一代车载智能硬件、车载操作系统、汽车云平台和车身大数据服务等产品进行提前布局。根据以往多年的投入估算,四维图新每年需要投入车联网新业务中的资金高达 5 亿元人民币,而车联网业务在 2017 年给四维图新带来的年收入仅为 4.75 亿元。因此,按照拆分融资的策略,四维图新于 2017 年出资 1.58 亿元,收购图为先剩余 49% 的股份。四维图新 100% 控

---

① 超宽带(Ultra Wide Band, UWB)技术是一种新型无线通信技术,特别适用于厘米级精确室内定位。

股图为先后，于 2018 年 4 月将其更名为北京四维智联科技有限公司（以下简称"四维智联"），同时将自身既有的车联网平台、轻车联网等智能网联业务分拆整合进新成立的四维智联。

2018 年 9 月，四维图新发布公告，持股 51% 的控股成员企业图吧 BVI 将进行增资扩股，图吧集团的主要经营业务包括移动互联网导航产品及车联网产品的开发、运营及相关技术服务。此次融资，图吧 BVI 拟引进 ImageCyber、TopGrove、蔚来资本、Advantech 等投资者，预计融资金额达 6.7 亿元。与此同时，四维图新将图吧集团的相关业务与刚成立不久的四维智联进行了整合。完成调整后，四维图新不再直接持有四维智联的股份，图吧 BVI 通过北京图吧科技有限公司协议控股四维智联，而四维图新则持有图吧 BVI 约 45.17% 的股份。

面向车厂下一代智能网联综合解决方案的需求时，四维图新需要建设车联网大数据平台，开发自己的车载操作系统和车载语音解决方案，投入的资源持续加大。由于汽车属于差异化程度较高的产品，每一家车厂、每一个车型所需要的智能网联解决方案可能都不尽相同，这就需要四维图新投入更多的人力和物力资源来满足不同车厂的定制化需求。截至 2018 年年底，四维图新在车联网方向的员工人数已经超过 1 000 人。

2019 年 1 月，四维智联通过 A 轮融资方式引入了腾讯、博世集团、蔚来和滴滴等战略投资者和部分财务投资人，募集了约 8 亿元人民币的资金投入新产品研发中，以期加速推进产品研发与市场拓展，帮助其在乘用车车联网领域满足不同客户的应用需求，构筑更大的竞争优势。

2021 年 6 月，四维图新对外发布公告，向南京四维智联科技有限公司（以下简称"南京智联"①）增资 1 亿元。增资完成后，四维图新为南京智联第一大股东，直接和间接持有南京智联的权益比例为 36.80%。四维智联

---

① 南京智联设立于 2020 年 11 月，是在图吧 BVI 拆除内部 VIE 架构和四维图新进行车联网相关业务及结构重组中的关键一环。南京智联持有四维智联 100% 的股份，同时也是四维智联（香港）有限公司的全资子公司。四维智联（香港）有限公司于 2021 年 4 月由北京图吧科技有限公司变更设立，设立的同时图吧 BVI 将下属核心业务和资产注入南京智联，图吧 BVI 的股东转为四维智联（香港）有限公司的股东。

是南京智联的全资子公司，也是四维图新的成员企业。经过多轮融资、业务重组和组织架构的调整，四维智联成为由国内众多知名投资机构及一流互联网企业共同参与成立的一家面向新一代自动驾驶汽车的智能网联系统开发商及运营商。立足于"让汽车智能变得更简单"的核心使命，四维智联目前已在北京、上海、深圳、大连、沈阳等地分别设立了前端研发及运营基地，员工人数近千人，业务覆盖四维导航及地图、轻车联网解决方案（包括趣驾 WeLink 和一键上网解决方案）、平台及大数据、后装智能网联系统（包括网联终端、抖8音乐车机）、前装智能网联系统（包括智能座舱）以及雅典娜操作系统。

（4）2018 年拆分组建六分科技

四维图新多管齐下，在高精度定位领域也发力拓展业务。2018 年 3 月，四维图新以自有资金参与设立北京六分科技有限公司（以下简称"六分科技"），初始持股比例为 60%。正如四维图新在 2018 年年度报告中所宣告的，其希望通过设立六分科技，提升高精度定位领域的产品研发和商业化应用，并与其既有的 ADAS 地图、高精度地图、自动驾驶方案等其他业务形成协同，不断提升自身在位置大数据、自动驾驶领域提供"服务+终端"的软硬一体化整体解决方案的能力。

为了进一步推动高精度定位产品和服务的商业化进程，2019 年 4 月，四维图新以子公司六分科技为主体进行增资扩股，获得中国电信集团投资有限公司和中国互联网投资基金等机构的战略投资。2019 年 12 月，四维图新在六分科技的持股比例降到 40%，六分科技从四维图新控股成员企业转变为参股企业。2020 年 4 月，腾讯全资子公司林芝腾讯科技有限公司向六分科技投资 1.2 亿元，持股 9.53%。六分科技成为腾讯产业生态的一员。这轮增资完成后，四维图新对六分科技的持股比例降至 35.72%。同时，六分科技与腾讯大地通途（北京）科技有限公司签署《业务合作协议》。大地通途是腾讯旗下负责腾讯地图的全资子公司，涵盖高精度地图、导航地图等业务。从布局看，腾讯本身就有腾讯地图业务，再加上腾讯也是四维图新的第二大股东，因此，腾讯联合四维图新和六分科技的组合与阿里巴巴集团全资持有高德地图并在千寻位置网络有限公司（以下简称"千寻位置"①）中参股的布局旗鼓相当。

六分科技秉承与行业伙伴开放合作，共同打造以高精度定位为基础的生态圈的理念，致力于以高精度定位服务赋能自动驾驶和智慧城市多领域应用，以精准定位，助力万物互联。2020年，六分科技加速推进基于卫星导航定位系统的高精度定位算法、解算平台及终端硬件的产品研发及验证进度，完成全国一张网地基增强系统建设，实时接收中国北斗（BDS）、美国全球定位系统（GPS）、欧盟的伽利略（GALILEO）、俄罗斯的格洛纳斯（GLONASS）和日本的准天顶（QZSS）五大全球导航卫星系统（Global Navigation Satellite System，GNSS）的信号，通过观测数据，由云端解算中心计算各类空间误差，并将差分改正数据发送定位终端，最终依托自研终端实时动态（Real Time Kinematic，RTK）算法与组合导航算法，得到高精度定位结果。以"网—云—端"一体化解决方案，成功发布实时厘米级、亚米级服务及高精度定位引擎产品系列。2020年，六分科技的高精度定位服务已覆盖全国32个省/市/自治区，在测量测绘、自动驾驶、共享出行等多个领域实现商业化合作。六分科技基于GNSS、视觉摄像头、惯性导航、高精度地图等车身传感器数据融合的高精度定位方案已与多家企业签约量产，得到客户好评。

（三）"五位一体"的业务布局

四维图新自2017年提出打造"智能汽车大脑"的战略愿景以来，通过并购杰发科技，进军汽车芯片领域，构建软硬一体的业务能力。回顾四维图新的发展历程，从2002年创立到2010年在A股公开上市，导航地图曾在其营收中占据90%以上的份额；2011年后，四维图新为了防范因客户单一、产品单一而引发的经营风险，以及拥抱新技术和新市场带来的机会，

---

① 千寻位置于2015年8月由中国兵器工业集团和阿里巴巴集团在上海共同发起成立，注册资本20亿元，双方各持股50%。2019年10月，千寻位置宣布战略升级，并完成10亿元A轮融资，公司估值超过130亿元。目前，阿里巴巴集团通过阿里创投管理有限公司持有千寻位置41.96%的股份。

于 2014 年引进腾讯作为战略投资者，积极布局和发展新业务，在车联网领域取得显著突破；2017 年以来，随着汽车行业智能网联技术的普及和推广，车联网产品和解决方案的市场需求快速增加，但是竞争也日益加剧，导致四维图新的车联网业务虽然所贡献的收入及其在公司营收中的占比逐年提升，但是该业务板块的毛利率逐年下降。四维图新于 2017 年设立产业基金开展创业投资与股权并购，同时拆分相关业务板块进行独立融资，在导航地图和车联网业务外培育起芯片产品、位置大数据服务、ADAS 及自动驾驶解决方案等新业务（参见图 7）。这些新业务与四维图新既有的导航地图、车联网业务一起，令四维图新收入来源更加多样化，增强了其抵御市场风险的能力，同时也有利于其在既有业务领域面对激烈竞争时寻找更高利润边际的新增长点。以汽车芯片业务为例，四维图新全资子公司杰发科技仍处于需要投入才能进一步发展壮大的阶段。面临 2020 年年初开始蔓延全球的新冠疫情的冲击，行业需求出现不确定性进而引发上游供应的短缺，四维图新的芯片业务收入也出现下滑，但是由于芯片产品具有较高的技术门槛，其产品毛利率水平相比车联网业务而言仍相对较高。四维图新 2017—2020 年的收入情况如表 2 所示。

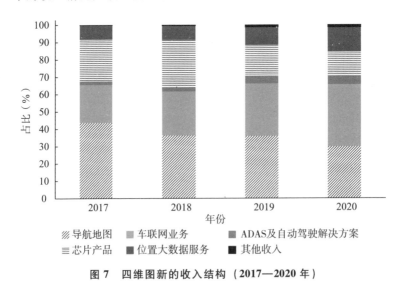

图 7　四维图新的收入结构（2017—2020 年）

资料来源：作者根据四维图新 2017—2020 年年报披露信息整理。

表 2　四维图新收入情况（2017—2020 年）

		营业收入	归母净利润	扣非归母净利润
2017 年	金额（亿元）	21.56	2.65	2.20
	同比增长（%）	36.03	68.79	51.72
2018 年	金额（亿元）	21.34	4.79	-10.57
	同比增长（%）	-1.02	80.75	-580.45
2019 年	金额（亿元）	23.10	3.39	-1.58
	同比增长（%）	8.25	-29.23	85.05
2020 年	金额（亿元）	21.48	-3.09	-3.49
	同比增长（%）	-7.01	-191.15	-120.89

资料来源：作者根据四维图新 2017—2020 年年报披露信息整理。

随着四维图新在数字地图、智能网联、自动驾驶、汽车电子芯片和位置大数据等领域的多点发力，其围绕"智能汽车大脑"所构建的"五位一体"业务布局已蔚然成形（参见图 8），各板块的具体业务概况如下。

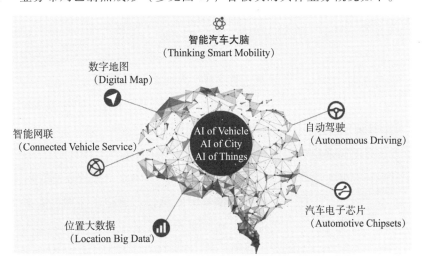

图 8　四维图新的"五位一体"业务体系

资料来源：四维图新公司官网（2021 年 8 月 23 日访问）。

数字地图业务　主要是指提供全国基础导航电子地图数据以及基于此打造的场景化数据型产品、数据格式转换编译及在线更新服务、多模态导航软件及解决方案。2019 年 10 月，四维图新自主研发的新一代地图在线生产和发布平台 FastMap3.0 正式上线。该平台整合了从发现、处理到发布的整套地图自动化生产流程，将四维图新地图生产线的自动化水平从 50% 提升至 70%，大大提升了公司的运营效率。在线地图生产和发布效率的提升，使得四维图新能为客户提供响应更及时的地图产品与应用服务。高工智能汽车等专业机构发布的信息显示，2019 年，在国内前装导航地图领域，高德地图以 58.76% 的市场份额排名第一，四维图新以 24.30% 的市场份额位居第二。目前，四维图新拥有的车规级全国基础导航电子地图数据，道路覆盖里程、场景丰富度及在线服务能力国内领先，且具备亚米级精度、小时级更新发布能力。2020 年，数字地图业务板块为四维图新贡献的收入为 6.41 亿元，占比达 29.84%，毛利率为 96.50%。展望未来，新车销量有望企稳回升。近年来，车载导航电子地图的装配率有所提升。据前瞻研究院的分析预测，2024 年，我国车载导航电子地图市场规模将达到 77.6 亿元。

智能网联业务 主要是指围绕车辆联网形成的数据生态，具体包括动态交通信息服务业务、乘用车车联网业务和商用车车联网业务。据四维图新 2019 年公司年报，其动态交通信息服务业务主要是指依托海量的动态交通大数据及生态优势，通过自主研发的多源数据处理模型，每分钟生成并发布中国内地全部城市及香港、澳门地区实时路况，支持分方向、分车道、高精度的路况及事件信息的应用需求；截至 2020 年年底，四维图新车规级路况覆盖 150 多个城市，高速路况全国覆盖率超过 90%。乘用车车联网业务主要是指面向乘用车智能联网、智能座舱、新能源汽车智能出行等领域，提供前后装智能车载硬件及软硬一体解决方案，主要由四维图新的控股公司图迅丰达、满电出行及参股公司四维智联承担。商用车车联网业务主要是指提供智能终端和相关软件、车联网平台及 App 应用体系，满足卡车厂商构建覆盖卡车全生命周期的数据生态、实现数字化/智能化转型需求，满足"两客一危"企业、出租车公司、物流运输企业、驾培学校以及政府监管部门对车辆使用效率、安全驾驶的监控需求。商用车车联网业务主要由中寰卫星承担。2020 年四维图新的智能网联业务实现收入 7.69 亿元，在其收入构成中占比达 33.48%。数字地图业务在 2019 年仍为四维图新最大的业务板块，不过 2020 年由于新冠疫情影响，车企销量下滑，四维图新以车载前装导航电子地图为主的数字地图业务也受到直接冲击，智能网联业务首次成为对其收入贡献最大的板块，而该板块的毛利率为 33.48%。展望未来，中国车联网市场中商用车车联网业务将迎来强劲增长。罗兰贝格的分析数据显示，2025 年中国商用车车联网硬件及服务市场的规模将达到 806 亿元。

自动驾驶业务 主要是指面向不同类别自动驾驶应用需求，提供 ADAS 地图、高精度地图、高精度定位及融合定位、自动驾驶仿真、自动驾驶云及自动驾驶整体解决方案，完成相关前沿技术的研发、联合验证及项目落地实施。四维图新的高精度地图具备重点城市开放道路量产和交付能力，支持全国高速道路数据的周期性更新及发布。IDC 发布的市场监测数据显示，四维图新在 2019 年中国高精度地图市场以 21.70% 的市场份额位居第二，百度和高德则分别以 29.30% 和 17.90% 的市场份额排名第一和第三。前瞻研究院的分析报告则对 2025 年我国高精度地图市场做出预测，认为市场规模有望达到 600 亿元。2019 年以来，四维图新在自动驾驶领域除自身投入和研发外，还积极开展对外投资与合作（参见表 3）。四维图新基于高精度地图及诸多车身传感器数据融合的高精度融合定位方案已签订多个整车制造企业的量产订单，自动驾驶整体解决方案获得客户的认可。2019 年 2 月，四维图新获得来自宝马中国的国内首个 L3 及以上级别①的高精度地图量产订单。2021 年 1 月，四维图新与赢彻科技达成前装量产定点合作协议，率先获得国内首个 L3 级自动驾驶干线物流的商用车高精度地图商业订单。此外，四维图新于 2019 年 6 月正式获批北京市政府颁发的最高级别（T3 等级）自动驾驶车辆道路测试试验用临时号牌（即"路测牌照"）。2020 年 9 月，四维图新获得合肥智能网联汽车开放道路测试牌照，L4 级别自动驾驶自动代客泊车方案可面向公共停车场/库、最后 500 米开放道路、园区通勤等场景。同年 7 月，四维图新的参股公司六分科技正式发布基于

---

① 2021 年 1 月 1 日，国家工信部颁布的《汽车驾驶自动化分级》及相关规定开始实施。根据这一文件，我国把汽车自动驾驶分为六个等级，即 L0 至 L5 级，分别对应的是应急辅助驾驶（L0 级）、部分驾驶辅助（L1 级）、组合驾驶辅助（L2 级）、有条件自动驾驶（L3 级）、高度自动驾驶（L4 级）和完全自动驾驶（L5 级）。

地基增强系统的"网—云—端"高精度定位引擎及产品系列；11月，四维图新的高精度地图产品及工具链全球率先通过ASPICE CL3评估。2020年四维图新公司年报显示，自动驾驶及相关业务已为四维图新带来1.07亿元收入，在其营收中占比4.98%。

表3 四维图新在自动驾驶业务领域的主要对外投资与合作（2019年以来）

时间	合作伙伴	合作内容
2019年2月	宝马中国	签署了国内首个用于L3及以上级别自动驾驶系统的自动驾驶地图量产订单，四维图新由此成为国内第一家获得L3及以上级别乘用车自动驾驶应用的自动驾驶地图数据服务订单的供应商。而在面向城市普通路场景L4级的自动驾驶地图方面，四维图新与合作伙伴联合进行实车测试验证，进入准量产阶段
2019年4月	华为	四维图新与华为签订合作协议，双方将在云服务平台、智能驾驶、高精度地图、车联网及车路协同等方面展开合作。2021年，配备四维图新自动驾驶地图的BMW iNEXT将正式问世，并将根据法规许可向客户提供L3级自动驾驶，同时在技术上支持L4级自动驾驶
2019年4月	MINIEYE	四维图新通过四维互联并购基金领投了国内ADAS企业MINIEYE的B轮融资。借助MINIEYE智能硬件及环境感知解决方案，四维图新将进一步提升自动驾驶数据生态建设进度
2019年6月	德赛西威、Ibeo、亮道智能	四维图新与德赛西威签约，双方将围绕德赛西威L3/L4级自动驾驶解决方案，结合四维图新自动驾驶地图数据、地图引擎、在线分发服务和动态交通信息，共同为客户提供量产自动驾驶核心解决方案。 与世界领先的汽车激光雷达系统开发商Ibeo、新型高等级自动驾驶智能化测评服务提供商亮道智能签署战略合作协议，在"激光雷达+自动驾驶地图"研发及相关应用等领域建立合作伙伴关系
2019年8月	宝马中国	四维图新与宝马中国签署汽车互联导航服务（Connected Navigation Services, CNS）协议，双方将在自动驾驶领域进一步开展合作，并再次明确于2021年实现L3级以上自动驾驶车辆的量产计划。协议具体约定四维图新将在自2021年起的至少五年时间内（经双方同意后，合同可延续至2029年），为宝马集团所属的各品类汽车提供包括动态交通信息、电动车路径规划（E-Route）等在内的一体化的汽车互联网服务

（续表）

时间	合作伙伴	合作内容
2019年11月	华为	四维图新收到华为关于采购其规定区域内自动驾驶地图数据的申请。四维图新将为华为提供高精度地图测试验证服务，同时双方将共同完成华为自动驾驶验证项目，推进华为自动驾驶项目落地
2020年10月	中电昆辰	四维图新通过四维互联并购基金领投中电昆辰B轮融资。借助中电昆辰在超宽带技术领域的技术和产品能力，四维图新将进一步拓展硬件底层的设计能力，大幅提升室内外一体高精度定位解决方案及自动驾驶整体解决方案的服务能力
2021年1月	赢彻科技	四维图新和国内领先的自动驾驶商用车技术与运营公司赢彻科技达成前装量产定点合作协议，四维图新将为赢彻科技2021年年底量产的自动驾驶商用车项目提供L3级自动驾驶的高精度地图"数据+引擎"产品服务，这是国内首个面向商用车L3级自动驾驶干线物流的高精度地图商业订单
2021年8月	凯翼汽车	凯翼汽车的主要股东为宜宾市汽车产业发展投资公司（持股50.85%）和奇瑞汽车股份有限公司（持股47.82%）。四维图新首次以一级供应商身份成为凯翼汽车及整车制造企业的多级别自动驾驶系统定点供应商，将为凯翼汽车提供包括视觉硬件及域控制器等在内的面向下一代车型的整套自动驾驶软硬件产品开发服务

资料来源：作者根据四维图新公开披露信息整理。

汽车电子芯片业务　主要是指面向汽车信息娱乐系统、智能座舱系统、主动安全系统、车身控制系统、自动驾驶系统等汽车电子细分领域，设计、研发、生产并销售汽车电子芯片，并提供高度集成及一体化的系统解决方案。据国际咨询机构ICV Tank公布的数据，2019年全球汽车芯片市场规模达465亿美元，同比增长10.7%；从产品类别分布来看，微控制器芯片在汽车芯片中所占的比重最大，为30%。赛迪顾问的数据则显示，2018年中国汽车半导体市场同比增长15.6%，规模达611.6亿元人民币，其中微控制器芯片所占的份额最大，为25%。截至2021年年底，四维图新旗下的全资子公司杰发科技主要芯片产品已涵盖IVI芯片、MCU芯片、胎压监测系统（Tire Pressure Monitoring System，TPMS）芯片以及车载功率电子芯片（AMP）等。为了进一步推进"智能汽车大脑"的战略部署，四维图新于2019年5月在合肥成立了第二总部，以期加速推进新产品和新技术的验证及量产测试。2019年11月，杰发科技自主研发的国内首颗全集成胎压监测系统专用传感器芯片AC5111实现量产。根据《乘用车轮胎气压监测系统的性能要求和试验方法》，自2020年1月1日起，中国市场所有新生产的乘用车必须安装TPMS。这一国家强制性标准的出台，将强有力地拉动对胎压检测芯片产品的需求。2020年6月，杰发科技自主设计的、通过AEC-Q100 Grade 3验证的新一代车规级高性能系统级（System on Chip, SoC）智能座舱芯片AC8015完成量产投片，并与德赛西威签订了前装量产订单。德赛西威作为国内为数不多实现全球配套的汽车电子企业，为杰发科技智能座舱芯片的销售带来更加广阔的前景。此外，杰发科技的前身最早生产的车载信息娱乐芯片在国内后装市场继续占据行业领先地位，同时还斩获更多前装市场的新订单。2020年6月，杰发科技以55%的出资比例在武汉设立了武汉杰开科技有限公司，后者于2021年8月完成了由OPPO公司战略领投的1亿元人民币天使轮融资。

位置大数据业务 主要是指依托四维图新在导航电子地图领域十多年积累的数据、算法和技术优势，面向政府、企事业单位和行业用户对时空地理信息的定制化应用需求。四维图新控股子公司世纪高通于2017年6月、2018年6月、2019年7月相继发布1.0、2.0和3.0版本的Minedata大数据平台，提供数据汇聚、可视化展示、态势分析、算法预研、交互式开发、工程化落地、商业化运营及一体化解决方案。2020年5月，国务院政府工作报告中明确提出将"新基建"作为重点发展领域加以支持。2021年1月以来，各地政府陆续发布"十四五"智慧城市发展新蓝图，数据驱动、产业联动的智慧城市建设、都市圈集群式发展模式进一步明确。以前沿技术为基础的应用需求日益强烈。四维图新从中发现了新的赛道，那就是政府对基于位置的城市管理和人流管理更加重视，智慧城市建设对位置大数据的需求呈现爆发态势，而四维图新旗下的世纪高通则在提供相关服务方面有着多年的大数据资源及其分析能力的积累。基于多年积累的项目经验，四维图新在智慧交通、公共安全等重点领域已经形成产品和客户集群，并将继续加大与行业客户、生态伙伴的沟通与合作，共同推进符合行业特点和专业化应用需求的产品及可面向未来的商业模式落地，赋能城市智慧化建设和发展。

从 2017 年至今，四维图新"五位一体"的业务布局逐渐成形。在此过程中，四维图新始终保持着自身对研发的重视和高强度投入。自 2011 年以来，四维图新的研发投入在营收中的占比始终保持在 40% 以上（参见图 9），2018—2020 年更是每年都高于 50%，在中国 A 股的数千家上市公司中名列前茅。2010—2020 年，四维图新累计实现的营收约为 161.85 亿元，累计净利润额约为 19.38 亿元，累计研发投入达 80.08 亿元，占营收的 49.48%，为净利润的 4.13 倍。截至 2020 年年底，四维图新累计获得国内外专利授权 554 个，著作权 1 377 个。高强度的研发投入为四维图新在所处行业技术与市场变化多端情况下以变应变、保持高成长速度夯实了基础，对提高其创新能力、巩固其行业地位产生了至关重要的影响。

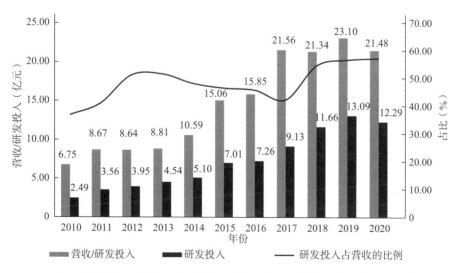

图 9　四维图新历年营收/研发投入、研发投入及研发投入在营收中的占比
（2010—2020 年）

资料来源：作者根据四维图新 2010—2020 年年报披露的信息整理绘制。

此外，四维图新为了实现"智能汽车大脑"的战略愿景，始终坚持与客户和战略合作伙伴的合作共赢。四维图新与产业界的众多企业及研究机构开展了形式多样的广泛合作，除了商务合作的方式，还积极运用投资参股、控股或全资收购等方式加强与新兴赛道中核心企业的深度绑定。在四维图新提出的"智能汽车大脑"战略愿景中，核心产品是基于感知定位的自动驾驶综合解决方案。这就需要四维图新在传感器、高精度地图动态更新体系和车载智能芯片等领域加大投资力度，与相关领域的核心企业进行资本层面的深度绑定，确保在重要战略方向上核心资源的获取和稳定供应。在开展投资和并购的过程中，四维图新一方面对新创企业进行参股投资，如对自动驾驶创业公司禾多科技、德国自动驾驶模拟测试公司 AAI、自动驾驶激光雷达测试公司亮道科技等标的企业的一系列投资。另一方面，对于有高精度地图、高精度定位以及自动驾驶算法等核心产品，且具有深度融合发展潜力的标的公司，则果断采用股权并购的方式完成控股或全资收购。2017 年，四维图新对车载芯片领域杰发科技的全资收购，就帮助其快速完善了"智能汽车大脑"软硬一体化的解决方案，保障了其高精度地图、高精度定位、自动驾驶算法与车载芯片结合时的资源安全。

五、展望：路漫漫其修远兮

2017 年，四维图新发布了"智能汽车大脑"的战略愿景，在数字地图、智能网联、自动驾驶、位置大数据、汽车电子芯片等领域构建起"五位一体"的业务布局。受到 2020 年年初暴发的新冠疫情的影响，四维图新的核心主业——导航和数字地图业务伴随车企销量的下滑而出现了下滑。此外，汽车智能化赛道迎来跨界投资的热潮，新的竞争者争相涌入，其中包括科技巨头华为、互联网巨头阿里和百度，以及一批自动驾驶领域的初创公司。竞争的加剧使四维图新的经营业绩承压，2020 年，其出现 3.09 亿元的净亏损。四维图新 CEO 程鹏坦言："可以说 2020 年我们的转型是看到了黎明的，但是从财务业绩上应该是黎明前的黑暗。"

面对汽车产业的数字化变革，提升新赛道的业务竞争力，建立新的盈利增长点，成为四维图新做出的必然抉择。而自动驾驶和汽车电子芯片等赛道往往需要巨大的投入，且商业化进程受到包括政策在内的诸多因素的影响。在接受《经济观察报》的采访时，程鹏表示四维图新在做出战略决策时，会着重将用户痛点、行业需求、商业价值、社会价值以及能力匹配等方面的评估作为决策依据。

除了战略决策，组织架构改革也是四维图新转型过程中面临的一大难题。早期，四维图新在组织架构上采取的是丰田模式，即较多地倚重建立文档和流程。但传统的模式如果不做出改变，就不再适用于新的时代。面临 AI 技术的广泛应用和日益普及，四维图新的产品团队不仅需要实现更加敏捷的开发，还要在市场洞察、产品定义以及快速迭代等方面构建胜任力。此外，当公司业务和业务部门不断增多时，如何有效管理也成为摆在公司管理层面前的一个难题。一方面，集团整体业务在统一的战略规划指引下需要将业绩合理落实到各部门，同时，公司资源也需要合理分配以支持各部门的发展。另一方面，容易伴随出现的问题是各部门之间会出现业务重叠，有时甚至会产生重复的费用。部分业务拆分后的独立融资，虽然化解了四维图新在促进新业务快速发展中所面临的资金短缺压力，但拆分融资后的企业与四维图新的战略一致性被削弱，集团内部的沟通协调成本也大大增加了。

2021 年 8 月底，四维图新发布了年中报，公司营收实现了同比增长，虽尚未扭亏为盈，但是上半年的亏损额相比 2020 年同期已大幅收窄。前路漫漫，四维图新仍将在探索中勇毅前行。

参考文献

汽车应用行业深度研究：2019 年中国导航电子地图行业研究报告 [EB/OL]. (2020-09-18) [2024-12-02]. https://stock.finance.sina.com.cn/stock/go.php/vReport_Show/kind/industry/rptid/653708098224/index.phtml.

腾讯智慧出行：助推汽车产业智能化发展[①]

王铁民、赵阳、尚志华、李默宜、张凡

创作者说

  反观过去，在消费互联网经济蓬勃发展的进程中，腾讯曾先后打造了QQ和微信这样的社交入口并获得巨大流量和商业成功。在面对PC互联网向移动互联网的变化时，腾讯凭借什么延续自身的竞争力？近察当下，腾讯自2018年9月启动"扎根消费互联网，拥抱产业互联网"的战略升级以来，组建云与智慧产业事业群，着力开拓面向B端的业务，其能否再获成功？本案例以腾讯智慧出行事业部门为主要分析对象，描述了其发展历程，并以其在智能座舱领域的一系列自研和合作为例，探讨了腾讯在新业务拓展中的举措和特点，旨在为战略管理类课程提供教学研讨的素材，并为需要培育新业务的企业管理者提供借鉴和参考。

  从案例中，我们可以看到出行赛道的快速变化以及腾讯相关技术和业务的迭代与发展。在这样快速变化的动态环境下，企业间的合作往往能发挥积极的作用——借助跨界合作，企业将具有互补性的资源和能力连接起来，面向市场做出更敏捷的响应，面向客户交付更精益的解决方案，带给用户更好的产品与服务体验。但与此同时，在合作中，企业也需要洞察自身的能力边界并不断提升核心能力，从而为各合作方带来价值，并让合作更为持久。

[①] 本案例纳入北京大学管理案例库的时间为2024年2月5日。

引言

离 2023 年的冬至还有两天，夜幕早早降临，但是北京大学光华管理学院一号楼的大教室内却灯火通明。12 月 20 日傍晚，这里将举办"AI+出行"的行业沙龙。华灯初上，教室里陆续聚集了百余名与会者。

腾讯智慧出行的副总裁钟学丹也提前来到教室。今晚，他要分享的主题是：AI 大模型驱动汽车"新智能"。这是一个让人兴奋的话题，严寒也无法阻挡人们赶赴现场参与讨论的热情。一方面，从 2022 年年底开始，ChatGPT 在个人用户侧的诸多场景中得到应用，国内科技企业纷纷推出各自的 AI 大模型，这些大模型与各行各业结合后在产业端的应用成为人们关注的热点。另一方面，汽车产业正在经历百年一遇的深度变革和调整。如果说中国车企和中国汽车市场在以新能源汽车为标志的上半场变革中交出了亮眼的答卷，那么当下以智能化为核心的汽车产业下半场变革已拉开帷幕。智能汽车、智慧出行将给中国企业带来新的机会和新的考验——如何在出行赛道中促进新技术的应用，从而践行腾讯"用户为本，科技向善"的使命和愿景，进而为人们创造更好的驾乘与出行体验，这是腾讯智慧出行一直在思考的问题。

一、腾讯的产业互联网战略

腾讯于 1998 年 11 月 11 日诞生于中国深圳，是互联网综合服务头部企业之一。腾讯致力于以科技助力互联网用户的生产和生活，旗下有包括微信、QQ 等在内的活跃用户数最大的社交软件产品，这些社交软件产品让用户之间的沟通更加便捷，并将丰富的数字内容和生活服务与用户连接起来。截至 2018 年，腾讯当年实现的业务收入总额为 3 126.94 亿元，同比增长 31.52%；归母净利润额为 787.19 亿元，同比增长 10.08%。

2018 年以来，腾讯积极发展 B 端业务，通过广告平台协助商家触达十几亿位消费者,通过金融科技及企业服务助力实现 B 端企业数字化升级。2018—2022 年,腾讯的业务收入从 3 126.94 亿元增加到 5 545.52 亿元,年均复合增长率为 12.14%;归母净利润从 787.19 亿元增加到 1 882.43 亿元,年均复合增长率高达 19.05%。在腾讯这五年的业务收入构成中,来自金融科技及企业服务的收入额显著提升,2022 年达到 1 770.64 亿元,在总收入中的占比超过了 30%(参见图 1),2018—2022 年的年均复合增长率为 19.34%。

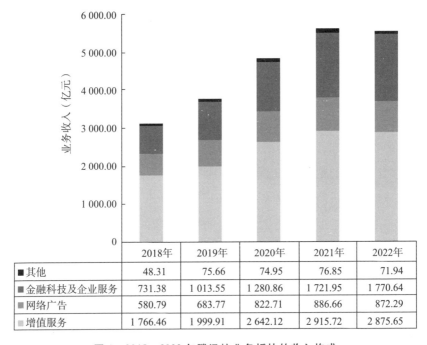

图 1　2018—2022 年腾讯按业务板块的收入构成

资料来源:作者根据腾讯年报信息绘制。

(一)腾讯的四次战略升级

自成立以来,腾讯在二十余年的发展历程中不断成长壮大(参见图 2)。出于外部环境的变化和自身成长的需要,腾讯在不同时期共推行了四次战略升级和组织结构的相应调整。

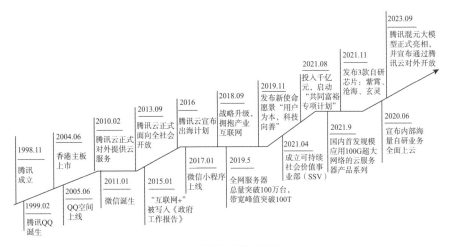

图 2　腾讯的发展历程

资料来源：腾讯提供的内部资料。

早期，随着腾讯在资本市场的公开上市和业务的日益丰富，腾讯从一家以单一社交产品为主的初创公司将战略升级为"多元业务、在线生活"（第一次战略升级），并在2005年将职能式组织架构调整为业务系统式组织架构，业务系统以产品为导向，初步形成事业部制的架构。

随后，随着智能手机的日渐普及，腾讯于2012年启动了第二次战略升级，全面推动业务的无线化，并组建成立了七大事业群，促成公司各项业务从PC互联网进入移动互联网发展阶段。

产业互联网的概念最早出现在通用电气（GE）公司于2012年发布的报告《产业互联网，打破智慧与机器的边界》[1]中，该报告提出产业互联网是利用互联网技术实现数据硬件、软件和智能的流通和互动，以及机器设备和系统的全面融合。报告中所讨论的产业互联网不仅涉及电力、石油天然气等领域，还包括了医疗、铁路、航空等行业。互联网和移动互联网在发展初期的二十年间，主要完成了人与人的连接、人与内容的连接，并逐渐形成了庞大的消费者网络；未来的产业互联网将连接进一步拓宽，将人与物、物与物连接起来，让产品与服务能够快速传递给用户。

自2015年起，腾讯践行"互联网+"战略，推动互联网与传统产业的垂直深化融合。随着数字经济、数字中国、产业互联网等概念的提出，腾讯的角色定位也从连接器延展到数字化助手。2018年9月,腾讯在成立二十年之际,进行了公司历史上的第三次战略升级,腾讯董事会主席兼CEO马化腾提出了"扎根消费互联网,拥抱产业互联网"的战略决策,同时公司在组织架构上做出了调整(参见图3),在保留原有的技术工程事业群(TEG)、微信事业群(WXG)、互动娱乐事业群(IEG)、企业发展事业群(CDG)的基础上,整合成立了两个新的事业群:云与智慧产业事业群(CSIG)、平台与内容事业群(PCG)。CSIG负责推进腾讯的云与产业互联网战略,依托云计算、网络和信息安全、AI等技术创新,打造智慧产业升级方案。同时,CSIG还负责探索用户与产业的创新互动,打通产业上下游,促进企业内部及线上线下业务和场景的融合,助力政务、工业、零售、医疗、教育、出行等产业数字化升级。值得一提的是,2019年腾讯推出新的使命和愿景——"用户为本、科技向善",为行业提供数字接口和较为完备的数字工具箱,助力各行各业实现数字化转型升级。2020年年初新冠疫情的出现,加速推动了各行各业的数字化转型进程,腾讯响应国家"新基建"的号召,宣布未来五年投入5 000亿元,主要用于布局云计算、AI、大数据、区块链、大型数据中心、物联网、5G、安全等前瞻技术领域,以数字化工具助手的身份助力各行各业的数字化转型。

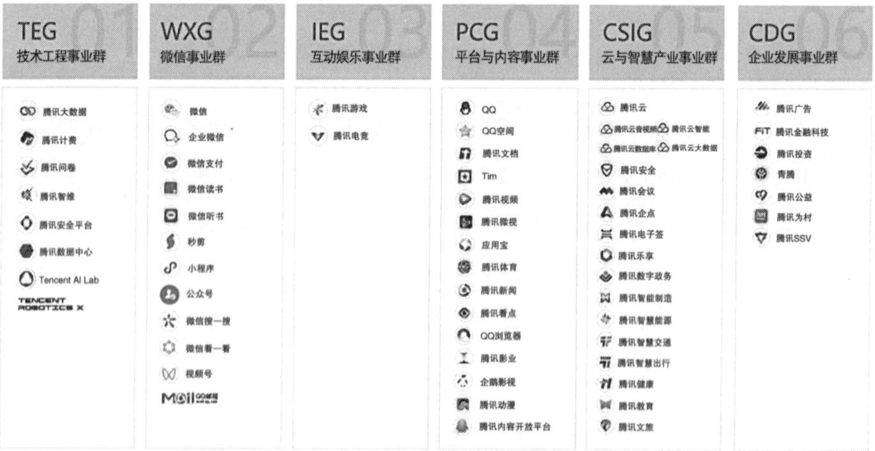

图3 腾讯内部组织架构

资料来源:腾讯提供的内部资料。

2021年4月，腾讯启动了第四次战略升级，在企业发展事业群（CDG）下成立全新的可持续社会价值事业部（SSV）。同时，腾讯宣布首期投入500亿元，推动"可持续社会价值创新"战略落地。"扎根消费互联网，拥抱产业互联网，可持续社会价值创新"成为腾讯业务发展的底座，牵引公司的所有核心业务。

（二）腾讯 CSIG 及其 B 端业务的战略选择

腾讯在 2018 年 9 月 30 日宣告成立 CSIG 后，即由集团高级执行副总裁汤道生担任事业群 CEO。汤道生在美国密歇根大学获得计算机工程学士学位，并于斯坦福大学获得电子工程硕士学位。他于 2005 年加入腾讯，之前曾在甲骨文等公司任职。加入腾讯后，汤道生曾任腾讯社交网络事业群（SNG）总裁，全面负责 QQ 通信以及腾讯社交网络平台、增值服务和开放平台的发展战略。

在腾讯的第三次战略升级前后，外界对腾讯原有业务主要服务 C 端用户，公司是否缺乏服务 B 端用户的基因存在不少质疑的声音。对此，汤道生坦然面对。在 2021 年 4 月于北京大学光华管理学院举办的一次校企合作活动中，汤道生介绍了腾讯产业互联网业务发展中的思考和战略选择，强调了腾讯在 B 端业务领域要顺势而为，拼优势、顺大势，并特别注重有所为、有所不为。尽管产业互联网和消费互联网在服务对象、应用场景、需求特点等方面均存在显著差异，但是在企业的基础能力上仍存在关联。因此，基于腾讯在过往二十余年发展中积累的定制生产（Customer to Business，C2B）能力、云与大数据等先进技术、较为综合的企业服务能力，汤道生对腾讯云与产业互联网战略的发展前景抱有信心。

C2B 能力是腾讯拥抱产业互联网并发展相关 B 端业务的突破口。而支撑腾讯 C2B 能力的核心资源是公司旗下拥有微信、小程序、公众号、视频号、微信支付、QQ 等众多产品，触达超过十亿位用户，几乎覆盖了百姓生活和娱乐的方方面面。C2B 的核心能力源自腾讯长期积累起来的用户洞察和运营经验，这些洞察和经验可以帮助企业通过产品设计、智能生产、数字化供应链、精准营销、在线化服务等方式触达用户，让用户和企业的关系不再是主体和客体的关系，而是让用户成为企业的一部分，变成企业的眼睛、手和脚。

技术积累是腾讯面向产业互联网的底层基石。腾讯将自己积累二十多年的先进技术，包括云、行业大模型、混元大模型等 AI 技术，以及 AI 安全、物联网等关键技术向外界开放。企业和开发者可以灵活地使用这些技术，并将其运用到企业的具体业务场景中。在消费互联网发展阶段，腾讯的底层基础设施已非常强大，全网服务器总量超过 100 万台，带宽峰值突破 200T，每日实时计算次数超过 40 万亿次。在产业互联网的应用场景中，腾讯的这些既有核心技术和能力在技术应用和落地实现中进一步地接受锻造、验证、迭代和优化。

互联网技术与企业服务的融合是腾讯面向产业互联网的重要实现途径。支撑企业服务能力的核心资源是腾讯在多个行业已初步积聚的解决方案产品和合作伙伴资源。"产业+互联网"的各个垂直领域都非常复杂且高度专业化，行业客户的目标通常是生产出高品质的产品并进一步提高生产效率。面对遍布各行各业的企业及其内部复杂的情况，腾讯需要了解企业在价值链上的每一个环节，并从中找出痛点，从而帮助客户实现优化。通过开放自身资源以及携手不同领域中的合作伙伴，腾讯正在赋能并服务企业客户。而赋能的基础是对行业的理解，考验的是腾讯在数据沉淀、知识库积累、产业链深入、流程再造、人才培养等方面的综合实力。

二、腾讯智慧出行的成长

早在 2015 年，腾讯就正式成立了腾讯车联部门。2016 年下半年，腾讯在北京成立了自动驾驶实验室，并于 2018 年 4 月和 9 月相继获得深圳、北京两地智能网联汽车测试牌照。2017 年 11 月，腾讯车联推出了"AI in Car"系统，广汽、长安、吉利、比亚迪、东风柳汽成为腾讯首批合作的五家整车制造企业。

2018年10月，在腾讯第三次战略升级后不久，马化腾在世界智能网联汽车大会上发表演讲，并提出，汽车产业是腾讯进行产业互联网探索最重要的领域之一，未来汽车产业的发展需要腾讯这样的科技公司与传统车企携手合作，"沉下心来打磨三项基本功：一是网络连接能力，二是数据处理能力，三是安全能力"。

2018年11月，腾讯副总裁、腾讯智慧出行总裁钟翔平在一年一度的腾讯全球合作伙伴大会上发布了腾讯智慧出行的业务战略，即面向出行领域推出全栈智能解决方案，致力于成为汽车出行产业转型的"数字化助手"，并通过构建"四横两纵一中台"的业务架构（参见图4），与合作伙伴共同建设智慧出行生态。其中，"四横"是指智慧出行的四个业务矩阵，包括腾讯车联、腾讯自动驾驶、腾讯位置服务、腾讯乘车码，这是腾讯助力出行产业升级的基础平台。"两纵"是指腾讯海量内容平台和安全保障体系。"一中台"是指以腾讯AI和腾讯云作为中台，为业务矩阵提供底层保障，帮助车企建立自己的云平台和超级大脑，提供全方位智能服务。随着业务的不断延展，腾讯智慧出行的业务架构日益丰富并逐渐清晰，能够提供连接人、车、路的综合解决方案和能力平台。会上，时任腾讯车联副总裁钟学丹（现腾讯智慧出行副总裁）宣布腾讯车联启动品牌升级和产品能力升

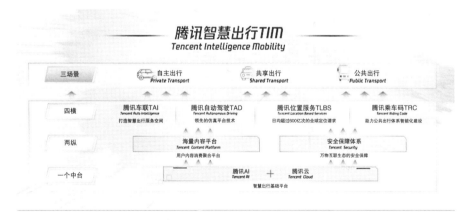

图4 腾讯智慧出行成立之初"四横两纵一中台"的业务架构

资料来源：腾讯提供的内部资料。

级，并发布了全新的腾讯汽车智能系统，即 TAI（Tencent Auto Intelligence）1.0 版。

2019 年 5 月，随着 B 端业务的丰富和增长，腾讯在原有的互联网+数字经济峰会、云+未来峰会、腾讯全球合作伙伴会议等行业生态大会基础上整合打造其年度盛典——腾讯全球数字生态大会。首届大会在昆明举行，主题为"共创数字纪元"。自 2019 年以来，在历年的腾讯全球数字生态大会上，腾讯智慧出行都会组织分论坛，并与合作伙伴一起发布和分享在智慧出行领域的业务进展与战略设想（参见表 1）。

表 1　2019—2023 年腾讯全球数字生态大会的主题及腾讯智慧出行的发布要点

大会时间	大会主题	腾讯智慧出行的发布要点
2019 年 5 月	共创数字纪元	共建以人为中心的智慧出行生态
2020 年 9 月	未来经济，数字优先	新生态、新体验、新营销、新人才
2021 年 11 月	数实融合，绽放新机	共创出行产业链新价值
2022 年 11 月	数实创新，产业共进	车云一体，创造新生产力
2023 年 9 月	智变加速，产业焕新	新智能，新机遇

资料来源：根据腾讯公开披露信息整理。

2020 年 9 月，钟学丹发布了腾讯智慧出行"TIME 生态合作伙伴计划"（简称"TIME 计划"）。TIME 代表着人才培养（Talent）、投资孵化（Incubator）、资源共享（Mutual Benefit）、点亮商机（Enlighten），同时也寓意着"产业升级正当时"。通过此项计划，腾讯与生态合作伙伴共建智慧出行生态，共同孵化产业新价值，并通过评选"TIME 计划"年度优秀合作伙伴，增进与合作伙伴的互信。

2021 年 11 月，腾讯全球数字生态大会以"数实融合，绽放新机"为主题。在腾讯智慧出行的分论坛活动中，钟翔平提出了"共创出行产业链新价值"的愿景，并表示腾讯将专注于做好自身擅长的三件事，即数字基建、连接价值和生态共创。在当日的活动上，面对来自出行行业的众多生态合作伙伴，腾讯智慧出行再次重申不造车，并再次表明了希望进一步当好行业的数字助手和生态共建者的态度,助力合作伙伴打造适应全新环境的"新实力",这些新实力将体现为行业的全链路数字化升级、企业的全生命周期用户运营体系,以及人车共驾时代全新的智能座舱体验。腾讯随即发布了自动驾驶云、智驾地图、智慧座舱——TAI 4.0 等新产品和新业务,宣告将夯实以"一云、一图、一ID(身份账号)"为核心的数字底座能力(参见图 5),并在此基础上,按照造好车、买好车、用好车、管理好等理念,提供涵盖汽车云—数字化解决方案、自动驾驶与智驾地图、数字化营销、智能座舱、出行服务、企业数字化管理六大领域的综合解决方案,连接用户、内容和服务,实现以人为中心的数字化升级;提供可生长、可拓展的生态土壤,助力产业创新。

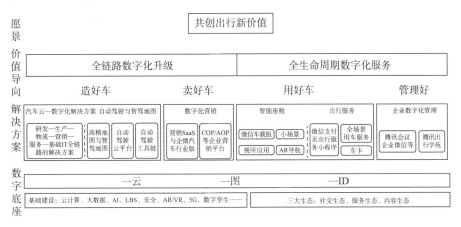

图 5 腾讯智慧出行 2021 年 11 月发布的业务版图

资料来源:整理自 2021 年 11 月腾讯全球数字生态大会分论坛腾讯智慧出行战略总经理沈沛的发言。

2022 年 6 月,腾讯智慧出行在"TIME Day"上发布新品,推出了业内第一朵专为智能驾驶服务的云——"腾讯智能汽车云"(参见图 6),这是腾讯基于对智能汽车行业的理解,兼顾客户对安全可信、技术先进、研发效率高、总拥有成本低的综合用云需求,推出的一站式云解决方案。同年 11 月,腾讯在数字生态大会的智慧出行分论坛上发布了"车图云"解决方案,即在安全可信的专有云平台之上,开放地提供自动驾驶所必需的地图更新服务和位置服务,加速自动驾驶功能迭代,助力自动驾驶服务运营。

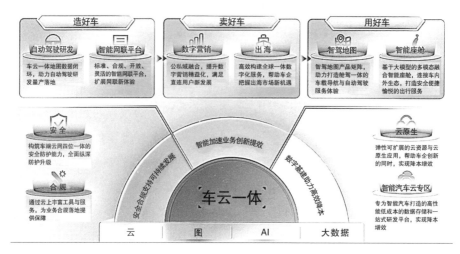

图 6 "腾讯智能汽车云"产品架构图

资料来源：腾讯智慧出行提供的内部材料。

腾讯智慧出行进一步介绍了汽车云的场景化应用实践及其助力汽车产业造好车、卖好车、用好车的"车云一体化"战略与代表性案例（见图7）。

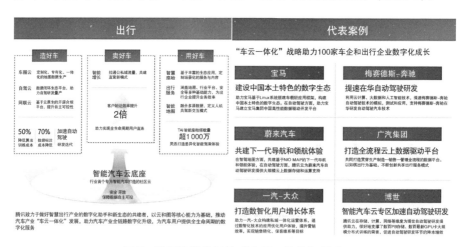

图 7 腾讯智慧出行的"车云一体化"战略

资料来源：腾讯提供的内部材料。

2023年9月，腾讯自主研发的通用大语言模型——"混元大模型"面向行业正式发布。2024年春季的北京车展期间，腾讯发布了汽车行业大模型"全域智能"方案，基于腾讯自研的混元通用大模型，加入汽车行业专业数据进行模型精调和任务训练,推出了汽车行业大模型,并面向汽车行业提供了从模型、算力底座、AI工程平台到AI应用的全栈大模型能力底座,目前已经在汽车的研发、生产、营销、服务、企业协同办公五大核心场景落地应用。

截至2024年4月,腾讯已经为一百多家车企和出行科技企业提供云服务,其中,有三十多家使用了腾讯的海外云服务。腾讯汽车行业大模型已与长安、广汽、一汽丰田、东风岚图、易车等十多家汽车行业客户达成合作。预计截至2024年年底,腾讯的智能汽车产品将搭载至1 500多万辆车上。

三、腾讯如何助推汽车产业智能化发展?——以智能座舱为例

(一)腾讯智能座舱解决方案

在2018年9月腾讯创建成立CSIG前,公司已开展了与车企的合作及与智慧出行相关的早期业务,腾讯车联就是其中之一。2015年,腾讯车联部门正式组建成立,并推出了"腾讯车联开放平台",与车企合作,探索并打造通过微信/QQ连接的"我的车/My Car"服务(即以一个账户打通车端和手机端)、车联应用程序(即能在车端和手机端互联的应用程序)、车联只读存储器(Read Only Memory,ROM)(支持车载操作系统)三款主要产品。2017年11月,腾讯车联推出了"AI in Car"系统,广汽、长安、吉利、比亚迪、东风柳汽成为腾讯首批合作的五家整车制造企业。该系统旨在基于腾讯的内容生态优势提供一套车联网解决方案,包括安全、内容、社交、语音、大数据、AI等。2018年11月在腾讯全球合作伙伴大会上,钟学丹宣布腾讯车联启动品牌升级和产品能力升级,并发布了全新的腾讯汽车智能系统,即TAI 1.0。2018—2024年腾讯车联及TAI的迭代升级参见表2。

表 2　2018—2024 年腾讯车联及 TAI 的迭代升级

版本	发布时间	创新与迭代升级
TAI 1.0	2018 年 11 月	2015 年推出"腾讯车联开放平台",探索提供车联只读存储器、车联应用程序以及通过微信/QQ 连接的"我的车/My Car"服务 2017 年 11 月,腾讯车联发布"AI in Car"系统,即基于内容生态优势提供车联网解决方案,包括安全、内容、社交、语音、大数据、AI 等 在前期工作的基础上,2018 年 11 月启动品牌升级和产品能力升级,发布 TAI 1.0
TAI 2.0	2019 年 5 月	提供轻量化、生态化、跨平台、跨终端的工具链,提出"生态车联网"解决方案,将腾讯系及第三方的内容服务生态接入汽车座舱,实现微信上车,并实现了微信九宫格入口的连接
TAI 3.0	2020 年 1 月	推出生态化、跨平台、跨终端的超级应用版本,主要包含将相关 App 及内容集成的两大车载应用:"腾讯随行"和"腾讯爱趣听"。推出基于微信小程序架构的生态开放平台——腾讯小场景
TAI 4.0	2021 年 11 月	实现了地理信息和腾讯生态服务融合,结合定位、地图的能力,可以为用户提供"主动式场景化服务",包含九大核心车载应用:腾讯智驾地图、腾讯随行、腾讯爱趣听、微信车载版、腾讯小场景、腾讯会议车载版、QQ 音乐车载版、全民 K 歌车载版、腾讯视频车载版。实现 200 余个接口能力的开放,支持多屏联动,助力汽车品牌打造个性化智能座舱
TAI 5.0	2024 年 4 月	基于腾讯自研的混元通用大模型,加入汽车行业专业数据进行模型精调和任务训练,腾讯智能座舱解决方案应对高阶任务的回答更精准、细致。腾讯先锋云游戏平台多款正版授权游戏支持"上车",用户可在非驾驶模式下,通过车载屏幕进入游戏,享受沉浸式的游戏空间。在手车互联方面,微信好友聊天对话中的位置、大众点评、公众号文章、音乐等消息,可以一键发送到车上,在车上发起导航或者播放内容,实现服务体验的无缝流转

资料来源:作者根据腾讯提供的资料及公开信息整理。

2019年5月，腾讯车联提出了助推行业向"生态车联网"进化的价值主张，发布TAI 2.0，即通过推出微信车载版等产品以及聚合第三方提供的优质内容和服务生态，助力车企、服务车主，并帮助用户获得多端互联的数字化出行服务体验。

2020年1月，在国际消费电子产品展览会开幕首日，腾讯发布了TAI 3.0，以两大超级车载应用——"腾讯随行""腾讯爱趣听"为基础，聚合丰富的车载内容生态与服务生态，携手车企，共同为车主提供上车前、行车时、下车后各场景无缝衔接的体验。

2021年11月，在腾讯全球数字生态大会智慧出行分论坛上，腾讯车联发布了TAI 4.0，包含九大核心车载应用：腾讯智驾地图、腾讯随行、腾讯爱趣听、微信车载版、腾讯小场景、腾讯会议车载版、QQ音乐车载版、全民K歌车载版、腾讯视频车载版。在"人车共驾、车云一体"的时代，基于腾讯智驾地图、腾讯自动驾驶云等新的数字技术能力，实现地理信息和腾讯生态服务融合，为用户提供"主动式场景化服务"，提供200余个接口能力的开放，支持多屏联动，助力汽车品牌打造个性化智能座舱。

2023年9月，腾讯进行了智能座舱方案的全新升级，座舱垂域大模型能够提供场景化分析和智能决策，革新座舱智能体验。2024年4月，腾讯推出TAI 5.0。基于腾讯自研的混元通用大模型，腾讯座舱垂域大模型加入汽车行业专业数据进行模型精调和任务训练，为用户带来真人般的智能伙伴，应对高阶任务的回答更精准、细致。腾讯先锋云游戏平台多款正版授权游戏支持"上车"，针对车载环境进行适配，通过云端渲染，无须下载，不占用车端内存。用户可在非驾驶模式下，通过车载屏幕进入游戏，并可联动汽车方向盘、蓝牙游戏手柄、车载音响系统、氛围灯、座椅震动等硬件，享受沉浸式的游戏空间。在手车互联方面，基于微信的用户连接优势，实现手机、汽车使用场景的丝滑衔接。微信好友聊天对话中的位置、大众点评、公众号文章、音乐等消息，可以一键发送到车上，在车上发起导航或者播放内容，实现服务体验的无缝流转。

（二）梧桐车联

腾讯在助力汽车产业智能化发展时，广泛地采用了多种合作方式。梧桐车联就反映了腾讯在车联网领域的重点布局，也是腾讯与车企开展并深化合作的一个缩影。梧桐车联既起到腾讯和车企的"连接器"作用，将腾讯的生态资源嫁接到车企，也提供助力汽车产业数字化转型的"工具箱"，以不断迭代和优化的系统级解决方案和能力帮助车企建立自己的车联网"超级大脑"。

2017年，长安汽车与腾讯签订战略合作框架协议。2018年4月，双方宣布共同建设合资公司——梧桐车联。腾讯大地通途（深圳）科技有限公司在合资公司中占股51%。梧桐车联致力于在车联网、大数据、云计算等领域打造面向行业的开放平台。

2018年10月31日，长安汽车首款深度搭载腾讯车联智能生态系统的CS35 PLUS上市。长安CS35 PLUS搭载了腾讯车联智能生态系统——AI in Car，实现手机与车机的跨屏互动。其搭载的腾讯地图，通过微信扫码绑定车辆后，支持地图集结、途迹分享、成员集结、实时位置分享等智能团队集结服务，出行时能在地图上随时查看其他伙伴的位置动态；同时还拥有智慧停车功能，通过整合多家停车平台，让车主提前预知停车位信息，用微信免密支付，做到说走就走。同年11月，搭载梧桐车联产品和解决方案的长安汽车首款智能网联汽车CS85在广州车展现场正式亮相。

2019年5月，在腾讯全球数字生态大会智慧出行分论坛上，腾讯车联推出"生态车联网解决方案"（即TAI 2.0），微信正式上车。同年8月，腾讯董事会主席兼CEO马化腾出席了在重庆举办的中国国际智能产业博览会并致辞。会展期间，长安汽车携手腾讯，共同展示了具备微信车载版功能的梧桐TINNOVE系统、腾讯智慧4S店解决方案等一系列智能化建设成果，并在全新发布的长安CS75 PLUS上发出了全球首条车载版微信语音消息。

2020年11月，梧桐车联对外发布了TINNOVE 3.0整合解决方案及产品细节，并宣布 TINNOVE OpenOS 部分模块对外开源。在应用方面，TIN-NOVE 3.0 解决方案搭载了小桐车服、微信车载版、爱趣听/桐 Game、桐行自驾游、腾讯会议、QQ 音乐等 App，同时还整合京东、美团等服务生态，构建了更完整的智能出行场景服务解决方案，进一步从用户场景视角实现了服务找人。

2022 年 5 月，梧桐车联进行了持股比例调整。调整后，在合资公司中持股比例超过 10% 的前三大股东分别为：腾讯大地通途（深圳）科技有限公司（持股 37.17%）、长安汽车投资（深圳）有限公司（持股 27.05%）、深蓝汽车科技有限公司（持股 14.25%）。同年 8 月，梧桐车联发布了整体战略的全面升级，由"行业领先的智能网联系统方案提供商"升级为"行业领先的整车级全栈式智能空间科技公司"。依托股东在智慧出行、整车研发制造等各领域的专业能力，梧桐车联致力于为行业提供平台化的、软硬件一体的智能交互系统解决方案。该解决方案的核心技术体现为梧桐车联着力打造的"交互策略脑"，即在识别、分析、策略和执行四个维度，基于不断积累和丰富的算法，打造智能引擎，并在"交互策略脑"的加持下，通过"自然语音系统""融合推荐系统""超感控车系统"三大产品体系，为用户提供不断进化的数字智能体验。

2023 年 7 月，长安汽车与腾讯在重庆签署深化战略合作协议。双方在此前合作的基础之上，围绕智能座舱、导航及地图、自动驾驶、海外生态、企业数字化转型等多领域加强合作，共同推动更高质量的数字化转型，助力长安汽车拓展海外市场。在智能座舱领域，长安汽车和腾讯持续以合资公司梧桐车联为桥梁，打造贴近市场需求的软硬一体化座舱产品，共同推动腾讯新产品、新服务在长安汽车的落地，例如，基于地图的城市级数字孪生体验、基于大模型的智能座舱产品、基于场景引擎的 AI 数字人等，并探索座舱服务与移动端生态联动的商业化路径。

在 2023 年 12 月 20 日晚于北京大学光华管理学院举办的"AI+出行"行业沙龙上，应邀出席并分享的梧桐车联副总经理兼首席技术官王永亮兴奋地介绍了梧桐车联参与腾讯行业大模型生态，在产品设计、智驾、智能座舱和用户体验等方面开展的创新和场景应用。在大模型的加持下，梧桐车联通过在识别、分析、决策、执行等各环节的迭代和优化，加速完成智能座舱解决方案从"执行脑"向"智慧脑"的代际发展（参见图8）。基于规则决策的"规则脑"可以根据用户预先设定的温度阈值自动打开车舱内的空调，而基于因果推理和心理分析的"学习脑"则可以根据用户发出的指令，比如"孩子困了"，主动查找孩子在车内的位置并关闭车窗、调节车内温度、在车载娱乐系统中查找和播放舒缓柔和的音乐。

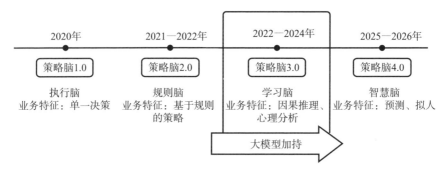

图8　梧桐车联在大模型的加持下推进智能座舱的代际发展

资料来源：腾讯提供的内部资料。

截至2023年年底，梧桐车联已累计拥有专利超过680件，其中近30%为智能座舱领域的关键技术专利。在5G、AI、大数据、操作系统等重要技术领域，梧桐车联已获得约100件发明专利。腾讯与梧桐车联的共创成果已搭载到超过110万辆长安汽车上，其中，首发搭载微信车载版的长安CS75系列车型多次蝉联紧凑型SUV销量榜冠军。目前，梧桐车联已与十余家整车企业合作，产品已在长安、奥迪等100余款车型搭载落地。

四、未来展望

"AI+出行"行业沙龙于2023年12月20日傍晚六点半在北京大学光华管理学院准时开始。钟学丹走上讲台，以"AI大模型驱动汽车新智能"开启了分享。在他看来，如图9所示，汽车"新智能"的核心特征在于：第一，大模型将重新定义人机交互，从指令式的对话系统进化为主动式、拟人化的服务。车辆的感知能力将发挥更大价值，利用大模型的用车行为分析、场景分析等能力，形成专家型决策大脑，为用车提供场景化的服务建议。也就是说，在人机交互时不需要用户去唤醒，而是在恰好需要的时候提供恰当的服务。第二，大模型将推动高阶智能驾驶的加速落地。汽车行业头部企业已开始基于BEV+Transformer的大模型来推进智能驾驶上路，为自动驾驶产业落地指出了更清晰的方向。第三，舱驾一体化成为必然。智能座舱域和智能驾驶域将进一步协同，包括释放智能驾驶系统的算力来赋能座舱体验，从而显著强化座舱内多模态、3D化、虚实融合的交互体验。第四，汽车将具备更强的开放性和连接性，与智能手机、智能家居等多种设备协同互动。用户的服务需求可以平滑地在多个智能设备间无缝地同步和交互，形成全场景互联的智能服务，并使智能汽车的感知、计算、交互等能力发挥出更大价值。为了助力汽车行业大模型更加全面、精准和智能地服务应用场景，腾讯智慧出行已沉淀TB级的汽车行业知识，包括汽车常识性知识、驾驶/维修知识、行业研报、汽车品牌、汽车文化知识等，并持续迭代，为车企客户提供更具行业属性的基底模型选择，加速座舱体验迭代。除了智能座舱领域，腾讯也在通过"云图为基、车云一体"战略，为智能驾驶提供高性能的云端算力和鲜活的地图数据支撑。此外，在汽车生产、营销、企业办公等领域，推出SaaS（软件即服务）化解决方案，全面助力车企的数字化升级转型。

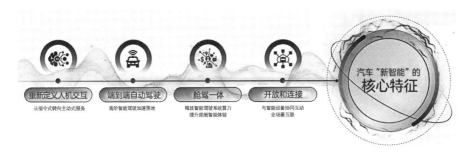

图9　AI大模型应用给汽车智能带来的变化及其核心特征

资料来源：腾讯提供的内部资料。

"AI+出行"的讨论还在热火朝天地继续着。诸如云技术、AI 大模型等新的技术和应用正在不断涌现和快速迭代，腾讯已经布局和耕耘智慧出行赛道多年，能否以及如何在汽车产业进入智能化发展的变革下半场行稳致远？这是摆在腾讯智慧出行面前的新机遇和新挑战。

参考文献

Industrial Internet：Pushing the boundaries of minds andmachines［EB/OL］.（2012-01）［2024-12-02］. https：//www.researchgate.net/publication/271524319_Industrial_Internet_Pushing_the_boundaries_of_minds_and_machines.